The Japanese Association of Financial Econometrics and Engineering
ジャフィー・ジャーナル｜金融工学と市場計量分析

市場構造分析と
新たな資産運用手法

日本金融・証券計量・工学学会◎編集
津田博史　中妻照雄　山田雄二［編集委員］

朝倉書店

はしがき

　ジャフィー（日本金融・証券計量・工学学会）は，1993年4月に設立されて以来，年2回の国内大会に加えて，国際大会，コロンビア大学との共同コンファランス，フォーラム等の開催，英文学会誌，和文学会誌（ジャフィー・ジャーナル）の刊行を通じて，日本における金融・証券領域，企業経営の意思決定・リスクマネジメントにおける計量分析・金融工学の発展と普及に尽力して参りました．本書は，本学会の和文機関紙であるジャフィー・ジャーナルの第11巻です．

　ここ最近の金融市場においては，取引の電子化や途上国を含む新興市場の台頭，そして高頻度取引や付随するインフラ整備向上などの進化が著しく，その市場構造（マーケットマイクロストラクチャー）を改めて検証・モデル化することの重要性が増してきています．さらに，関連するポートフォリオマネジメント手法も新たな局面を迎え，平均分散ポートフォリオや割安・割高株に基づく5分位ポートフォリオ構築といった伝統的な運用手法に頼るだけではなく，より幅広い理論やインフラ資源を駆使した手法の開発が求められるようになってきています．

　本特集号では，このような状況を鑑みて，「市場構造分析と新たな資産運用手法」をテーマとして特集を組むことを企画しました．新しい市場取引手法や分析・モデル化や市場構造分析とそれに基づく新たな資産運用手法について，理論から実証に至るまで，幅広いテーマに関して議論を展開することを念頭に置いております．

　本書に収められた論文は，理論だけでなく，実務的にも有意義な内容を取り扱ったものも多く見受けられます．いずれの論文も，先端的な問題をテーマにしており，幅広い読者の興味に応えられるものと考えております．

序論　特集「市場構造分析と新たな資産運用手法」によせて（山田雄二）

特集論文
1. 「値幅制限を考慮した商品先物価格の実証分析：MCMCによる商品先物価格のモデル化を利用して」（青木義充・横内大介・加藤　剛）
2. 「M&Aが債券市場に与える影響について―債券運用におけるアルファ獲得の観点から―」（上瀧弘晃・山下泰央・高橋大志）
3. 「株式リターンの分布の歪みと将来の株式リターン― GARCHSモデルにより推計した歪度の有用性に関して―」（吉野貴晶・斉藤哲朗・飯田尚宏）
4. 「共和分性に基づく最適ペアトレード」（山田雄二・James A. Primbs）

一般論文
5. 「効用無差別価格を用いた事業価値評価」（瀧野一洋）
6. 「投資法人債の信用リスク評価について」（安藤雅和・津田博史・田野倉葉子・佐藤整尚・北川源四郎）

出版にあたり，レフェリーの皆様方と，お世話になりました朝倉書店の編集部の方々に記して感謝致します．

2012年2月

チーフエディター：津田博史

アソシエイトエディター：中妻照雄・山田雄二

目　　次

はしがき

序論　特集「市場構造分析と新たな資産運用手法」によせて
　……………………………………………………………山田雄二……1

特　集　論　文

1　値幅制限を考慮した商品先物価格の実証分析
　　：MCMC による商品先物価格のモデル化を利用して
　　………………………………青木義充・横内大介・加藤　剛……16
　　　　1　は　じ　め　に　　16
　　　　2　価格変動モデルとリスク計測　　19
　　　　3　推定方法とアルゴリズム　　32
　　　　4　数　値　実　験　　39
　　　　5　結　果　と　考　察　　51

2　M&A が債券市場に与える影響について
　　─債券運用におけるアルファ獲得の観点から─
　　………………………………上瀧弘晃・山下泰央・高橋大志……56
　　　　1　は　じ　め　に　　56
　　　　2　分　析　デ　ー　タ　　58
　　　　3　分　析　結　果　　62
　　　　4　ま　と　め　　72

3 株式リターンの分布の歪みと将来の株式リターン
　　　—GARCHS モデルにより推計した歪度の有用性に関して—
　　　　　……………………………吉野貴晶・斉藤哲朗・飯田尚宏……75
　　　1　は　じ　め　に　76
　　　2　先行研究のレビューと仮説の導出　77
　　　3　研　究　方　法　85
　　　4　分　析　結　果　92
　　　5　イディオシンクラティックリスクをコントロールした分析結果
　　　　　105
　　　6　ま　と　め　110
　　　付録 A　112
　　　付録 B　120

4　共和分性に基づく最適ペアトレード
　　　　　………………………………山田雄二・James A. Primbs……125
　　　1　は　じ　め　に　125
　　　2　共和分性とスプレッドを用いたポートフォリオ最適化問題
　　　　　127
　　　3　共和分の検定とペアの抽出法　134
　　　4　実証分析 1：動的ポートフォリオと Myopic ポートフォリオの比較　136
　　　5　実証分析 2：パラメータ推定期間と取引コストの影響分析
　　　　　145
　　　6　まとめと今後の課題　152

一　般　論　文
5　効用無差別価格を用いた事業価値評価………瀧野一洋……156
　　　1　は　じ　め　に　156
　　　2　モ　デ　ル　161

3　事　業　評　価　　162
　　　4　効用無差別価格　　164
　　　5　数　値　例　　168
　　　6　ま　と　め　　175
　　　補論（4.2項「注意」について）
6　投資法人債の信用リスク評価について
　　　…安藤雅和・津田博史・田野倉葉子・佐藤整尚・北川源四郎……179
　　　1　は　じ　め　に　　179
　　　2　J-REITと投資法人債　　181
　　　3　投資法人債価格モデル　　182
　　　4　投資法人債価格モデルのパラメータ推定　　186
　　　5　実　証　分　析　　187
　　　6　お　わ　り　に　　199

『ジャフィー・ジャーナル』投稿規定　　201
役員名簿　　203
日本金融・証券計量・工学学会（ジャフィー）会則　　204

特集「市場構造分析と新たな資産運用手法」によせて

特集号世話人
山 田 雄 二

1 特集号のねらい

　今からおよそ1年前になりますが，中央大学後楽園キャンパスで開催された第34回JAFEE冬季大会において，本特集号の募集案内が配布されました．その冒頭は，以下のように始まっております．
「2007年夏から続いた世界的な金融危機から，最近になって緩やかな回復が見られるようになり，2010年11月には日経平均株価もようやく1万円台を付けるまでになりました．…」
あれから1年の間に起きた出来事は，金融市場のみならず世界中に衝撃を与えるものであったことは言うまでもありません．また，一度は回復するかに見えた株式市場も，ギリシャに端を発したヨーロッパ信用不安の長期化に伴う金融危機の再燃や歴史的な円高の影響から，この秋には，再び，日経平均株価が9千円を割り込むまで下落いたしました（2011年11月11日現在）．
　一方，金融市場においては，取引の電子化や途上国を含む新興市場の台頭，そして高頻度取引や付随するインフラ整備向上などの進化が目覚ましく，その市場構造（マーケットマイクロストラクチャー）を改めて検証・モデル化することの重要性も増してきております．また，関連するポートフォリオマネジメント手法も新たな局面を迎え，平均分散ポートフォリオや割安・割高株に基づく5分位ポートフォリオ構築といった伝統的な運用手法に頼るだけではなく，より幅広い理論や資源を駆使した手法の適用が求められるようになってきました．本特集号では，このような新しい市場取引手法や分析・モデル化に着目し，

市場構造分析とそれに基づく新たな資産運用手法について，理論から実証に至るまで，幅広いテーマに関して議論を展開することを念頭に置いております．

広義の意味での市場構造分析とは，市場で取引されている資産価格の価格形成全般に関する学問分野であり，主に，

- 取引環境と価格形成
- 投資家の投資行動と価格形成

を興味の対象にしております．ただし，日本語ではあまり訳されない「マイクロ」という接頭語を英文表記では含むことからも，あたかも顕微鏡で市場を観察するような，時間的，あるいは空間的により詳細な分析を行うという特徴をもちます．特に，個別投資家や機関投資家が利用可能な情報やその伝達速度，流動性に関わるデータなど，いわゆる現代ファイナンス理論における効率的市場仮説の下では，観測された価格にすでに織り込まれていると仮定される情報をも分析対象とし，様々な仮説の検証が行われます．また，単に市場というひとくくりの呼び名で株式市場を片付けるのではなく，東京や大阪，ニューヨークの証券取引所など，採用する約定方法や個別環境がどのように価格形成に影響を与えるかなど，取引所の特徴や上場商品の個別性にも注意深い関心が向けられます．

現在の市場構造分析における大きなテーマに，"高頻度データ"と"アルゴリズム取引"が挙げられるかと思います．ただし，これら2つのテーマは，独立したものではなく，互いに大きく依存し合っております．高頻度データとは，日次や時間単位のデータに比べ，データの観測頻度が分，あるいは（ミリ）秒単位と高頻度であることは文字通りですが，約定価格だけではなく，気配価格や板寄せかザラバなどの約定方法までもが，通常，秒単位で集録されております（林 (2010)）．また，最近では，取引システムの高速化，大容量化が進められ，より高頻度かつ細分化された価格刻みによる取引が可能となってきております．例えば，東京証券取引所が2010年1月に導入したアローヘッドというシステムでは，2ミリ秒の注文応答時間，2.5ミリ秒の情報配信時間を実現しているとされており（東京証券取引所 (2010)），約定にかかる時間がこれまでの1/100，例えば成り行き注文の場合，0.04ミリ秒以下で売買が成立することになります（水野 (2010)）．この速度ですと，人間が眼で確認してから注文を出

すのでは限界があります．そこで，取引そのものを自動化する必要，すなわちアルゴリズム取引が重要となってまいります．

アルゴリズム取引とは，その名の通り，アルゴリズム（コンピュータ上での実装を見据えた計算方法・算法）を用いた取引ですが，言葉の上では，売買まで自動化されているかどうかまではその意味に含まれておりません．ただ，一般にアルゴリズムはコンピュータ上でプログラムを用いて実装されるので，プログラム上で売買戦略を計算した上，売買取引まで実行可能であるのならば，それらを一体としてアルゴリズム取引と見なすことができるでしょう．市場構造分析においては，売買の自動化と取引を行うために実行する計算アルゴリズム（投資戦略）を，アルゴリズム取引の枠組みで一体とみなすかどうかも1つのポイントといえます．

例えば，ポートフォリオ理論の教科書でよく見かける平均・分散ポートフォリオに基づく取引は，アルゴリズム取引と呼べるのでしょうか．恐らく，実務関係者を含む多くの方が，平均・分散ポートフォリオを構築することはアルゴリズム取引とは呼ばないでしょう．ところが，平均・分散ポートフォリオも，アルゴリズム取引として実装することは可能です．なぜなら，平均・分散ポートフォリオの重みを一定に保つには，資産価格の変化に伴いリバランスが必要なので，これを自動化するようにコンピュータ上で実装し売買を行えば，アルゴリズム取引ということになります．そこで問題は，平均・分散ポートフォリオにおいて，自動化取引を行うほどの取引頻度が必要かということになります．言い換えれば，取引頻度とポートフォリオのパフォーマンス分析ということも，市場構造分析の重要なテーマとなってまいります．

一方，ヘッジ取引や裁定（アービトラージ）取引においては，どれだけ高速に取引を行えるかが明暗を分けるようになってきます．そのため，取引そのものの自動化も重要となりますが，このような自動化と高速化が同時に実現されることは，「フラッシュ・クラッシュ」と呼ばれる株価急変を市場にもたらす可能性が指摘されてます．例えば，ヘッジ取引は，価格が下がった資産をさらに売却する，あるいは，価格が上昇した資産をさらに買い増すといった取引を実行することがあるので，以下に引用する記事のような値動きの一因となり得ます（Salmon and Stokes (2011)）．

2010年9月下旬，米国商品先物取引委員会（CFTC）と米国証券取引委員会（SEC）は，5月6日に起きた「フラッシュ・クラッシュ」についての104ページにわたる報告書を提出した．報告書によれば，その原因は，ある「ファンダメンタルトレーダー」がアルゴリズムを用いて"ヘッジ売り"をしたことだった．取引はわずか20分という短時間で強引に決済され，ほかの無数のアルゴリズムが即座にその売りに反応し，さらに互いにその挙動に反応し合って株価の大暴落を引き起こした．大混乱のなかでどう見ても意味をなさない取引が繰り返された．アクセンチュアの株は二束三文で売りに出され，アップルは1株10万ドルをつけた（その後どちらの取引も無効になった）．これらの動きによって金融システム全体があっけなく麻痺してしまったのだ．

他にも，1987年10月19日にニューヨーク証券取引所で起こったブラックマンデーと呼ばれる株価大暴落は，ポートフォリオインシュランスと呼ばれるヘッジ取引手法に原因があるともいわれております（(Hull (2009) の374ページ，Business Snapshot 17.2参照)．ポートフォリオインシュランスとは，オプション理論におけるデルタヘッジをダウ平均などの市場インデックスの先物を原資産とするプットオプションに対して適用したもので，保険としてのプットオプションを売るのと同時にブラック-ショールズモデルにおける複製ポートフォリオを構築する手法です．ポートフォリオインシュランスは，連続取引を前提としているため，アルゴリズム取引との親和性はいいものの，価格の下落とともに原資産の売りポジションを増やす必要があるため，ポートフォリオインシュランスの取引量とそれに伴うヘッジポジションが増加すれば，価格の暴落を引き起こす危険性があります．1987年当時は，現在ほどの高速取引は不可能なはずですが，売れば価格が下がり，下がればさらに売るという悪循環が暴落を引き起こした要因であることは想像に難くありません．

このように，市場構造と運用手法が密接な関係にあることは否定できない事実ですが，それが取引の高速化やアルゴリズム取引の台頭により，現在では，より相互に依存し合うようになってきております．また，効率的市場仮説を否定するアノマリー現象も，行動ファイナンス理論における投資家の非合理性（加藤 (2003)）の他に，取引制約や情報伝搬の速度など，個別の取引環境によ

って生じる要因も考えられます．市場構造分析とは，これら１つ１つの市場がもつ特徴と価格形成の関係を，あたかも市場に聴診器をあて，あるいは先に述べたように顕微鏡で拡大しながら解析する学問分野といえるでしょう．

2 特集論文の概要

以上を念頭に，本特集号では，「市場構造分析と新たな資産運用手法」と銘打ち，市場構造分析と資産運用，および資産の価格形成に関する論文を募集したところ，以下の4篇の論文が採用されました．もちろん，4本とも，厳正な査読と修正のプロセスを経て，匿名レフリーから最終的に採択の判断がなされたものです．以下は，これらの論文の概要です．

「値幅制限を考慮した商品先物価格の実証分析：MCMCによる商品先物価格のモデル化を利用して」（青木・横内・加藤）

本論文は，東京工業品取引所（東工取）に上場されている商品先物のうち，金，銀，白金，パラジウム，アルミニウム，ゴム，原油，灯油，ガソリンの9商品に焦点を絞り，価格変動の新たなモデルを提案している．また，取引制度の中で価格変動に大きく影響を与える値幅制限を価格変動モデルに取り入れ，値幅制限が価格変動リスクに与える影響について論じている．

値幅制限は，東工取において2009年4月末まで採用されていた制度であり，対象商品の受給事情の変化や急激な先行き見通しの修正などの不確定的な事象によって相場が急激に変動することを防ぐために，1日における値動きについて上限を課したものである．また，毎月末に次の1ヶ月間の上限値を公表していたため，基本的に1ヶ月間は1日の値動きの上限が固定される．そのため，本来であれば日々の価格変動の大きさが大きく変化することはない．しかしながら，従来より用いられてきた収益率をベースとした価格変動モデルでは，収益率の定義上，次の問題点がある．収益率は前日差を前日の価格で除す．すなわち，固定された価格変動の上限値が日々変動する価格で除されるため，日々の価格変動の上限が変動してしまう．そのため，本論文では，前日差をベースとしたモデルを採用している．

さらに，論文では，値幅制限を考慮するため，以下の点に留意している．値幅制限によって価格が打ち切られた事実を考慮しない場合には，本来の価格変動の大きさが値幅制限によって抑えられている事実を無視することになり，価格変動の過小評価につながる．そこで，値幅制限がなければ実現したであろう価格を潜在価格と定義した上で，価格変動の傾向を表現するため，潜在価格の前日差に対して1次の自己回帰モデルを適用している．

モデルの未知パラメーターは，以下の点を考慮して推定を行っている．潜在価格は一部観測不可能である．そこで，価格変動の上限，または，下限に達したという条件が与えられた打ち切りデータとして，打ち切られたデータの補間と未知パラメーターの推定を同時に行わなければならない．論文では，マルコフ連鎖モンテカルロ（MCMC）法を利用して，データ補間と未知パラメーターの推定を同時に行うアルゴリズムを構築している．

最後に，実際の商品先物価格のデータを用いた数値実験を行い，値幅制限が価格変動に与える影響を検証している．ここでは，値幅制限に抵触する回数が多いような相場が荒れている時期では，価格変動の自己回帰構造に差が生じることが示されている．また，論文では，本来であれば，自己回帰構造が存在しないにもかかわらず，値幅制限という制度によって生じる見せかけの自己回帰性が存在することを確認している．さらに，2つのリスク指標，VaR，cVaRの計測を通じて，値幅制限が価格変動リスクに与える影響を検証し，以下の見解を得ている．値幅制限が価格変動リスクに与える影響は短期的な保有（1営業日から3営業日程度）の場合に大きく，保有期間が2週間以上になるとその影響は小さくなる．一方，商品先物取引では保有資産に対して日々清算が行われるため，短期保有を前提とした価格変動リスク管理が必要である．これらの観点から，値幅制限を考慮した本論文のモデルは，実務における価格変動リスク管理において有用であると結論している．

「M&A が債券市場に与える影響について—債券運用におけるアルファ獲得の観点から—」（上瀧・山下・高橋）

本論文は，M&A（Mergers and Acquisitions）が債券（社債）市場に与える影響について分析したものである．債券運用の実務において，社債は主要な超

過収益の源泉の1つであり，新たな超過収益の源泉の探求は重要な課題の1つであるにも関わらず，M&Aに関する研究の多くは，これまで株式市場を中心に報告が行われている．そのため，債券市場とM&Aの関連性についての研究は，十分な数の報告があるとは言い難く，日本を対象とした実証研究は，本論文が初めてであることが期待される．

　論文では，データのサンプル期間を，2002年4月から2009年12月とし，期間内に公表された上場企業間のM&Aを対象に，M&A発表日から30営業日後までの買収企業（買収する側）の社債の累積超過スプレッドを中心とした分析が行われている．また，株式価格の累積超過リターン，及び被買収企業（買収される側）の挙動についてもあわせて分析されている．全サンプルを用いた分析の結果，支払対価の違いにより買収企業のスプレッド（社債利回りと国債利回りとの差）の挙動に違いがみられることが見出されている．具体的には，現金（TOB）による買収の場合，社債の累積超過スプレッドは拡大傾向にあり，株式対価（合併，株式交換，株式移転）の場合は縮小傾向にあることを確認している．

　次いで，論文では，サンプル期間を前半と後半に分割し，異なる経済環境における挙動の違いを確認したところ，リーマンショックを含む市場が不安定な時期（後半）にM&Aにおいて現金を支出した場合，買収企業のスプレッドの拡大（債券価格は下落）がより顕著になること，一方，買収企業の株式価格は債券とは反対に上昇する傾向にあることを検証している．これらの結果は，市場が不安定な時期に買収企業から現金が流出することに対し，社債投資家がネガティブに反応する可能性があること，買収企業の株主と債権者の間で利害対立が生じている可能性のあることを示唆するものといえる．

　さらに，市場が不安定な時期に焦点をあてた詳細な分析を実施し，買収プレミアムの大きい場合（買収プレミアム50%以上），買収企業のスプレッドが拡大する傾向にあること，高格付よりも中低格付のスプレッドが大きく拡大する傾向にあることについて検証している．これらの結果は，債券の価格変動メカニズムの解明に貢献するものであり，学術的および実務的にも興味深いものであると考えられる．

「株式リターンの分布の歪みと将来の株式リターン― GARCHS モデルにより推計した歪度の有用性に関して―」(吉野・斉藤・飯田)

　本論文は，我が国の株式市場において，個別株式のリターンの分布の歪みと，将来のリターンとの関係を明らかにすることを目的としたものである．特に，論文では，Harvey and Siddique（1999）が考案した GARCHS モデルを用いて推計した歪度と，将来の個別株式リターンとの間に有意に負の関係が強いことを検証している．ここで，GARCHS モデルとは，Bollerslev（1986）によるボラティリティの推計に用いられる GARCH モデルを個別株式リターンの歪度に拡張し，個別株式リターンの条件付歪度に自己回帰性を仮定したものである．

　Tversky and Kahneman（1992）により提唱された，累積プロスペクト理論に基づいて行動する投資家は，lottery-like（宝くじのようなペイオフ．非常に小さな確率であるものの，大きな個別株式リターンが発生する状態）なリターンが期待される個別銘柄を好むとされる．そのため，米国などの先行研究では，lottery-like である銘柄は，他の銘柄と比べて株価が下落する傾向が強いことが報告されてきた．なぜなら，lottery-like である銘柄は，株式市場で割高に価格が形成されるため，将来はその修正による下落が起こる可能性が高いためである．

　本論文では，lottery-like であることを，歪度などの個別株式のリターンの分布の歪みに関する変数として捉え，米国の研究報告と同様に我が国でも，マイナス（プラス）方向に歪度が大きい銘柄は，歪みに関する変数において将来の個別株式リターンが有意にプラス（マイナス）となる逆相関の傾向がみられることを検証している．さらに，論文では，先行研究で用いられた歪みに関する変数を幅広く取り上げて，いずれの変数が，将来の個別株式のリターンと関係が強いかを比較している．なお，Harvey and Siddique（2000）では，個別株式リターンの分布の歪度を個別株式のリターンのイディオシンクラティック歪度などに分解し，Mitton and Vorkink（2007）では，個別株式のリターンのイディオシンクラティック歪度とリターンに負の相関関係があることを指摘していることを踏まえ，本論文においては，歪度に加えて，イディオシンクラティック歪度を変数に用いている．ただし，イディオシンクラティック歪度とは，Fama-French 3 ファクターモデルで説明できない個別株式リターンの歪度のこ

とである.

実証分析の結果からは，Harvey and Siddique（1999）が考案したGARCHSモデルに関して，イディオシンクラティック歪度の推計に拡張した手法が，将来の個別株式リターンとの逆相関の関係が特に強いことが示されている．なお，結果から留意すべき点は，近年は，個別株式リターンの分布の歪みに関する変数と，将来の個別株式のリターンとの有意な関係は弱まる傾向がみられることである．そのため，運用実務に応用する場合には，いずれの歪みに関する変数を選ぶかがパフォーマンスの差異に影響するものの，本論文の結果は，GARCHSモデルによる推計の実務的な有用性を示唆するものとなっている．

「共和分性に基づく最適ペアトレード」（山田・Primbs）

一般に，株式価格はランダムウォークに従い，将来の価格を予測することはできない．一方，同業同規模の企業の銘柄など，株式価格が一定の差（スプレッド）を維持しながら推移するような値動きが，市場において観測されることがある．このような株式価格における現象は，共和分性として特徴付けることができる．株式価格のペアが共和分する場合，スプレッドは平均回帰性をもつ．従って，一時的にスプレッドが平均を上回る（あるいは下回る）ような状況が生じても，いずれは平均的な水準に収束することが期待される．さらに，共和分ペアが複数存在すれば，これらを利用したポートフォリオ最適化問題を考えることができる．本論文は，このような共和分性をもつ株式価格のペアを抽出・モデル化した上で，複数のスプレッドを利用した最適ポートフォリオを構築し，実データを用いてそのパフォーマンスを検証するものである．

論文では，まず，共和分ペアによって与えられるスプレッドに対し，離散時間設定，および連続時間設定のそれぞれについて，最適ポートフォリオを求めている．離散時間設定においては，スプレッド過程が多変量自己回帰（VAR）モデルに従うという仮定の下，各時点までに観測された情報に基づく条件付き平均・分散ポートフォリオ最適化問題を定式化している．なお，条件付き平均・分散ポートフォリオ最適化問題とは，通常の平均・分散ポートフォリオ最適化における平均・分散の代わりに，条件付き期待値（平均），および条件付き分散を用いて定式化したもので，目的関数に対して1階の条件を適用すること

により，最適ポートフォリオを，各時点までの観測変数の関数として明示的に計算することが可能である．また，論文では，Ornstein-Uhlenbeck（OU）過程で表現したスプレッドに対して，連続時間設定における動的最適ポートフォリオを導出し，離散時間設定における最適ポートフォリオとの比較を行っている．一方，共和分ペアについては，DF統計量と相関係数を用いたスクリーニングと，Engle-Grangerの共和分検定の適用という2段階で抽出することにより，ペア抽出の効率化を試みている．

さらに，離散時間設定の特殊な場合が，連続時間設定のMyopic項に一致することから，論文では，Myopicポートフォリオと呼ばれる一期間の離散時間問題の解と連続時間最適ポートフォリオ（動的ポートフォリオ）のパフォーマンスを，実データを用いて比較している．ここでは，日経225採用銘柄のうち主要10業種に属する銘柄を対象とし，2004年以降のデータを用いて共和文関係にある銘柄ペアでポートフォリオを組み，そのパフォーマンスを検証することを試みている．共和分ペアの抽出やスプレッドモデルに必要なパラメータ推定は学習期間の日次データを用いて行った上で，シミュレーション期間におけるMyopicポートフォリオと動的ポートフォリオのパフォーマンスを比較したところ，本シミュレーションのデータ期間では，以下の見解が得られている．最終的な富の水準では，動的ポートフォリオの方がMyopicポートフォリオを上回ったとしても，ポートフォリオの効率性を表すシャープレシオにおいては，Myopicポートフォリオの方が動的ポートフォリオを上回る．また，可能なペアの組み合わせ全てを考慮しながら，ペアの数とシャープレシオの関係を調べたところ，両ポートフォリオとも，ペア数の増加に伴い，シャープレシオが増加する傾向にある．

最後に，論文では，Myopicポートフォリに対して，取引コストやパラメータ推定期間の影響について検証し，以下の考察を行っている．まず，パラメータ推定ウィンドウを1年とするケースと2年とするケースを比較したところ，推定期間を固定した分析では，パラメータ推定ウィンドウが1年のケースは2年のケースよりもシャープレシオが低かったが，更新頻度を上げると逆転するようになる．特にパラメータを毎日更新する場合は，パラメータ推定ウィンドウ1年の場合のシャープレシオが，2年のものを0.5以上上回る結果を示す．ま

た，両者とも更新頻度が最も高いケースにおいて，シャープレシオが最大化されている．さらに，比例取引コストを考慮して分析を行ったところ，比例取引コスト率が増加すると，シャープレシオは低下するが，その低下率は，パラメータ更新間隔の短い方が大きくなる．

比例取引コストは，ビッド・アスクスプレッドと深い関係があるものと考えられる．例えば，ビッド・アスクスプレッドが1%の場合，真の価格がビッド価格とアスク価格の真ん中にあるとすれば，売買のたびに0.5%の取引コストを支払っているのと同等である．分析で用いたデータは，売り価格と買い価格が区別されている訳ではないので，実際には，このようなビッド・アスクスプレッドに起因する取引コストの影響は相殺されているとも考えられるが，0.5%という取引コストの下でも，パラメータ推定ウィンドウ2年の場合，年次シャープレシオが1を超えるケースもあり，スプレッドポートフォリオがある程度の水準を維持している結果が，本分析では示されている．

3　一般論文の概要

本ジャフィージャーナルには，他にも一般論文として投稿され査読を通過した，金融工学・計量分野における最先端の内容の論文2篇が収録されております．以下は，これらの論文の論文概要です．

「効用無差別価格を用いた事業価値評価法」（瀧野）

本論文は，企業の事業価値について，金融工学・数理ファイナンスの分野における派生証券価格評価理論のフレームワークを用いた評価を行うものである．企業のキャッシュフローに基づく企業価値評価において重要な点は，「将来のキャッシュフローの現在価値をいかに求めるか？」にある．最も有名な方法である割引現在価値法（以下，DCF法）では，将来のキャッシュフローの期待値を資本コストと呼ばれる割引率を用いて現在価値を求めている．しかしながら，用いる割引率によって企業価値が大きく異なるため，企業価値測定に基づく企業の投資決定問題に影響を及ぼすという割引率選択における恣意性の問題が存在する．この問題を回避するために，論文では，金融工学・数理ファイナンス

論における派生証券に対する価格評価理論を適用することを考案している．

同分野で最も有名な評価法はリスク中立評価法であるが，これを利用するには企業が生み出すキャッシュフローが，国債（無リスク資産）や株式（リスク資産）などの市場で取引されている証券で構成されるポートフォリオによって複製可能であるという条件が必要となる．ところが，企業のキャッシュフローは市場で取引がなされていないために，上記の評価法を，直接，適用することは困難である．そこで，論文では，リスク中立評価法に代わる方法として，特に数理ファイナンスの分野で研究が行われてきた効用無差別価格アプローチを適用することを提案している．この価格評価法は，代表的投資家としてリスク回避的な投資家を想定し，証券投資から得られる期待効用を最大にする効用最大化に基づいて派生証券価格が決定されるもので，派生証券を取引した際の効用とそうでない場合の効用を一致させるように派生証券の価格を決定する，言うなれば"リスク回避評価法"と解釈される．

本論文で提案される評価公式は，企業が生み出すキャッシュフローを派生証券のペイオフとみなし，その現在価値を評価するために効用無差別価格を適用した評価方法となっている．そのようにして求められた現在価値を合計することで企業価値とすることは，DCF法における割引現在価値の計算を効用無差別価格公式で置き換えられたものと見なすことができる．この点で，直感的にも分かりやすい評価公式が与えられている．

本論文で提案される評価公式には，リスク回避度と呼ばれる意思決定者（たとえば経営者など）のリスクに対する態度を示す指標が含まれている．ただし，本研究における「リスク」とはキャッシュフローの不確実性のことを指している．つまり，本論文での評価公式は，意思決定者のリスクに対する態度を考慮に入れた企業価値評価ルールということになる．本論文では，同評価ルールを用いた先行研究との比較を行いつつ，各種経済パラメータが企業価値にどのような影響を与えるかが，数値シミュレーションを用いて分析されている．その一例を紹介すると，キャッシュフローの変動性が高まれば事業価値は低く評価されることが明らかにされている．この結果は，リスク回避的な投資家を想定したゆえの特徴的な結果であるといえる．キャッシュフローの変動性の高まりは，より大きなキャッシュフロー水準，および，より小さなキャッシュフロー

水準の発生の可能性が増えることを示す．つまり，大きなキャッシュフローが期待されるならば，企業価値は自然と大きく見積もられるべきであるが，それが低く見積もられることを考えると，後者の「より小さなキャッシュフロー発生の可能性」を意思決定者が重視したものと見なせる．この結果は，先行研究で提案されている評価法と同様の結果となるが，他にも本論文では，現実的に整合性のとれた結果を導き出している．

「投資法人債の信用リスク評価について」（安藤・津田・田野倉・佐藤・北川）

本論文は，J-REIT 市場に上場している不動産投資法人が資金調達手段として投資家に発行している投資法人債に注目し，市場での取引情報をもとに価格評価モデルを推定することを目的としたものである．その際に，債券の市場価格から信用リスク情報を得るアプローチとして津田（2006）により提案された社債価格評価モデル SCBCSM（Straight Coupon Bond Cross-Sectional Market）を用いることで，銘柄間の価格変動構造を通して，インプライドな倒産確率と回収率を同時に推定することができるとしている．

回収率の推定については，投資法人が担保資産として保有する物件に関する情報（物件の取得価格，NOI 等）が一般に公開されているので，論文では，それらをもとにした新たな回収率モデルを提案している．具体的には，所有物件の取得価格と取得後の最初の決算期における NOI（Net Operating Income，減価償却前賃貸事業利益額）から不動産物件の利回りを算出し，一定期間ごとの平均キャップレートをもとに所有物件の決算時の時価総額を求め，これを用いた回収率モデルにて推定されている．

実証分析では，2007 年 1 月から 2011 年 4 月までの市場価格が用いられている．投資法人債は，通常の社債と同じく年 2 回の利払いで，満期までの期待キャッシュ・フローを求めるには期待損失額を算出する必要がある．そのため，本論文では，将来のキャッシュ・フローを現在価値に割り引く際に用いる平均割引関数と，損失額の算出に必要な倒産確率関数を推定している．特に，平均割引関数の推定に 10 年物国債 89 銘柄を用いた分析においては，3 次の多項式モデルが選ばれている．また，倒産確率関数を求める際に，銘柄の格付け情報を用いることで，信用度ごとの倒産確率が推定されている．さらに，リーマンシ

ョックの1年前の倒産確率については，格付けによる違いはそれほどみられなかったが，近づくにつれてBB－債のハザード率が上昇する傾向がみられ，リーマンショック後では，全体的に倒産確率が上昇し，中でもBB－債の倒産確率が大きく推定されるという結果が導かれている．

〔参考文献〕

加藤英明（2003），『行動ファイナンス―理論と実証―』，朝倉書店．

株式会社 東京証券取引所（2010），「allowhead―次世代売買システム」．(http://www.tse.or.jp/rules/stock/allowhead/pamphlet.html)

林 高樹（2010），「高頻度データ解析：市場リスク計測手法の新展開」，『オペレーションズ・リサーチ』，第5巻（9），546-552．

水野文也（2010），「東証アローヘッドが順調にスタート，立ち上がりは様子見」，ロイター，2010年1月4日．(http://jp.reuters.com/article/topNews/idJPJPAN-13180520100104)

Hull, J. (2009), *Options, Futurs, and Other Derivative Securities, 7th edition*, Pearson International Edition.

Salmon, F. and J. Stokes (Tsujimura, E. 訳) (2011), 「ウォール・ストリート，暴走するアルゴリズム (5/5)」，WIRED Japanese Edition. (http://wired.jp/2011/07/15/)

（筑波大学大学院ビジネス科学研究科）

特 集 論 文

1 値幅制限を考慮した商品先物価格の実証分析
： MCMC による商品先物価格のモデル化を利用して

青木義充・横内大介・加藤　剛

概要　東京工業品取引所（東工取）に上場されている商品先物のうち，金，銀，白金，パラジウム，アルミニウム，ゴム，原油，灯油，ガソリンの9商品を対象とした価格変動モデルを提案する．商品先物市場では，対象商品の需給事情の変化や急激な先行き見通しの修正などの不確定的な事象によって相場が急激に変動することを防ぐため，1日における値動きについて，前日の価格に対し一定金額を加減した制限値段が定められている．この制度を値幅制限と呼ぶ．さらに東工取では，毎月末に次の1ヶ月間の制限値段の幅を公表しているため，基本的には当該月間においては1日の値動きの上限が定数として与えられている．しかしながら，従来までの収益率をベースとしたモデルでは，値幅制限の影響を反映し難い．収益率をベースとした場合には，本来ならば定数である価格変動の上限値が時点に依存して変化してしまうため，ボラティリティ変動モデルなどの導入が必要であった．本稿では，値幅制限によって観測できない潜在的な価値（潜在価格）に着目し，価格の前日差をベースとしたモデリングを提案している．潜在価格は一部観測が不可能であるために，データ補間が必要となる．そこで，モデルの未知パラメタの推定とともに，データ補間を行う手法を，マルコフ連鎖モンテカルロ法を利用したアルゴリズムとして提案している．加えて，実際の商品先物価格データを用いた数値実験を通じ，商品先物を保有した際の価格変動リスクを計測した．また，値幅制限が価格変動リスクに与える影響について検証した結果，1日間から3日間などの短期間の保有でその影響が顕著に表れることが示された．

Keywords：商品先物取引，値幅制限，価格変動リスク，マルコフ連鎖モンテカルロ法．

1　はじめに

これまでに商品先物価格をもとにした様々な実証研究がなされてきた．Pierre

and Sébastien（2003）では，商品先物市場における市場リスク算出を目的とし，ロンドン金属取引所やニューヨーク商品取引所で扱っている商品先物の収益率データにARCH型モデルをあてはめ，モデルパラメータの推定量の漸近分布をもとにしてVaRを計算している．Chiu et al.（2006）では，商品先物の収益率データにGARCH型モデルを適用し，VaRにもとづく指標による台湾取引所の取引証拠金システムの評価を行っている．日本の商品先物に焦点を絞ると以下のものが挙げられる．渡部・大鋸（1996）は，商品先物の出来高および取組高と価格のボラティリティとの相関を分析し，出来高の変動と価格のボラティリティの間には正の相関があり，取組高の変動との間には有意な相関は見出されなかったことを報告している．羽森・羽森（2000）は，ARCHモデルとGJRモデルのあてはめを通して，収益率のボラティリティの変動について，日本とアメリカの商品先物市場の比較検討を行っている．渡部・大森（2000）は，1日の取引回数が自己相関をもって変動している可能性を考慮に入れた動学的2変量分布混合モデルを取り上げ，このモデルが商品先物市場における価格や出来高の変動をうまくとらえることができるかをマルコフ連鎖モンテカルロ（MCMC）法を利用して実証分析している．Gray, 林 and Geert（2006）は，商品先物のリターンは株のリターンとほぼ無相関で，債券のリターンとは負の相関を持つことを示し，商品先物をポートフォリオに組み込むことの効用を論じている．高見（2007）は，商品先物の月次，週次，日次の各データに対するニューラルネットモデルと線型モデルのあてはまり具合を比較検討し，特に月次データを対象としたときのニューラルネットモデルの有用性を示している．

　上に挙げた先行研究では，いずれも商品先物価格の収益率を用いて分析を行っている．しかしながら，本稿の実証分析が示すように，閾値のある価格変動をもつ商品先物価格をモデル化するには収益率の定義は不向きである．そこで我々は，商品先物の取引制度と価格の変動を十分に反映したモデルを新たに構築して，価格変動リスクを計測することにした．なお，本稿では東京工業品取引所（東工取）に上場されている9つの商品に焦点を当てる．内訳は，金，銀，白金，パラジウム，アルミニウム，ゴム，原油，灯油，ガソリンである．さらに，東工取の取引制度を考慮した価格変動モデルを構築し，価格変動リスクの計測を目的とする．

東工取では，対象商品の需給事情の変化や急激な先行き見通しの修正などの不確定的な事象によって相場が急激に変動することを防ぐために，値幅制限が導入されていた（日本先物取引協会（2007a），同（2007b））．値幅制限とは，1日における値動きについて，前日の価格に対し一定金額を加減した価格変動の上限値（制限値段幅）を定めた制度である．東工取では，毎月末に次の1ヶ月間の制限値段幅を公表しているため，基本的に当該月間においては1日の値動きの上限が固定される．以下に示すように，値幅制限の性質を表現するには，従来まで用いられてきた収益率をベースではなく，価格の前日差を用いたほうが良い．

収益率と価格の前日差の定式化を用いて，値幅制限が価格変動に与える影響についての具体例を以下に示す．いま，時点 $t(t=1,2,\cdots)$ における商品先物価格を P_t とおくとき，価格前日差 ΔP_t，日次収益率 R_t はそれぞれ，

$$\Delta P_t := P_t - P_{t-1}, \qquad R_t := \frac{P_t - P_{t-1}}{P_t} \tag{1}$$

である．いま，ある1ヶ月間における制限値段幅を L とおくと，価格前日差 ΔP_t，日次収益率 R_t の変動幅の上限はそれぞれ，

$$|\Delta P_t| \leq L, \qquad |R_t| \leq \frac{L}{P_{t-1}} \tag{2}$$

と記述できる．価格前日差の変動の上限は定数で与えられるが，収益率の変動の上限は t に依存する．したがって，収益率の従う確率分布は時点 t に依存した条件付確率分布として扱う必要が生じ，表現が複雑となる．また，価格変動の最大変動幅が時刻によって変動してしまうので，単純なボラティリティ変動モデルでは，この時変の変動幅の様子まで表現しきれない．そのため，本稿では，ΔP_t をベースに価格変動モデルの構築を考える．

この値幅制限の値まで価格が上昇または下落すると，市場での商品取引が打ち切られるため，当刻商品がその時点で持つ本来の価値をデータとして観測できないことがある．そこで本稿では，値幅制限が課されていなければ観測されたであろう価格を新たな系列「潜在価格」として定義する．この潜在価格は一部観測不可能な系列とみなせるので，適切なモデルとデータ補間法を用いれば推定が可能である．本稿では，潜在価格の前日差に対し1次のARモデルを適

用し，値幅制限が価格変動に与える影響について調べる．なお，未知パラメタの推定は，潜在価格のデータ補間と同時に行う必要がある．本稿では，マルコフ連鎖モンテカルロ法（MCMC 法）を利用し，未知パラメタの推定とデータ補間を同時に行うアルゴリズムを提案している．

以下，本稿の構成は次の通りである．第 2 節では従来の価格変動モデルの問題点を指摘し，新たな系列「潜在価格」を利用した価格変動モデルを提案し，価格変動リスクの計測法について述べる．第 3 節では，実際の推定手法とアルゴリズムを示し，第 4 節では，実際の価格データを用いた数値実験を通じ，モデルの妥当性と値幅制限が価格変動リスクに与える影響について検証をしている．結論として，特に 1 日間から 3 日間などの短期的な保有では，値幅制限が価格変動リスクに与える影響が大きいことが示される．商品先物取引では，1 日の取引の終了後に毎日清算を行うため，短期保有を前提とした価格変動リスクの計測は重要である．そのため，値幅制限を考慮した本稿のモデルが実務上の価格変動リスク管理において有用であることが示される．

2 価格変動モデルとリスク計測

2.1 収益率の問題点

本項では，実際に取引された商品先物価格のデータの実証分析をもとに，収益率をベースとした価格変動モデルが抱える問題点を論じる．図 1-1 では，2008 年 8 月 1 日から 10 月 31 日における白金の先物価格の日次推移を表している．8 月 1 日では 5,867 円であった価格が 10 月 31 日には 2,464 円へと下落している．なお，この期間における制限値段幅 L は 300 円で固定されていた．同時期における日次収益率 R_t を図 1-2 の (a) に，価格前日差 ΔP_t の推移を同図 (b) に示す．図 1-2 の (a)，(b) のいずれにも 0 に水準線を引き，さらに (b) には，この期間における制限値段幅である ±300 にも水準線を引いている．制限値段幅によって上限が課せられているため，全期間にわたって ΔP_t の変動幅は顕著な変化はみられない．その一方で，R_t では変動の大きさが時刻とともに徐々に増大している．このことは，R_t に対してボラティリティ変動モデルをあてはめる動機付けとなる．それぞれを 2 乗した系列 R_t^2 と ΔP_t^2 の偏自己相関係数を図

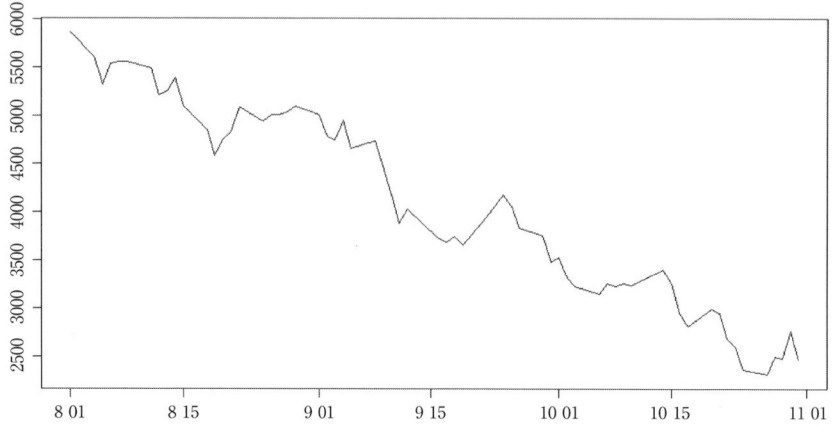

図 1-1 2008 年 8 月 1 日から 10 月 31 日までの白金先物の日次価格の推移

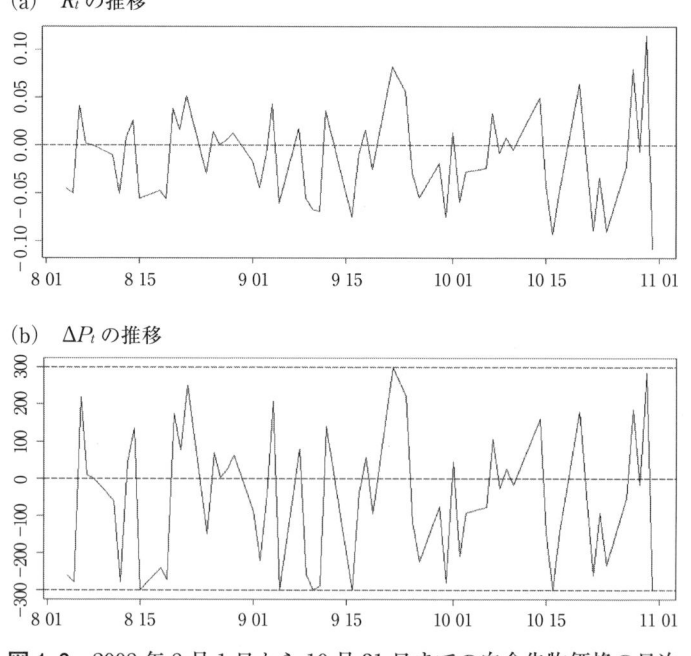

(a) R_t の推移

(b) ΔP_t の推移

図 1-2 2008 年 8 月 1 日から 10 月 31 日までの白金先物価格の日次収益率 R_t と価格前日差 ΔP_t の推移

(a) R_t^2 の偏自己相関係数

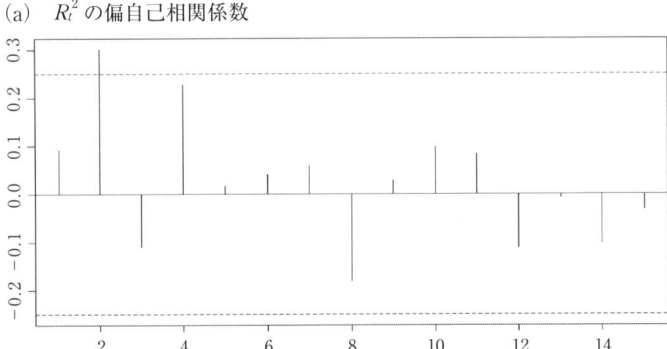

(b) ΔP_t^2 の偏自己相関係数

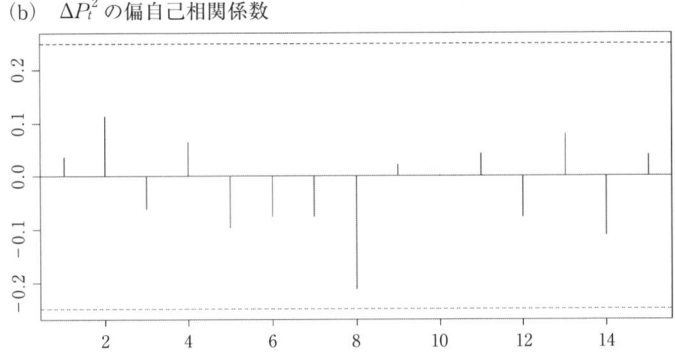

図 1-3 2008 年 8 月 1 日から 10 月 31 日までの白金先物価格の日次収益率 R_t と価格前日差 ΔP_t, それぞれの 2 乗の偏自己相関係数

1-3 に示す．図 1-3 の (a) で示されるように，R_t^2 には無視できない自己相関関係が観測される．この系列に対し AR モデルをあてはめ，赤池情報量規準（AIC）（坂元他（1983））による次数選択を行うと 4 次の AR モデルが選択される．すなわち，ボラティリティが自己相関関係を有していると判断でき，GARCH モデルをあてはめることが妥当と判断できる．一方で，ΔP_t^2 にも同様に AR モデルをあてはめたところ，AIC による次数選択では AR モデルは選択されない．そのため，同じ期間であっても GARCH などのモデルをあてはめる必要はない．

この性質は，日々の価格変動の大きさ自身に内蔵された性質ではなく，R_t の

定義 (1) と，値幅制限との関係 (2) に起因したものである．定義上，R_t は価格の変動幅を前日の価格で除している．そのため，価格が下落している場合には，たとえ価格変動の大きさが一定であっても R_t の大きさは増大してしまう．この期間では，価格変動の大きさは値幅制限によって上限が固定されているため，変動の大きさには際立った傾向はない．しかしながら，収益率をベースとした場合には，価格が下落し続けているため，結果として価格変動の大きさが増大しているような傾向が観測される．つまり，本来は価格変動に特徴だった変化がない場合でも，自己相関関係を有した構造があるかのような，見せかけの構造を観測してしまうおそれがある．

以上より，商品先物の日次価格変動をモデル化する場合は，収益率 R_t をベースに考えるよりも価格差 ΔP_t を用いたほうが良いと考えられる．

2.2 値幅制限の影響

本項では，東工取が採用していた値幅制限が価格変動に与える影響をより深く論じる．

東工取では，2009 年 4 月末まで値幅制限が導入されていた．値幅制限とは，1 日における値動きについて上限値（制限値段幅）を課す制度である．さらに，毎月末に次の 1 ヶ月分の制限値段幅が設定されるため，基本的に 1 ヶ月間内の制限値段幅は定数として与えられる．いま，ある 1 ヶ月間における制限値段幅を L とおくと，日々の価格 P_t に対する最も単純なモデルとして，以下のように切断正規分布を用いることが考えられる．

$$P_t = P_{t-1} + \varepsilon_t, \qquad \varepsilon_t \sim TN_{(-L, L)}(0, \sigma^2) \qquad (3)$$

しかしながら，このモデル化では値幅制限下の価格変動を表す際に不都合が生じる．具体例を図 1-4 に示し，以下で説明を行う．図 1-4 の (a) では，仮に値幅制限がなかった場合における商品先物価格の前日差 ΔP_t の頻度を示している．上端，下端の $\pm L$ を越える範囲の値は，値幅制限のもとでは観測されない値である．すなわち，図 1-4 の (a) における * の領域が，値幅制限に抵触する領域である．これに対し，(3) のような切断正規分布を仮定した場合には図 1-4 (b) のように単峰型の分布となる．しかしながら，実際の制度を考慮するに，値幅制限を超えるような高騰／急落が起こった場合には，ストップ高／安のよ

1　値幅制限を考慮した商品先物価格の実証分析　　23

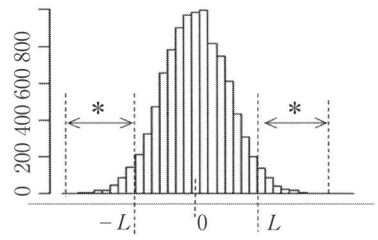

(a)　値幅制限がなかった場合の価格差の分布

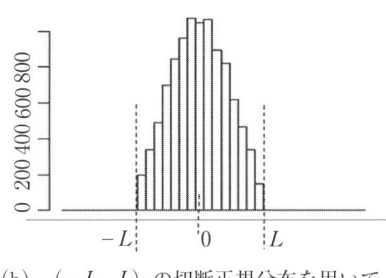

(b)　$(-L, L)$ の切断正規分布を用いて表現される価格差の分布

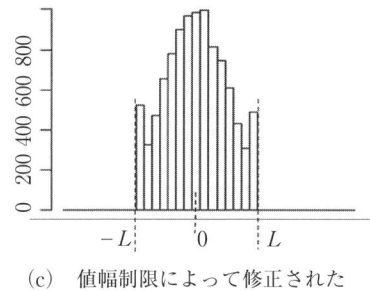

(c)　値幅制限によって修正された価格差の分布

図 1-4　価格変動の確率分布密度関数の形状について

うに値幅制限の上端／下端の値として観測されるはずである．すなわち，潜在的な価格変動が（a）のような形状をしている場合には，（c）のように値幅制限の両端の頻度が多く観測されるはずである．以上より，切断正規分布によるモデル化は不適切である．

　実際の市場では，値幅制限の制度のもとで価格は観測される．値幅制限に抵触した時点において観測できない潜在的な価格と制限値段幅で打ち切られて観測される商品先物価格の関係をさらに詳しく論じる．いま，値幅制限が課されていない場合における商品の価格を，潜在的な価格 X_t とおく．

　図 1-5 にて P_t と X_t の関係について具体例を示し，両者の違いについて説明を与える．

　図 1-5 の（a）において，$t=1$ では商品先物価格と潜在価格は一致しており，$P_1=X_1$ の状態である．続いて，$t=2$ では潜在価格は大幅に上昇するも，商品先物価格は値幅制限によって価格の上昇が抑えられるために，$P_2 \neq X_2$ となる．さ

(a) 値幅制限に1度抵触した場合

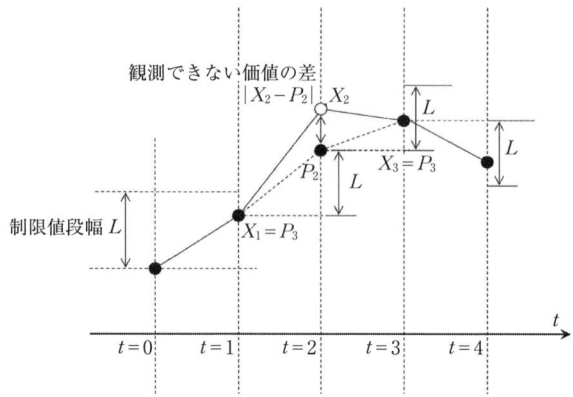

(b) 値幅制限に連続して抵触した場合

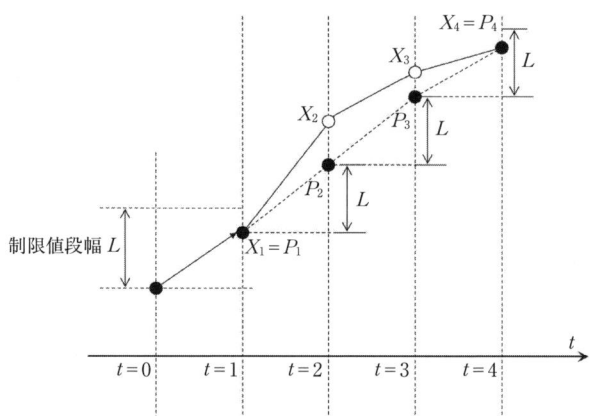

図 1-5 多期間における潜在価格 X_t と商品先物価格 P_t の関係

らに，$t=3$ では，潜在価格は落ち着きを取り戻しやや下降しているが，商品先物価格としては前日の値幅制限の影響もあり上昇している．値幅制限には抵触していないため，$P_3 = X_3$ となり，商品先物価格と潜在価格は一致する．

図 1-5 の (b) では，商品先物価格が $t=1$ から $t=4$ にかけて連続して上昇する場合を考える．はじめに，$t=2,3$ にかけて大きく上昇している場合に注目する．潜在価格は値幅制限の影響を受けずに上昇している．他方，商品先物価格では値幅制限により上限が課せられているため，価格の急激な高騰が抑えられ

徐々に上昇を続ける．この間，商品先物価格と潜在価格の関係は $P_2 \neq X_2$, $P_3 \neq X_3$ である．その後，$t=4$ 時点で値幅制限内に価格が落ち着き，商品先物価格と潜在価格は等しくなる．すなわち，$P_4 = X_4$ となる．

以上のように，値幅制限は，価格変動の急激な変化を緩やかにする役割を果たしている．ここで，ある t 時点において $P_t = X_t$ となる条件は，$|X_t - P_{t-1}| < L$ を満たす場合である．従って，潜在価格 X_t を用いて，値幅制限下の価格変動モデルを以下のように記述する．

$$P_t = X_t \times I_{\{|X_t - P_{t-1}| < L\}}(t) + (P_{t-1} + L) \times I_{\{X_t - P_{t-1} \geq L\}}(t)$$
$$+ (P_{t-1} - L) \times I_{\{X_t - P_{t-1} \leq -L\}}(t) \qquad (4)$$
$$X_t = X_{t-1} + e_t, \qquad e_t \sim N(0, \sigma^2) \qquad (5)$$

観測されない潜在価格 X_t はランダムウォーク過程で記述し，観測される商品先物価格 P_t には確率構造を入れずにモデル化ができる．また，観測値より $|P_t - P_{t-1}| < L$ のときに限り X_t が観測可能となっている．すなわち，

$$P_t = \begin{cases} X_t & : |X_t - P_{t-1}| < L \\ P_{t-1} + L : X_t - P_{t-1} \geq L \\ P_{t-1} - L : X_t - P_{t-1} \leq -L \end{cases} \qquad (6)$$

である．観測できない X_t については，上限，または，下限を突き抜けたという条件つきの未知パラメタとして扱い，データ補間の問題として扱う．

実際のデータにもとづき，商品先物価格と潜在価格の関係について示す．具体例として，図1-1 にて扱った 2008 年 8 月 1 日から 10 月 31 日までの白金先物を用いる．ここで，白金先物価格の前日差 ΔP_t と潜在価格の前日差 ΔX_t のヒストグラムを図 1-6 に示す．ただし，ΔX_t は一部観測不可能であるため，第 3 節で述べる推定アルゴリズムによって推定した値 $\Delta \hat{X}_t$ を用いている[1]．また，この期間における制限値段幅 $L = 300$ であった．

---

[1] 第 3 節で述べる推定アルゴリズムでは，ΔX_t に対して AR（1）モデルを仮定しており，本節での議論でも ΔX_t に AR（1）モデルを仮定した．自己回帰係数の推定値は -0.0438 と非常に小さく，ランダムウォーク過程に近い挙動を示しているため，本節の議論に合致するといえる．σ をはじめとしたその他の推定結果については，第 4 節で詳しく述べる．

(a) 観測された価格前日差 ΔP_t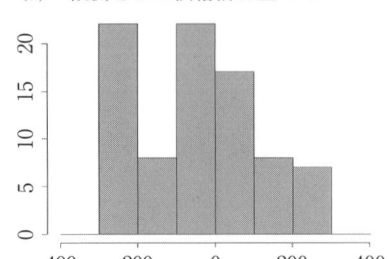

(b) 推定された潜在価格前日差 ΔX_t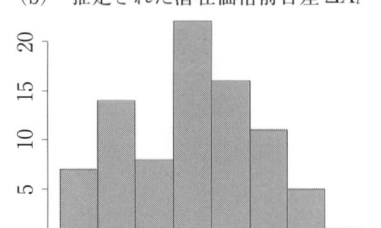

図 1-6 2008 年 8 月 1 日から 10 月 31 日までの白金先物における価格前日差 ΔP_t と推定された潜在価格前日差 ΔX_t の分布の様子

図 1-6 の (a) では，ΔP_t の頻度を示している．値幅制限が課されている状況での商品先物価格の前日差であるため，値幅制限内である ±300 の間に値が集まっている．特に，制限値段幅の下限である –300 の頻度が多い．図 1-6 (b) では，推定された ΔX_t の頻度を示している．このヒストグラムは，値幅制限が課されていない状況のものに対応するはずである．制限値段幅とは関係なく，単峰型の分布に従っている様子が示されている．

図 1-4 で示した関係にもとづけば，図 1-6 (a) は図 1-4 (c) に対応し，図 1-6 (b) は図 1-4 (a) に対応するはずである．図 1-6 (a) では，負の値における頻度が多いものの，値幅制限の値である ±300 のところで頻度が多くなっており，図 1-4 (c) に近い．一方で，図 1-6 (b) については正規分布といえるかが焦点となる．そこで，双方に対して正規性の検定である，Shapiro-Wilk 検定 (Shapiro and Wilk (1965)) を行った．Shapiro-Wilk 検定における帰無仮説は「対象系列は正規分布に従う」である．P値はそれぞれ，ΔP_t では 0.006475 であり，ΔX_t は 0.2565 であった．有意水準を 0.1 としたときに，ΔP_t は正規性が棄却されるが ΔX_t では棄却されない．潜在的には正規分布に従っていた ΔX_t が，値幅制限によって正規分布とはいえない分布形に変化したことが示された．以上より，この期間においては仮定があてはまっていたと判断できる．

2.3 価格変動のモデル化

本項では商品先物価格の変動をモデル化する．モデル化の議論に先立ち，そ

れぞれの商品の日次価格データに対して単位根検定を行う．単位根の存在が認められる場合には，対象系列が非定常であることが認められ，モデル化の議論を展開し難い．なお，単位根検定については，Philips-Perron 検定（Perron (1988), Zivot and Wang (2005)）を用いた．検定に用いる仮説は以下の通りである．

- 帰無仮説： 対象系列が単位根を持つ．
- 対立仮説： 対象系列は単位根を持たない．

なお，今回は約 3 ヶ月間にあたる 60 営業日分のローリングウィンドウを用いている．ここで，t 時点における 60 日間ローリングウィンドウとは，t 時点を含めた 60 営業日分のデータ $\{t, t-1, t-2, \cdots, t-59\}$ を用いた分析である．

はじめに，商品先物価格に対して Philips-Perron 検定を行った．その結果，全ての商品において，価格データでは有意水準を 0.1 に設定した場合に，帰無仮説を棄却できる期間はほとんどみられず，単位根の存在を否定できなかった．次に，価格前日差に対しても Philips-Peron 検定を行った．こちらは全ての商品，全ての限月において，帰無仮説が棄却された．すなわち，価格の前日差のデータには単位根がないとみなせる．

一例として，図 1-7 に 2008 年 6 月末から 2009 年 4 月末までの期間における白金の価格データに対し，60 日間のローリングウィンドウでの Philips-Perron 検定を行った結果を示す．縦軸には検定における P 値をとり，有意水準 0.1 に水準線を引いた．この水準線を下回る場合に，帰無仮説が棄却されていると考えられる．横軸には，60 日のウィンドウ内の最新日付をとった．つまり，2008 年 9 月 19 日の値は，2008 年 6 月 26 日から 9 月 19 日までの 60 営業日のデータに対して検定を行った結果を指している．

図 1-7（a）には，商品先物価格に対する検定の結果を示している．有意水準 0.1 を下回る区間はほとんどみられず，帰無仮説を棄却できる区間はほとんどみられない．つまり，ほとんどの期間において単位根の存在を否定できない．一方，図 1-7（b）には，価格前日差に対する検定の結果を示している．あらゆる区間で有意水準 0.1 を下回り，帰無仮説が棄却される．すなわち，この分析期間では，全ての時点で単位根の存在を否定できる．

他の商品でも同様に，価格データでは帰無仮説を棄却できる区間はほとんど

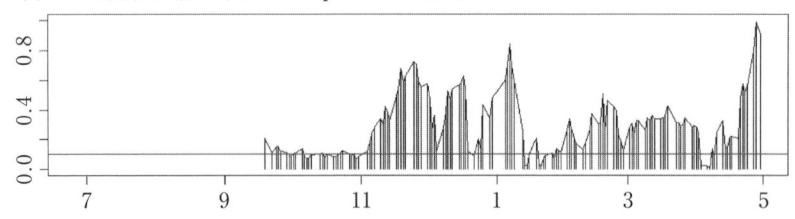

(a) 商品先物価格に対する Philips-Perron 検定の P 値

(b) 価格前日差に対する Philips-Perron 検定の P 値

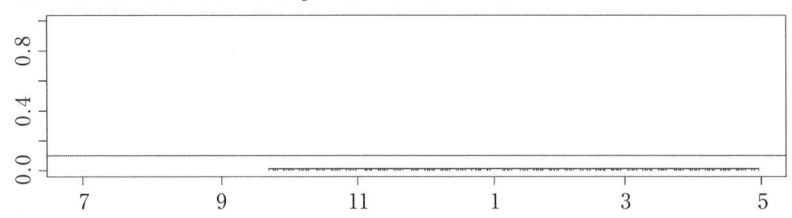

図 1-7 2008 年 6 月末から 2009 年 4 月末までにおける白金先物価格の単位根の存在について

60 日間のローリングウィンドウを用いて，Philips-Perron の検定を行った．横線は P 値＝0.1 の水準線．

みられず，価格前日差では全ての期間で帰無仮説が棄却される結果が得られた．以上より，先行研究では収益率をベースとして価格変動のモデル化がなされているが，我々は価格の前日差をモデル化の対象とする．

価格の前日差に対するさらなるモデル化のために，自己回帰性の有無を確認する．価格の前日差 ΔP_t に対して，60 営業日のローリングウィンドウを用いた Ljung-Box 検定を用いて確認をする（Ljung and Box（1978））．この検定における帰無仮説は「系列に自己相関が存在しない」である．

図 1-8 には，先程と同様の期間における白金先物価格の前日差に対して，60 日間ローリングウィンドウによる Ljung-Box 検定を行った場合の結果を示している．図 1-7 と同様に，縦軸には検定における P 値をとり，有意水準 0.1 に水準線を引いた．また，横軸には，60 日のウィンドウ内の最新日付をとった．

図 1-8 では，有意水準 0.1 の水準線を下回る期間も多いため，帰無仮説が棄却される期間が多いことが示される．すなわち，自己回帰構造の存在を無視できない期間が多く存在している．他方，帰無仮説を受容する期間も多く存在す

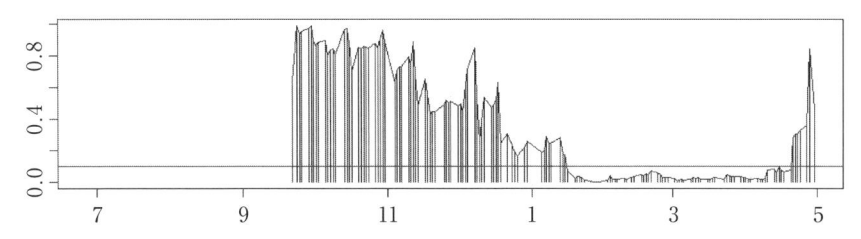

図1-8 2008年6月末から2009年4月末までにおける白金先物価格の前日差の自己回帰構造の存在について

縦軸は60日間ローリングウィンドウによるLjung-Box検定のP値．横線はP値＝0.1の水準線．

ることから，全期間にわたり1つの自己回帰モデルをあてはめることは不合理であることも示唆される．

ここで，本節で採用している2つの検定方法，Philips-Perron検定，Ljung-Box検定は，いずれも価格の打ち切りによる影響を考慮したものではない．価格の打ち切りによる影響が価格系列の構造を変化させる可能性があるため[2]，以上の検定結果は価格系列の表面的な構造を示しているに過ぎないことに注意する必要がある．本稿では，値幅制限の影響を考慮した価格変動のモデル化を通じて，価格系列の潜在的な構造を分析することを目的としている．そのため，我々は，価格の前日差 ΔP_t ではなく，潜在価格の前日差 ΔX_t に対して最も簡潔な時系列モデルである1次の自己回帰モデルを仮定する．具体的には以下の通りである．

$$\Delta X_t = \phi \Delta X_{t-1} + \varepsilon_t, \quad \varepsilon_t \overset{\text{i.i.d.}}{\sim} N(0, \sigma^2), \ t=1, 2, \cdots, \tag{7}$$

ここで，$\sigma>0$，$|\phi|<1$ は未知パラメータである．

自己回帰係数 ϕ については，以下のように解釈できる．

① $\phi>0$ の場合：モメンタム性を有する．

1時点前が上昇または下降していた場合に，その傾向が続きやすいと解釈できるため，$\phi>0$ である期間は，モメンタム性を有すると考えられる．

② $\phi<0$ の場合：反対売買の多い時期である．

---

[2] 価格の打ち切りによって価格系列の構造に与える影響については，第4節において値幅制限を考慮したモデルと推定法を用いた数値実験を通じて詳しく説明をする．

1時点前の状況とは逆の傾向が出るということは，前日売られすぎていた（価格が下落していた）場合には，当日は買が入る（価格が上昇する）ことを示していると考えられる．そのため，$\phi<0$である期間は，反対売買が多い期間と考えられる．

③ $\phi=0$ の場合：特徴だった傾向がみられない．

ランダムウォーク過程となるために，特徴だった傾向がみられない期間であると考えられる．

モデル式（7）における未知パラメタ ϕ, σ^2 は，潜在価格の前日差 ΔX_t に対する係数である．そのため，未知パラメタの推定は，観測されない時点の ΔX_t の補間と同時に行う必要がある．我々はこの問題をベイズ推定を用いたマルコフ連鎖モンテカルロ法（MCMC）を用いて解く．なお，具体的な推定法については第3節にまとめている．

2.4 価格変動リスクについて

本項では，価格変動リスクについて具体的な定式化を行う．観測された n 時点（$n \geq 1$）までのデータ，$\Delta P = \{\Delta P_t\}_{t=1}^{n}$ が与えられたときの m 期先の ΔP_{n+m}, ($m \geq 1$) の条件付分布関数

$$G_{n+m,n}(x) := P\{\Delta P_{n+m} \leq x | \Delta P\} \tag{8}$$

が求められれば，将来の価格変動は $G_{n+m,n}(x)$ で推定できる．しかしながら，商品先物価格の前日差 ΔP_t の分布は，2.2項で述べたように値幅制限の影響によって複雑な形をしている．そこで，$G_{n+m,n}(x)$ を直接の推定対象とせずに，潜在価格の前日差に関する条件付分布関数の推定を通じて，将来の価格変動を推定する．

いま，$\Delta X = \{\Delta X_t\}_{t=1}^{n}$ が与えられたときの ΔX_{n+m}, ($m \geq 1$) の条件付分布関数として，

$$F_{n+m,n}(x) := P\{\Delta X_{n+m} \leq x | \Delta X\} \tag{9}$$

を考える．我々は，(7) の通り，潜在価格の前日差に対し1次のARモデルを適用している．ここで，n 時点までの必要な情報が全て与えられていると仮定する．すなわち，観測不能となった時点についてデータ補間を行うことで得られる $\Delta \hat{X} = \{\Delta \hat{X}_t\}_{t=1}^{n}$ と，同時にパラメタ推定を行うことで得られる $\hat{\phi}$, $\hat{\sigma}^2$ が，

全て与えられていると仮定する．このとき，$n+m$ 時点における潜在価格の前日差の条件付分布は

$$\Delta X_{n+m} | \Delta \hat{X} \sim N\left(\hat{\phi}^m \Delta X_n, \hat{\sigma}^2 \sum_{j=1}^m \hat{\phi}^{2(j-1)}\right) \tag{10}$$

である．したがって，n 時点から m 期間保有した場合における潜在価格の変動額は，

$$X_{n+m} - X_n = \sum_{j=1}^m \Delta X_{n+j} = \sum_{j=1}^m \phi^j \Delta X_n + \sum_{j=1}^m \sum_{k=1}^j \phi^{k-1} \varepsilon_{n+m-k+1}$$

の関係より，

$$X_{t+m} - X_t | \Delta \hat{X} \sim N\left(\Delta X_n \sum_{j=1}^m \hat{\phi}^j, \hat{\sigma}^2 \sum_{j=1}^m j\hat{\phi}^{2(j-1)}\right)$$

によって与えられる．

価格変動リスクを計測する指標として VaR（Value at Risk）（Alexander (2001)）を計測する．VaR とは，保有する資産において，一定の確率で発生し得る最大損失金額のことである．具体的には，$n+m$ 時点における $\text{VaR}_{100 \times \alpha \%}$ は，Φ^{-1} を標準正規分布関数の逆関数とすると，

$$\text{VaR}_{\alpha \times 100\%} = \Delta X_n \sum_{j=1}^m \hat{\phi}^j + \left(\hat{\sigma}^2 \sum_{j=1}^m j\hat{\phi}^{2(j-1)}\right)^{1/2} \Phi^{-1}(\alpha) \tag{11}$$

で与えられる．

さらなる価格変動リスクを計測する指標としては，cVaR（conditional VaR）（Artzner et al. (1999)，Alexander (2001)）が挙げられる．cVaR は期待ショートフォール（Zivot and Wang (2005)）とも呼ばれる．時点 t における $\text{cVaR}_{\alpha \times 100\%}$ とは，ある水準 $\text{VaR}_{\alpha \times 100\%}$ を下回るという条件のもとでの条件付期待値として定義される．すなわち，

$$\text{cVaR}_{\alpha \times 100\%} = E[\Delta X_t | \Delta X_t \leq \text{VaR}_{\alpha \times 100\%}]$$

である．

上に挙げた2つの価格変動リスク指標は，いずれも潜在価格 X_t に関するものであり，値幅制限の影響がない状況下のものである．しかしながら，現実には特別な場合を除いて値幅制限が課されているため，本来の計測対象は商品先物価格 P_t に関するリスクである．両者が一致するためには，n 時点から $n+m$ 時点までの間，値幅制限に抵触しなかった場合に限られる．したがって，我々は

以下の手順で商品先物価格の変動の将来の値を推定する．はじめに，データ補間，推定されたパラメタを用いて将来の潜在価格の変動 ΔX_{n+m}, $(m≥1)$ を発生させる．その後に，制限値段幅 L を用いて，ΔP_{n+m}, $(m≥1)$ を算出する．

最後に，実際の取引において値幅制限の影響を受けない期間について説明する．

各商品先物が期近物（受渡日が最も早く到来する限月になったもの）[3]となった場合には値幅制限が撤廃される．この期間では，潜在価格と商品先物価格が定義上一致する．また，値幅制限の影響がないため，価格変動が大きくなるおそれがある．以上より，我々の提案する潜在価格を用いたリスク計測のフレームワークは，期近物となった商品先物価格の価格変動リスク計測にも有用である．

3 推定方法とアルゴリズム

本稿では，一部観測が不可能となった潜在価格も未知パラメタの1つとして考える．すなわち，観測できなかった潜在価格のデータを補間する必要が生じ，そのデータ補間は MCMC 法を用いて他の未知パラメタである自己回帰モデルの係数 ϕ と残差の分散 σ^2 の推定と同時に行う．

3.1 ベイズ推定

我々は潜在価格の前日差 ΔX_t に対して1次の AR モデルを仮定した．具体的には，

$$\Delta X_t = \phi \Delta X_{t-1} + \varepsilon_t, \quad \varepsilon_t \overset{\text{i.i.d.}}{\sim} N(0, \sigma^2), \ t = 1, 2, \cdots \tag{12}$$

である．いま，$t=1$ において，ϕ, σ^2 を所与としたときの ΔX_1 の条件付分布は

---

[3] 金，銀，白金，パラジウム，アルミニウムの5商品は偶数月に受渡日が設定されており，同時6系列が取引される．このうち，最も受渡日に近い系列は期近物とされ，値幅制限の影響を受けずに取引がなされる．すなわち，受渡日を含む約2ヶ月間は値幅制限の影響を受けない．ガソリン，灯油，原油，ゴムの4商品では毎月受渡日が設定され，同時に6系列が取引される．同様に，受渡日を含む約1ヶ月間は値幅制限の影響を受けない．

以下の通り与えられる．

$$f(\Delta X_1|\phi, \sigma^2) = \frac{1}{\sqrt{2\pi}\sqrt{\sigma^2/(1-\phi^2)}} \exp\left\{-\frac{\Delta X_1^2}{2\sigma^2/(1-\phi^2)}\right\}$$

次に，$t \geq 2$ において，ΔX_{t-1} を所与としたときの ΔX_t の条件付分布は，

$$f(\Delta X_t|\Delta X_{t-1}, \phi, \sigma^2) = (2\pi\sigma^2)^{-1/2} \exp\left\{-\frac{1}{2\sigma^2}(\Delta X_t - \phi\Delta X_{t-1})^2\right\}$$

であるため，全標本 $\Delta X = \{\Delta X_1, \Delta X_2, \cdots \Delta X_n\}$ の尤度関数は

$$f(\Delta X|\phi, \sigma^2)$$
$$= (2\pi\sigma^2)^{-n/2}\sqrt{1-\phi^2}\exp\left\{-\frac{1-\phi^2}{2\sigma^2}\Delta X_1^2 - \frac{1}{2\sigma^2}\sum_{t=2}^{n}(\Delta X_t - \phi\Delta X_{t-1})^2\right\}$$
(13)

である．

以下では，未知パラメタ σ^2, ϕ のベイズ推定について述べていく．はじめに σ^2 の推定を考える．いま，σ^2 の事前分布として，逆ガンマ分布，すなわち $\sigma^2 \sim IG(\alpha_0, \beta_0)$ を選択する．このとき，ΔX と ϕ が与えられたときの σ^2 の条件付事後分布は，

$$g(\sigma^2|\Delta X, \phi)$$
$$\propto (\sigma^2)^{-(1+\alpha_0)}\exp\left(-\frac{\beta_0}{\sigma^2}\right)$$
$$\times (2\pi\sigma^2)^{-n/2}\sqrt{1-\phi^2}\exp\left\{-\frac{1-\phi^2}{2\sigma^2}\Delta X_1^2 - \frac{1}{2\sigma^2}\sum_{k=2}^{n}(\Delta X_t - \phi\Delta X_{t-1})^2\right\}$$
$$= (\sigma^2)^{-(1+\alpha_1)}\exp\left(-\frac{1}{\sigma^2}\beta_1\right)$$

で与えられる．ただし，

$$\alpha_1 = \alpha_0 + \frac{n}{2}, \qquad \beta_1 = \beta_0 + \frac{1}{2}(1-\phi^2)\Delta X_1^2 + \frac{1}{2}\sum_{t=2}^{n}(\Delta X_t - \phi\Delta X_{t-1})^2$$

である．すなわち，σ^2 の条件付事後分布はパラメタ α_1, β_1 をもつ逆ガンマ分布で表される．

次に ϕ の推定を考える．いま，ϕ の事前分布を一様分布，すなわち $f(\phi|\Delta X, \sigma^2) \sim U(-1, 1)$ とする．このとき，ΔX と σ^2 が与えられたときの ϕ の条件付事後分布は，

$$g(\phi|\Delta X, \sigma^2)$$
$$\propto \sqrt{1-\phi^2}\exp\left\{-\frac{1-\phi^2}{2\sigma^2}\Delta X_1^2 - \frac{1}{2\sigma^2}\sum_{k=2}^{n}(\Delta X_t - \phi\Delta X_{t-1})^2\right\}I_{(-1,1)}(\phi)$$
$$\propto \sqrt{1-\phi^2}\exp\left\{-\frac{1}{2\sigma^2}\sum_{t=2}^{n-1}\Delta X_t^2\left(\phi - \frac{\sum_{t=2}^{n}\Delta X_t\Delta X_{t-1}}{\sum_{t=2}^{n-1}\Delta X_t^2}\right)^2\right\}I_{(-1,1)}(\phi)$$
$$= p(\phi)\times\exp\left\{-\frac{1}{\sigma_\phi^2}(\phi-\mu_\phi)^2\right\}I_{(-1,1)}(\phi) \tag{14}$$

で与えられる．ただし，

$$p(\phi)=\sqrt{1-\phi^2}, \qquad \mu_\phi = \frac{\sum_{t=2}^{n}\Delta X_t\Delta X_{t-1}}{\sum_{t=2}^{n-1}\Delta X_t^2}, \qquad \sigma_\phi^2 = \frac{\sigma^2}{\sum_{t=2}^{n-1}\Delta X_t^2}$$

である．

　ϕ の条件付事後分布は，（14）で示されるように，よく知られた分布ではない．そのため，切断正規分布 $TN_{(-1,1)}(\mu_\phi, \sigma_\phi^2)$ を提案分布としたMH-アルゴリズムによって ϕ の発生を行う（和合他（2005），照井（2010），中妻（2007））．MH-アルゴリズムの具体的な適用法については3.2項に記す．

　最後にデータ補間について述べる．値幅制限に抵触した場合には，$X_t \neq P_t$ であり，潜在価格は観測できない．そのため，モデル式（12）と（13）を用いてデータ補間を行う必要がある．

　はじめに，$t=1$ のときに値幅制限に抵触した場合を考える．ΔX_1 の条件付事後分布は

$$g(\Delta X_1|\phi, \sigma^2, \Delta X_2)$$
$$= (2\pi\sigma^2)^{-1/2}\sqrt{1-\phi^2}\exp\left\{-\frac{1-\phi^2}{2\sigma^2}\Delta X_1^2 - \frac{1}{2\sigma^2}(\Delta X_2 - \phi\Delta X_1)^2\right\}$$
$$\propto \exp\left\{-\frac{1}{2\sigma^2}(\Delta X_1 - \phi\Delta X_2)^2\right\}$$

で与えられる．

　次に，$t=2$ のときに値幅制限に抵触したとする．ΔX_2 の条件付事後分布は

$$g\left(\Delta X_2 \middle| \phi, \sigma^2, \Delta X_1, \Delta X_3\right)$$
$$= (2\pi\sigma^2)^{-1}\sqrt{1-\phi^2}$$
$$\times \exp\left[-\frac{1-\phi^2}{2\sigma^2}\Delta X_1^2 - \frac{1}{2\sigma^2}\{(\Delta X_2 - \phi\Delta X_1)^2 + (\Delta X_3 - \phi\Delta X_2)^2\}\right]$$
$$\propto \exp\left\{-\frac{1}{2\sigma^2/(1+\phi^2)}\left(\Delta X_2 - \phi\frac{\Delta X_1 + \Delta X_3}{1+\phi^2}\right)^2\right\}$$

で与えられる．

同様に，$t=m$ 時点（$m=3, \cdots, n-1$）で値幅制限に抵触した場合における ΔX_m の条件付事後分布は，

$$g\left(\Delta X_m \middle| \phi, \sigma^2, \Delta X_{m-1}, \Delta X_{m+1}\right)$$
$$= (2\pi\sigma^2)^{-1}\exp\left[-\frac{1}{2\sigma^2}\{(\Delta X_m - \phi\Delta X_{m-1})^2 + (\Delta X_{m+1} - \phi\Delta X_m)^2\}\right]$$
$$\propto \exp\left\{-\frac{1}{2\sigma^2/(1+\phi^2)}\left(\Delta X_m - \phi\frac{\Delta X_{m-1} + \Delta X_{m+1}}{1+\phi^2}\right)^2\right\}$$

で与えられる．

最後に，$t=n$ 時点で値幅制限に抵触した場合を考える．ΔX_n の条件付事後分布は

$$g\left(\Delta X_n \middle| \phi, \sigma^2, \Delta X_{n-1}\right) = (2\pi\sigma^2)^{-1/2}\exp\left\{-\frac{1}{2\sigma^2}(\Delta X_n - \phi\Delta X_{n-1})^2\right\}$$
$$\propto \exp\left\{-\frac{1}{2\sigma^2}(\Delta X_n - \phi\Delta X_{n-1})^2\right\}$$

で与えられる．

以上より，$\Delta X_t, t=1,2,\cdots,n$ の条件付事後分布は

$$\Delta X_t \sim N(\mu_t, \sigma_t^2)$$

として得られる．ここで，

$$\mu_t = \begin{cases} \phi\Delta X_2 & t=1 \\ \phi(\Delta X_{t-1} + \Delta X_{t+1})/(1+\phi^2) & t=2,3,\cdots,n-1 \\ \phi\Delta X_{n-1} & t=n \end{cases}$$

であり，

$$\sigma_t^2 = \begin{cases} \sigma^2/(1+\phi^2) & t=2,3,\cdots,n-1 \\ \sigma^2 & \text{その他} \end{cases}$$

である.具体的なデータ補間のアルゴリズムについては,次の3.2項で述べる

3.2 アルゴリズム

潜在価格の変動モデルは一部観測可能な回帰モデルであるので,トービットモデル(打ち切りのある回帰モデル)の一種である(Amemiya (1984) 参照).トービットモデルのパラメータ推定問題は,マルコフ連鎖モンテカルロ(MCMC)法を利用するとうまく解決することができる(和合 (2005),照井 (2010) 参照)マルコフ連鎖モンテカルロ法を実際のプログラムとして実行するときは,反復計算の回数が多いために,効率的で早い乱数生成を行うことが重要となる.具体的には,切断正規分布に従う乱数生成では,Devroye (1986),Geweke (1991) にもとづき,一様乱数と正規分布関数の逆関数を利用した方法を使うことによってサンプリングの効率化を図っている.

以下に具体的なアルゴリズムを記述する.

【アルゴリズム】

1. パラメタの初期値を設定する.

    具体的には,α_0,β_0,$\phi(0)$,$\sigma^2(0)$ の設定を行う.

2. $\Delta X_t(i)$ の補間.

    (a) $|\Delta P_t| = L$:値幅制限に抵触した場合.

    i. $\Delta P_t = L$:ストップ高(値幅制限の上限に抵触)の場合の補間を以下のサンプリングによって行う.

    $\Delta X_t(i) \sim TN_{(L,\infty)}(\mu_t(i), \sigma_t^2(i-1))$

    より $\Delta X_t(i)$ を発生する.ただし,

    $$\mu_t(i) = \begin{cases} \phi(i-1)\Delta X_2(i-1) & t=1 \\ \dfrac{\phi(i-1)(\Delta X_{t-1}(i) + \Delta X_{t+1}(i-1))}{1+\phi^2(i-1)} & t=2,3,\cdots,n-1 \\ \phi(i-1)\Delta X_{n-1} & t=n \end{cases}$$

    であり,

$$\sigma_t^2(i) = \begin{cases} \dfrac{\sigma^2(i)}{1+\phi^2(i)} & t=2,\cdots,n-1 \\ \sigma^2(i) & \text{その他} \end{cases}$$

である.

　　ii. $\Delta P_t = -L$：ストップ安（値幅制限の下限に抵触）の場合の補間を以下のサンプリングによって行う.

$$\Delta X_t(i) \sim TN_{(-\infty,-L)}(\mu_t(i), \sigma_t^2(i-1))$$

より $\Delta X_t(i)$ を発生する.

(b) $|\Delta P_t| < L$：値幅制限に抵触しない場合.

条件式 (6) より, $P_t = X_t$ である. ここで, $P_0 = X_0$ の前提のもと,

$$\Delta X_t(i) = P_t - X_{t-1}(i) = \sum_{k=1}^{t} \Delta P_k - \sum_{k=1}^{t-1} \Delta X_k(i)$$

によって, $\Delta X_t(i)$ を算出する.

3. $\sigma^2(i)$ の発生.

σ^2 の事前分布を逆ガンマ分布 $IG(\alpha_0, \beta_0)$ としたときの条件付事後分布

$$\sigma^2(i) | \Delta X(i), \phi(i-1) \sim IG(\alpha_1, \beta_1)$$

よりサンプリングを行う. ただし,

$$\alpha_1 = \alpha_0 + \frac{n}{2},$$

$$\beta_1 = \beta_0 + \frac{1}{2}(1-\phi^2)\Delta X_1^2(i) + \frac{1}{2}\sum_{t=2}^{n}(\Delta X_t(i) - \phi(i-1)\Delta X_{t-1}(i))^2$$

である.

4. $\phi(i)$ の発生.

(a) 提案分布から新しい候補点の発生.

以下の提案分布より, 候補点 ϕ を発生させる.

$$\phi | (\Delta X(i), \sigma^2(i)) \sim TN_{(-1,1)}(\mu_\phi, \sigma_\phi^2)$$

ただし,

$$\mu_\phi = \frac{\sum_{t=2}^{n} \Delta X_t(i) X_{t-1}(i)}{\sum_{t=2}^{n-1} \Delta X_t^2(i)}, \quad \sigma_\phi^2 = \frac{\sigma^2(i)}{\sum_{t=2}^{n-1} \Delta X_t^2(i)}$$

である.

(b) MH-アルゴリズムにより，$\phi(i)$ を決定．

$a \sim U(0,1)$ を発生させ，$\phi(i)$ を以下のように決定する．

$$\phi(i) = \begin{cases} \phi & a \leq \alpha(\phi(i-1), \phi) \\ \phi(i-1) & その他 \end{cases}$$

ただし，

$$\alpha(\phi(i-1), \phi) = \min\left\{\frac{p(\phi)}{p(\phi(i-1))}, 1\right\}$$

であり，ここで，$p(\phi) = \sqrt{1-\phi^2}$ である．

上記アルゴリズム 2. から 4. までを非常に大きな回数 M まで繰り返す．十分大きな数 N ($N<M$) に対して，はじめの N 回までを捨て，残りの $M-N$ 個の平均値を推定値として採用する．具体的には，

$$\hat{\sigma}^2 = \frac{1}{M-N} \sum_{i=N+1}^{M} \sigma^2(i), \qquad \hat{\phi} = \frac{1}{M-N} \sum_{i=N+1}^{M} \phi(i),$$

$$\Delta \hat{X}_t = \frac{1}{M-N} \sum_{i=N+1}^{M} \Delta X_t(i)$$

である．

最後に事後分布の収束判定法について述べる．本稿では，Geweke の収束判定法（Geweke（1992），渡部・大森（2000），和合他（2005），照井（2010））を用いて，事後分布が収束したか否かを判定する．Geweke の収束判定法では，初期値に依存していると思われるはじめの N 回を捨てた残りの $M-N$ 個のサンプルを2つの集団に分け，それぞれの平均値が同じであるかどうかを検定する方法である．このとき，前半と後半の標本で相関が 0 となるように，2つの集団を分ける必要がある．なお，Geweke（1992）では，始めから $0.1 \times (M-N)$ 個と後ろから $0.5 \times (M-N)$ 個の2つに分けることを推奨している．なお，収束判定に用いる統計量は，帰無仮説：「両者の平均が等しい」のもとでは標準正規分布に従う．そのため，有意水準 0.1 で検定を行う場合には，統計量の絶対値が 1.645 以内かどうかを確かめればよい．帰無仮説を受容した場合には，事後分布が収束していると判断してよい．

4 数値実験

東工取に上場されている9商品について，約3ヶ月（約60営業日）間保有すると仮定する．それぞれに対して，本稿で提案するアルゴリズムを適用し，パラメタ推定とデータ補間を同時に行った．なお，推定に際し，20,000回繰り返した後にはじめの8,000回を捨て，残りの12,000回の平均値を推定値として採用した．また，パラメタの初期値は以下の通りとする．σ^2の事前分布である逆ガンマ分布のパラメタ α_0, β_0 は，事前分布の平均が存在しない範囲にとり，$\alpha_0 = 0.5$, $\beta_0 = 0.5$ とする．また，$\sigma^2(0)$ として ΔP_t の標本分散を用い，$\phi(0) = 0$ とする．また，信用区間の算出には事後分布の経験分布関数を用いて，両側の2.5％にあたる区間を除いた95％信用区間を求めた（渡部・大森（2000），和合他（2005））．

4.1 潜在価格の補間と自己回帰構造

本項では，データ補間により推定した潜在価格とパラメタを用いて，値幅制限が価格変動に与える影響について考察する．推定した自己回帰係数 $\hat{\phi}$ が正，負，0に近いという代表的な3つの例，原油，ゴム，白金を取り上げる．それに加えて，値幅制限の影響によって見せかけの自己回帰構造が顕著に観測される例として，金についても取り上げる．

はじめに，それぞれの商品の価格系列について，単位根の有無，自己回帰構造の有無に関する検定を行う．2.3項でも述べたように，これらの検定法は価格の打ち切りが考慮された検定ではないため，値幅制限に抵触している時点が存在する場合には，その検定結果を全面的に受け入れられるものではない．しかしながら，値幅制限が価格変動に与える影響を検証する前に，従来からの検定手法を用いた場合に価格系列がどのような性質を示すかを確認する．

表1-1には，それぞれの検定結果に加えて，各商品の分析期間における値幅制限の抵触回数も合わせて記した．

当該分析期間において，ゴムは一度も値幅制限に抵触することがなかったため，ゴムに関する検定結果はそのまま採用することが可能である．有意水準を

表1-1 原油, ゴム, 白金, 金の価格・価格差に対する検定結果

商品名	原 油	ゴ ム	白 金	金
保有期間（営業日）	60	60	62	60
自	2008/5/1	2008/12/01	2008/08/01	2008/09/01
至	2008/7/29	2009/03/03	2008/10/31	2008/12/01
制限値段幅（L）	2700	16	300	150
値幅制限抵触回数	9	0	7	6
単位根の存在に関する検定（P_t）のP値	0.873	0.690	0.057	0.608
単位根の存在に関する検定（ΔP_t）のP値	0.01以下	0.01以下	0.01以下	0.01以下
自己回帰構造の存在に関する検定（ΔP_t）のP値	0.094	0.044	0.847	0.187

注：単位根の存在に関する検定は，Philips-Perron 検定を用いた．価格に対して検定を行った場合のP値を単位根の存在に関する検定（P_t）のP値，価格差に対して検定を行った場合のP値を単位根の存在に関する検定（ΔP_t）のP値，とした．自己回帰構造の存在に関する検定（ΔP_t）のP値では，価格差に対してLjung-Box検定を用いた際のP値を記載した．

0.1とおくと，ゴムの価格差 ΔP_t は自己回帰性を有していると判断できる．原油も同様に，価格差に自己回帰構造が存在すると判断できる．しかしながら，値幅制限の抵触回数が9回にのぼるため，価格の打ち切りの影響を考えた場合にも自己回帰性を有しているかについては，この時点では判断できない．白金は，自己回帰性があるとは言い難い結果が得られている．しかしながら，値幅制限に7回抵触しているので，価格の打ち切りを考慮した場合にも同様に，自己回帰性が存在しないといえるのかを調べる必要がある．金についてもP値が低いことから，自己回帰構造が全くないとは言い切れない状況である．加えて，値幅制限の抵触回数が6回あることから，価格の打ち切りの影響を考えた場合に自己回帰性がどのように変化するかを注意深く調べる必要がある．

次に，3.2項で提案した推定アルゴリズムによって得られた数値結果を表1-2にまとめた．値幅制限による影響を調べるために，データ補間ありとデータ補間なしの2つの場合について推定を行っている．データ補間ありとは，値幅制限によって打ち切られた価格の補間とパラメタの推定を同時に行った場合の結果である．一方，データ補間なしとは，値幅制限に抵触したとしても打ち切られた価格をそのまま採用して，パラメタの推定を行ったものである．なお，データ補間の有無以外の条件，すなわち，事前分布やパラメタの初期値は同じも

表 1-2　原油，ゴム，白金，金の価格系列を用いた係数推定の結果

商品名		原 油	ゴ ム	白 金	金
保有期間（営業日）		60	60	62	60
自		2008/5/1	2008/12/01	2008/08/01	2008/09/01
至		2008/7/29	2009/03/03	2008/10/31	2008/12/01
制限値段幅（L）		2700	16	300	150
値幅制限抵触回数		9	0	7	6
データ補間あり	$\hat{\phi}:\phi$ の平均	0.1214		-0.0438	0.0547
	ϕ の標準偏差	0.1369		0.1417	0.1389
	Geweke の収束判定法の統計量	0.7760		0.6732	-0.0084
	95%信用区間の下端	-0.1483		-0.3207	-0.2213
	95%信用区間の上端	0.3911		0.2331	0.3214
	$\hat{\sigma}:\sigma$ の平均	1864.6686		204.5104	92.7619
	σ の標準偏差	906.1631		92.5373	43.4406
	Geweke の収束判定法の統計量	0.0947		0.4561	-0.8835
	95%信用区間の下端	1497.7473		168.4942	75.4772
	95%信用区間の上端	2323.0955		248.1153	113.9807
データ補間なし	$\hat{\phi}:\phi$ の平均	0.2249	-0.2479	0.0569	0.1688
	ϕ の標準偏差	0.1270	0.1250	0.1290	0.1276
	Geweke の収束判定法の統計量	0.6217	-0.3947	-0.0052	0.3516
	95%信用区間の下端	-0.0227	-0.4932	-0.1935	-0.0850
	95%信用区間の上端	0.4746	-0.0042	0.3117	0.4194
	$\hat{\sigma}:\sigma$ の平均	1611.4146	5.4354	188.6466	82.4401
	σ の標準偏差	700.4169	2.3404	80.0477	35.7029
	Geweke の収束判定法の統計量	-0.7115	-0.2091	0.1090	0.2373
	95%信用区間の下端	1349.1853	4.5521	156.5615	68.8488
	95%信用区間の上端	1934.2981	6.4831	222.5022	98.4750

注：全ての商品について保有期間がおおよそ3ヶ月になるように期間を選んでいる．データ補間ありでは，値幅制限に抵触した時点の価格について，打ち切られた価格の補間を行いながら各パラメタの推定を行っている．一方でデータ補間なしでは，値幅制限に抵触した場合でも，打ち切られた価格をそのまま採用して各パラメタの推定を行っている．

のを採用している．

　表の内訳は以下の通りである．サンプリングによって得られた事後分布にもとづき，平均値，標準偏差，95%信用区間を求めた．この平均値をパラメタの推定値として採用する．さらに，事後分布が収束しているかどうかを判定するために，Geweke の収束判定法の統計量も求めている．

　表1-2 に示されている通り，全ての商品の各々のパラメタに対する Geweke の収束判定法の統計量の絶対値はすべて1.645 以内である．すなわち，有意水

準 0.1 としたときに帰無仮説を受容しているため，今回の推定で用いたすべての事後分布は収束していることが確認できた．それぞれの商品におけるパラメタの推定値とその特徴については，各商品の先物価格と推定した潜在価格の推移とあわせて，以下に述べていく．

はじめに，原油について述べる．図 1-9 の（a）では，商品先物価格 P_t とデータ補間によって推定された潜在価格 $\hat{X}_t$ を示した．商品先物価格と推定した潜在価格に差が生じた時点，すなわち値幅制限に抵触した時点に○印を付した．

原油の先物価格は，2008 年 5 月初の 70,000 円程度から上昇を続け，7 月には 95,000 円となった．その後 7 月の終わりまでには 85,000 円代まで下落している．この期間では，ストップ高を 7 回，ストップ安を 2 回記録している．さらに，2 日間続けて値幅制限に抵触する時期も 3 ケ所みられるなど，価格変動の激しい

(a) P_t と $\hat{X}_t$ の推移

(b) ΔP_t と $\Delta \hat{X}_t$ の推移

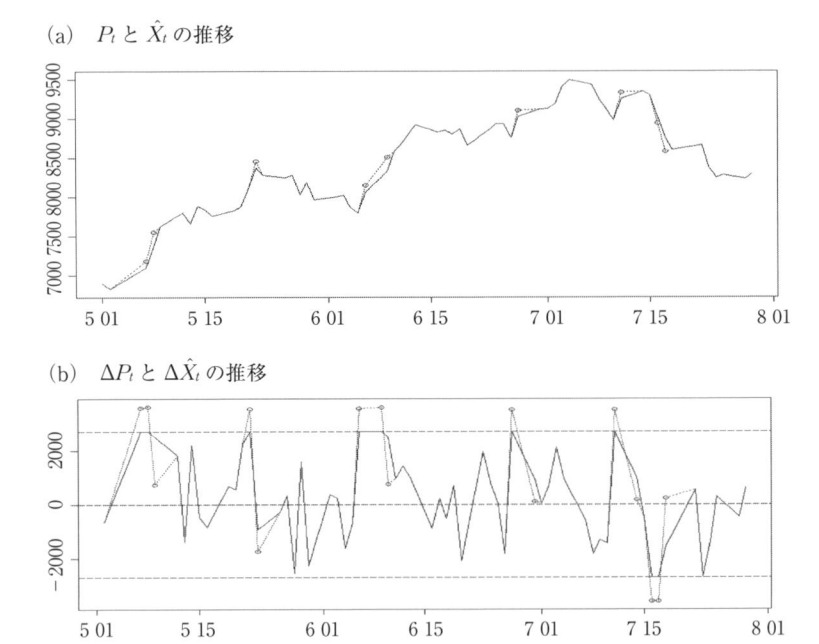

図 1-9 2008 年 5 月 1 日から 2008 年 7 月 29 日における原油先物価格 P_t と推定された潜在価格 $\hat{X}_t$ の推移と，それぞれの前日差の推移
両者の異なる時点には○印を付した．また，前日差における上下の破線は値幅制限の上下限であり，この期間は±2,700 円であった．

時期であった.

図1-9 (b) では，それぞれの前日差 ΔP_t と $\Delta \hat{X}_t$ を示した．図中の上下の破線は，値幅制限の上下限である．なお，この期間における制限値段幅は2,700円であった．さらに，商品先物価格の前日差 ΔP_t と潜在価格の前日差 $\Delta \hat{X}_t$ が異なる時点についても○印を付した．前日差の場合，値幅制限に抵触した時点だけでなく，その後に値幅制限の影響がなくなる時点まで両者に乖離が生じる．

データ補間を行わずに自己回帰モデルをあてはめた場合の自己回帰係数は $\hat{\phi}=0.2249$ である．標準偏差が0.1270，同じく，95％信用区間が [−0.0227, 0.4746] であることから，正の自己回帰構造をもつことが示される．他方，データ補間と同時に推定した場合の自己回帰係数は，$\hat{\phi}=0.1214$ であり，標準偏差が0.1369, 95％信用区間が [−0.1483, 0.3911] であるため，正の自己回帰構造が顕著に示されているわけではない．

正の自己回帰構造を有するということは，価格変動に方向性があることを示唆している．しかしながら，データ補間を行った場合に比べて，データ補間を行わない場合の自己回帰係数が大きく推定される．すなわち，価格変動の自己回帰構造は，値幅制限がある場合に，より強く示される．値幅制限がある場合，その日のうちに上昇し尽くせなかった潜在的な商品の価値が次の日までに影響を残し，上昇傾向が続きやすくなると考えられる．他方，値幅制限がない場合には，その日のうちに価格が上昇し尽くすため，次の日まで影響が残りにくいことが考えられる．以上より，値幅制限によって価格変動に同じような傾向が出やすくなる可能性が示された．ここで示された傾向とは，価格変動における本来の傾向ではなく，値幅制限という制度によって生み出される見せかけの傾向である．したがって，価格変動の傾向を調べる場合では，データ補間を同時に行うことが重要となる．

次に，価格変動の大きさに着目する．データ補間を行った場合には $\hat{\sigma}=1864.6686$ であることに対して，行わない場合には $\hat{\sigma}=1611.4146$ である．データ補間を行わずに推定することは，値幅制限によって押さえられた価格変動をそのまま採用して推定することに等しい．すなわち，値幅制限に抵触するような期間，価格変動が激しい時期にデータ補間を行わずに推定を行ってしまうと価格変動の大きさを小さく推定してしまうため，価格変動リスクを過小評価す

る可能性が高い．この点からも，データ補間を同時に行うことは重要である．

次にゴム先物の価格と価格差について図 1-10 に示す．

図 1-10 の (a) では，2008 年 12 月 1 日から 2009 年 3 月 3 日までのゴムの先物価格を示し，同期間における価格差を同図（b）に示している．この期間における制限値段幅は 16 円であり，値幅制限に一度も抵触していないため，ゴムの先物価格と潜在価格は全ての時点で一致している．したがって，この期間におけるゴムの先物価格は急激な変動はせずに安定した推移を示していた．

価格変動の傾向について考える．この期間では値幅制限に一度も抵触しなかったために，データ補間を行わなかった．また，$\hat{\phi}=-0.2493$ と負の値をとり，標準偏差が 0.1250，95％信用区間が $[-0.4932, -0.0042]$ であることから，負の自己回帰構造をもつと判断できる．したがって，価格差の正負が交互に現

(a) P_t と $\hat{X}_t$ の推移

(b) ΔP_t と $\Delta \hat{X}_t$ の推移

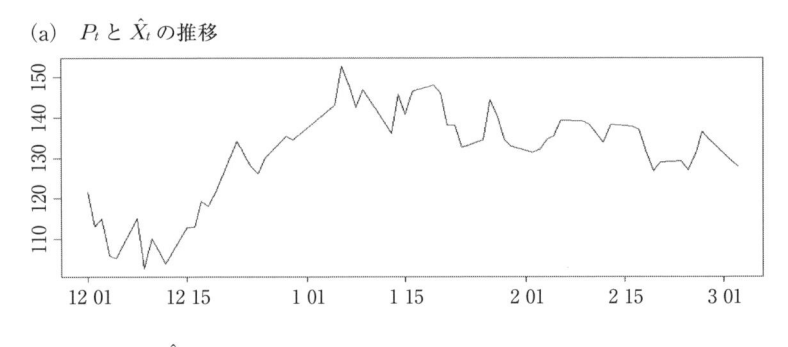

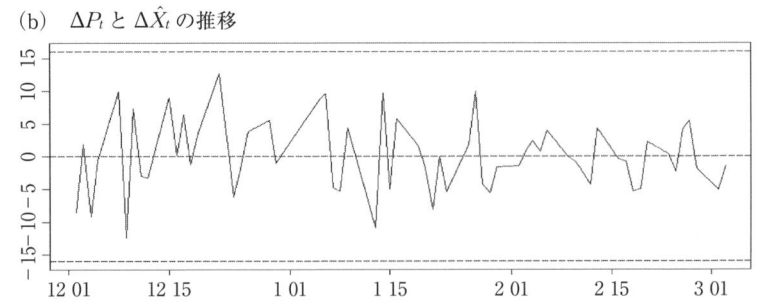

図 1-10 2008 年 12 月 1 日から 2009 年 2 月 28 日におけるゴム先物価格 P_t と推定された潜在価格 $\hat{X}_t$ の推移と，それぞれの前日差の推移

前日差における上下の破線は値幅制限の上下限であり，この期間は ±16 円であった．

れるような反対売買が多く行われた時期であることが示唆される．実際に図 1-10（b）に示されるように，価格差の値が 0 を中心に振動している様子が観測できる．

次に価格変動の大きさについて考える．推定された残差の標準偏差は 5.447 であり，制限値段幅 $L=16$ 円に比べて小さい．このことからも，値幅制限に抵触する可能性が低いことが推測できる．

引き続いて，白金の先物価格と価格差について図 1-11 に示す．

図 1-11 の（a）に，2008 年 8 月 1 日から 2008 年 10 月 31 日までの白金の先物価格 P_t と推定した潜在価格 $\hat{X}_t$ を示し，同図（b）には，それぞれの前日差 ΔP_t，$\Delta \hat{X}_t$ を示している．当該期間の制限値段幅 300 円であり，原油先物と同様に，推定した潜在価格と異なる時点に○印を付した．

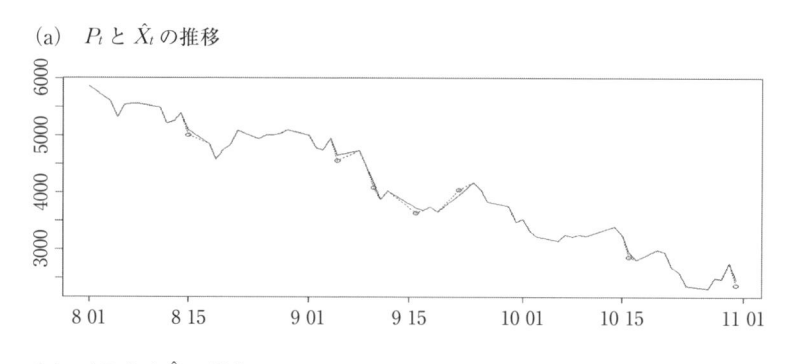

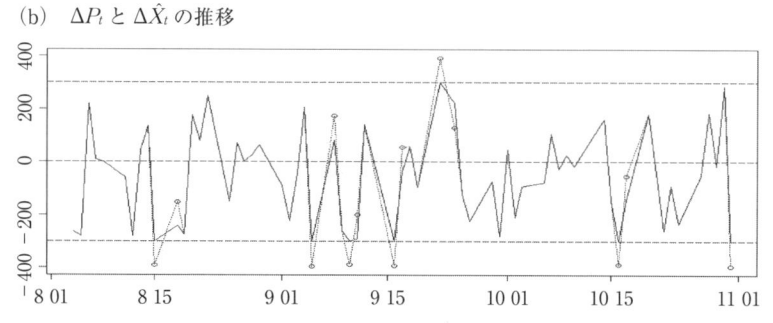

図 1-11 2008 年 8 月 1 日から 2008 年 10 月 31 日における白金先物価格 P_t と推定された潜在価格 $\hat{X}_t$ の推移と，それぞれの前日差の推移

両者の異なる時点には○印を付した．また，前日差における上下の破線は値幅制限の上下限であり，この期間は ±300 円であった．

第2節で取り上げてきたように，この期間の白金は下落傾向を示していた．8月初めには5,000円台の後半の価格であったが，下落を続け10月の終わりには2,464円まで落ち込んでいる．また，この期間は，ストップ高を1回，ストップ安を6回記録していることから，日々の価格変動が激しい時期であった．

　価格変動の傾向について考察する．データ補間ありの場合では$\hat{\phi}=-0.0438$であり，標準偏差が0.1417，95％信用区間が[$-0.3207,\ 0.2331$]であるため，ランダムウォークに近い挙動を示すことが示唆される．一方，データ補間なしの場合でも$\hat{\phi}=0.0569$と小さな値をとり，標準偏差は0.1290，95％信用区間は[$-0.1935,\ 0.3117$]であり，自己回帰構造を有しているとは判断できない．したがって，この期間は値幅制限の影響に因らず，自己回帰構造がなくランダムウォークに近い挙動を示していると判断できる．

　その一方で，価格変動の大きさについては，値幅制限の影響が大きく表れている．データ補間ありの場合$\hat{\sigma}=204.5104$に対して，データ補間なしの場合には$\hat{\sigma}=188.6466$と小さい．原油の場合と同様に，値幅制限によって押さえられている日々の価格変動をそのまま採用してしまうことは，価格が潜在的にもつ変動の大きさを小さく評価することにつながることが示された．

　最後に金の価格と価格差について図1-12に示す．

　図1-12の(a)に，2008年9月1日から2008年11月28日までの金の先物価格P_tと推定した潜在価格$\hat{X}_t$を示し，同図(b)には，それぞれの前日差ΔP_t，$\Delta \hat{X}_t$を示している．当該期間の制限値段幅は150円であり，原油，白金と同様に，推定した潜在価格と異なる時点に○印を付した．

　先物価格は，2008年9月から10月辺りまでは3,000円近辺で推移していたが，10月の中ごろに大きく下落した後に2,400円近辺を推移している．ストップ高，ストップ安ともに3回ずつ記録されており，価格変動が大きかった期間といえる．

　データ補間と同時に推定した自己回帰係数は$\hat{\phi}=0.0547$であり，ほとんど0に近い．標準偏差が0.1389，95％信用区間は[$-0.2213,\ 0.3214$]であることから，自己回帰構造がなくランダムウォークに近い挙動を示すと考えられる．すなわち，価格変動には特定の傾向がみられないことが示されている．しかしながら，データ補間を行わずに自己回帰モデルをあてはめた場合の自己回帰係

(a) P_t と $\hat{X}_t$ の推移

(b) ΔP_t と $\Delta \hat{X}_t$ の推移

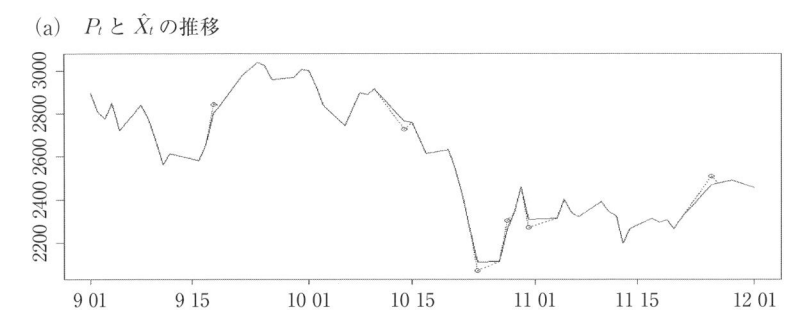

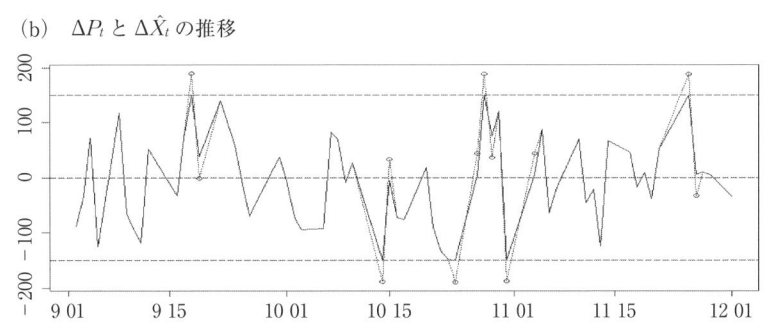

図 1-12 2008年9月1日から2008年11月28日（60営業日）における金先物価格 P_t と推定された潜在価格 $\hat{X}_t$ の推移と，それぞれの前日差の推移．両者の異なる時点には○印を付した．また，前日差における上下の破線は値幅制限の上下限であり，この期間は±150円であった．

は数 $\hat{\phi}=0.1688$ であった．このとき，標準偏差は 0.1276，95%信用区間は［−0.0850, 0.4194］であることから正の自己回帰構造を有していると判断できる．すなわち，この期間の価格変動は同じ傾向が出やすいことを示している．データ補間の有無によって現れる自己回帰構造は，原油の場合でも述べたように値幅制限による見せかけの傾向である可能性が高い．打ち切られた価格の補間によって推定した潜在価格の前日差がランダムウォークに近いにもかかわらず，打ち切られた価格をそのまま採用した商品先物の価格差では正の自己回帰構造が観測されている．値幅制限の影響により価格変動の構造が異なって観測されるため，値幅制限に抵触した価格系列を分析する際には十分に注意が必要である．

続いて価格変動の大きさについて考える．データ補間と同時に推定した残差

の標準偏差 $\hat{\sigma}=92.7619$ に対し,データ補間をせずに自己回帰モデルをあてはめた場合には $\hat{\sigma}=82.4401$ であり,推定値は小さい.データ補間を行わない場合の価格変動の大きさが小さく見積もられた原因として,以下の2つが考えられる.1つは,値幅制限によって価格変動の上限が設定されていることである.値幅制限がなかったならば大きく変動していたはずの価格が制限値段幅までに押さえられたためと考えられる.もう1つは,値幅制限のもとでは自己回帰性が示されていることが挙げられる.見せかけの自己回帰構造が現れるために,価格変動の不確実変動部分をさらに小さく評価していると考えられる.以上より,データ補間を行わない場合には,価格変動を過小評価する危険性が高く,価格変動リスクを評価する場合には注意を払わねばならない.また,値幅制限に抵触しているような期間においてはデータ補間とパラメタ推定を同時に行うことが重要であることが示された.

最後に,本小節で取り上げた4商品以外の特徴について簡単に記す.

ガソリン,灯油は,原油と同様の特徴を示していた.すなわち,データ補間を行わない場合には正の自己回帰構造を有していた.さらに,値幅制限に抵触する場合があるためにデータ補間と同時にパラメタ推定を行った結果においても,自己回帰係数の大きさが小さくなるものの,正の自己回帰構造が存在していた.パラジウムとアルミニウムは,ゴムと同様に,値幅制限に抵触することはほとんどなくデータ補間と同時にパラメタ推定を行うことはなかった.価格変動の構造としては,パラジウムでは負の自己回帰構造が存在していたが,アルミニウムでは正の自己回帰構造が存在する結果となった.銀は,金と同様の特徴を示していた.データ補間を行わない場合には正の自己回帰構造を有していたが,データ補間と同時にパラメタ推定を行ったところ,自己回帰構造はなくランダムウォークに近い構造を示していた.

以上が,東工取に上場されている9商品の特徴である.

4.2 値幅制限が価格変動リスクに与える影響

本項では,値幅制限が価格変動リスクに与える影響について論ずる.4.1項で取り上げた4商品,原油,ゴム,白金,金について,営業日ベースでそれぞれ1日間,3日間,5日間(1週間相当),10日間(2週間相当),20日間(1ヶ

月間相当）保有し続けたときの価格変動リスクを計測する．価格変動リスクの指標としては，VaR 下側 1%，cVaR 下側 1% を採用した．

　価格変動リスクの計測手順は以下の通りである．4.2 項で推定したパラメタを用いて将来の潜在価格の前日差 ΔX_{n+j}，（$j=1, 2, \cdots, 20$) を発生させる．次に，各々の商品の制限値段幅 L と（6）の関係を用いて同じ期間の将来の商品先物価格の前日差 ΔP_{n+j} を算出する．これを 10,000 回繰り返し，それぞれの価格変動の頻度を用いて損益分布を推定した．さらに，推定された損益分布にもとづいて VaR，cVaR を計測した．なお，制限値段幅 L は実際の市場で設定された値を用いている．原油は 2008 年 7 月まで 2,700 円であった制限値段幅を 2008 年 8 月より 3,600 円に拡大したため，3,600 円を採用している．また，ゴムは 16 円，白金は 300 円，金は 150 円を採用している．

　それぞれの商品に関する価格変動リスクの計測結果を表 1-3 にまとめている．表の内訳は以下の通りである．値幅制限が課せられている場合の VaR 下側 1% 点と cVaR 下側 1% 点の損失金額をそれぞれの商品の制限値段幅を用いて算出した結果をまとめている．さらに，値幅制限が課されていない場合も同様に，VaR 下側 1% 点と cVaR 下側 1% 点の損失金額をまとめている．また，両者を比較することにより，値幅制限が価格変動リスクに与える影響を考察する．

　はじめに，ゴムに注目する．ゴムは価格変動が小さく，値幅制限に抵触する場合がほとんど生じなかった．そのため，表 1-3 に示されるとおり，VaR，cVaR のそれぞれのリスク指標にもとづく損失金額は，値幅制限の有無によらず，全ての保有期間でほぼ等しい．

　その一方で，原油，白金，金では価格変動が大きいため，値幅制限の影響が表れている．以下では，白金を保有した場合に注目し，値幅制限がリスク指標に与える影響について詳しく論じる．白金を 1 日間保有した場合，値幅制限がある状況では，VaR は -300 円，cVaR は -300.00 円であり，損失金額は価格変動の下限値で抑えられる．他方，値幅制限がない状況では，VaR では -457 円，cVaR では -531.26 円となり，それぞれ損失額が大きく膨らんでいる．値幅制限は 1 日間の価格変動の大きさを制限する制度であるため，1 日間の保有を想定した場合に影響が大きく表れる．

　次に，cVaR の推移を詳しく観察することで，保有期間を伸ばした場合に値

表1-3 原油，ゴム，白金，金の先物を保有し続けたときの価格変動リスクの計測

保有期間 （営業日）	値幅制限 の有無	原油		ゴム		白金		金	
		VaR	cVaR	VaR	cVaR	VaR	cVaR	VaR	cVaR
1日間	あり	－3,600	－3,600.00	－12.6	－14.158	－300	－300.00	－150	－150.00
	なし	－4,266	－4,914.22	－12.6	－14.410	－457	－531.26	－218	－252.59
3日間	あり	－7,893	－8,779.87	－19.2	－21.697	－696	－786.50	－357	－395.75
	なし	－8,217	－9,354.63	－19.2	－21.758	－783	－907.30	－390	－448.06
5日間	あり	－10,292	－11,443.84	－24.3	－27.609	－924	－1,049.78	－486	－543.06
	なし	－10,596	－11,985.99	－24.3	－27.683	－990	－1,180.58	－518	－598.18
10日間	あり	－15,095	－17,083.98	－32.9	－38.125	－1,318	－1,513.42	－711	－799.39
	なし	－15,510	－17,701.02	－32.5	－38.124	－1,430	－1,636.08	－740	－857.77
20日間	あり	－21,978	－25,165.17	－45.6	－52.319	－1,877	－2,129.16	－985	－1,114.71
	なし	－22,691	－25,906.89	－45.5	－52.234	－1,981	－2,270.89	－1,023	－1,170.76

VaR の列では Value at Risk 下側1％，cVaR の列では条件付 VaR 下側1％，それぞれの損失金額を示している．
制限値段幅はそれぞれ，原油3,600円，ゴム16円，白金300円，金150円であり，シミュレーションに用いた期間の次の1ヶ月間に用いられた実際の値を採用している．原油は，2,700円から3,600円へと拡大された．

幅制限がリスク指標に与える影響を考えていく．3日間の保有では，値幅制限がある場合が－786.50円，値幅制限がない場合が－907.30円と損失額は15％程度大きく見積もられる．5日間の保有では，値幅制限がある場合が－1,049.78円，値幅制限がない場合が－1,180.58円であり，損失額の開きは12％弱程度まで縮まる．さらに，10日間の保有を想定した場合，値幅制限がある場合が－1,513.42円，値幅制限がない場合が－1,636.08円であり，両者の差は8％程度におさまる．20日間の保有に至ると，値幅制限がある場合が－2,129.16円，値幅制限がない場合が－2,270.89円であり，両者の差6％程度におさまり，値幅制限による影響が弱まっていく様子が分かる．ここで，白金の保有期間に応じた損益の分布を図1-13に示す．1日間保有した場合の損益分布について，値幅制限のある場合を図1-13の(a)に示し，値幅制限のない場合を同図(c)に示している．値幅制限のある場合では，制限値段幅の上限値，下限値の頻度が多く，損益分布が値幅制限の影響を大きく受けていることが示されている．保有期間を拡大し，10日間保有した場合の損益分布について，値幅制限のない場合を図1-13(b)に示し，値幅制限のある場合を同図(d)に示している．はじめに－2,000円周辺の損失の頻度に注目する．値幅制限がない場合（図1-13(d)）

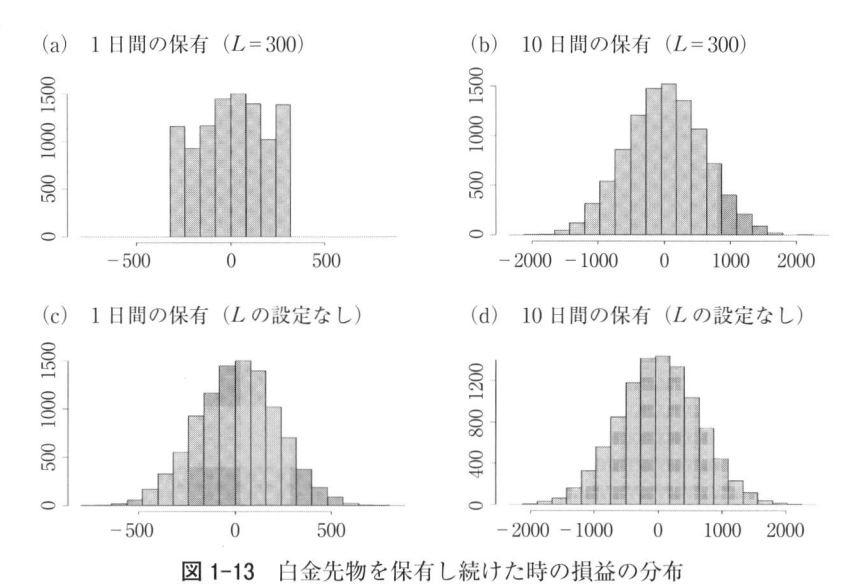

(a) 1日間の保有（$L=300$）　　(b) 10日間の保有（$L=300$）

(c) 1日間の保有（Lの設定なし）　　(d) 10日間の保有（Lの設定なし）

図 1-13 白金先物を保有し続けた時の損益の分布
上段の（a）と（b）は，制限値段幅 $L=300$ が課せられた状況下での損益分布，下段の（c）と（d）は，制限値段幅が課せられていない場合の損益分布を示している．

に比べ，値幅制限がある場合（図1-13（b））の頻度がわずかながら大きくなっている．同様に2,000円周辺の利益の頻度においても，値幅制限のない場合の頻度が値幅制限がある場合のものに比べて若干大きい．しかしながら，全体的な損益分布の形状を比較すると，両者には違いを認識できるほどの差があるとは言えず，値幅制限の影響はほとんどないといってよい．

以上のように，値幅制限が価格変動リスクを計測することに与える影響は，短期的な保有期間の場合には大きいが，保有期間が長くなるにつれ影響は弱まり，特に2週間以上の保有期間ではほとんど影響がないことが分かる．

5　結果と考察

東京工業品取引所に上場された商品先物に焦点を絞り，その価格変動モデルを構築した．取引制度の中でも価格変動に大きく影響を与える値幅制限に注目し，価格変動モデルに取り入れた．値幅制限は商品先物価格の変動に上限を課

す制度である．そのため，本来であれば日々の価格変動の大きさは大きく変化することはない．しかしながら，従来より用いられてきた収益率をベースとした価格変動モデルでは，収益率の定義上の問題点がある．定数で与えられる制限値段幅が時刻とともに変動してしまうため，単純なボラティリティ変動モデルを適用すると，かえって問題を複雑化してしまう可能性がある．本稿では，収益率を採用せずに価格前日差を用いることで，この事態を回避している．

値幅制限によって観測できない価格に対し潜在価格という新たな系列を導入した．また，商品先物価格データの実証分析により，期間によって自己回帰性を有することから1次の自己回帰モデルを適用した．潜在価格は一部観測不可能であるため，価格変動の上限，または，下限に達したという条件が与えられた打ち切りデータとして考え，打ち切られたデータの補間と未知パラメタの推定を同時に行う推定アルゴリズムをMCMC法を利用して構築した．

実際の商品先物価格のデータを用いた数値実験を通じて，値幅制限が価格変動に与える影響について検証した．値幅制限に抵触する回数が多いような相場が荒れている時期では，価格変動の自己回帰構造に差が生じることが示された．本来であれば，自己回帰構造が存在しないにもかかわらず，値幅制限によって見せかけの自己回帰性が産み出される可能性がある．そのため，自己回帰モデルのあてはめは，データ補間と同時に行うことが必要である．また，値幅制限は日々の商品先物価格の変動に上限を課す制度であるため，データ補間を行わない場合には変動の大きさを過小評価する可能性がある．このことからも，日次の商品先物価格の変動を扱う場合には，データ補間を行うことの重要性が示されている．

次に，2つのリスク指標，VaR，cVaRの計測を通じて，値幅制限が価格変動リスクに与える影響を調査した．値幅制限が価格変動リスクに与える影響は短期的な保有（1営業日から3営業日程度）の場合に大きく，2週間以上の長期的な保有を前提とした場合には影響が小さい．そのため，日次データを前提とし，短期的な価格変動を評価する際には値幅制限を考慮する必要がある．特に，商品先物取引では保有資産に対して日々清算が行われるため，短期保有を前提とした価格変動リスクの計測が不可欠である．したがって，値幅制限を考慮した本稿のモデルは実務における価格変動リスク管理において有用であると考える．

最後に今後の課題を 3 点挙げたい．東工取では，2009 年 4 月末をもって値幅制限を終了し，2009 年 5 月 7 日よりサーキットブレーカ制度（CB 制度）[4]を導入した．CB 制度においても 1 日における価格変動の最大幅があらかじめ定められているため，潜在価格を用いたモデル化の応用が可能である．具体的な適用法については今後の課題としたい．また，今回は価格の情報のみを用いた価格変動モデルの提案を行った．一部の先行研究，渡部・大森 (2000) にあるように出来高などの他の情報との関係性を記述することについても今後の課題としたい．最後に，Philips-Perron 検定，Ljung-Box 検定をはじめとしたこれまでに提案されてきた時系列データに関する検定は，価格の打ち切りを考慮していない検定方法である．本稿でも述べたように，価格の打ち切りによって価格系列の構造が変化する場合があるため，値幅制限の存在を前提とする検定方法を用いる必要がある．このような打ち切りを前提とした系列に対する検定方法についても今後の課題としたい．

〔参考文献〕

坂元慶行・石黒真木夫・北川源四郎 (1983)，『情報量統計学（情報科学講座 A.5.4）』，共立出版．

高見茂雄 (2007)，「商品先物価格変動へのニューラルネットモデルの適用」，『先物取引研究』，**10** (1)，89．

照井伸彦 (2010)，『R によるベイズ統計分析』，朝倉書店．

中妻照雄 (2007)，『入門ベイズ統計学』，朝倉書店．

日本商品先物取引協会 (2007)，『商品先物取引委託のガイド（第 15 版）』．

日本商品先物取引協会 (2007b)，『商品先物取引委託のガイド別冊（第 27 版）』．

羽森茂之・羽森直子 (2000)，「商品先物市場における収益率の時系列特性：ボラティリティの日米比較」，『先物取引研究』，**4** (2)，38．

---

[4] 東工取におけるサーキットブレーカー制度では，1 日の価格変動の最大幅に上限を持たせる一方で，価格の大幅な変動時における取引停止措置を一時的なものとしている．厳密には，あらかじめ設定した値段幅を超える価格での注文が対等した場合に，その価格での約定はさせずに取引を一定時間，中断する．その後，値段幅を拡張して取引を再開するが，その拡張は 3 回目の取引中断までであり，4 回目以降では値段幅の拡張は行わない．すなわち，1 日における値段幅の上限は設けられたままである．

和合肇編著 (2005),『ベイズ計量経済分析』東洋経済新報社.
渡部敏明・大鋸　崇 (1996),「日本の商品先物市場における価格のボラティリティと出来高および取組高との関係」,『先物取引研究』, 2 (3), 41.
渡部敏明・大森裕浩 (2000),「日本の商品先物市場における価格と出来高の変動：動学的2変量分布混合モデルによる分析」,『先物取引研究』, 5 (1), 52.
Alexander, C. (2001), *Market Models: A Guide to Financial Data Analysis*, Willey.
Amemiya, T. (1984), "Tobit models: a survey", *J. Econometrics*, 24 (1,2), 3-61.
Artzner, P., F. Delbean, J.-M. Eber and D. Heath (1999) , "Coherent measures of risk", *Mathematical Finance*, 9, 203-228.
Chiu, C-L., S-M. Chiang, J-C. Hung, and Y-L. Chen (2006), "Clearing margin system in the futures markets - Applying the value-at-risk model to Taiwanese data", *Physica*, A, 367, 353-374.
Devroye, L. (1986), *Non-uniform random variable generation*, Springer-Verlag.
Geweke, J. (1991), "Efficient simulation from the multivariate normal and student-t distributions subject to linear constraints", in *Computing Science and Statistics: Proceedings of the 23rd Symposium on the Interface*, ed. E.M. Keramidas, 571-578. Fairfax: Interface Foundation of North America, Inc.
Geweke, J. (1992), "Evaluating the Accuracy of Sampling-Based Approaches to the Calculation of Posterior Moments", in *Bayesian Statistics 4*, ed. J.M. Bernardo, J.O. Berger, A.P. Dawid, and A.F.M.Smith, 169-193, Oxford University Press.
Gorton, G., 林　文夫, K. G. Rouwenhorst (2006),「商品先物：日本の投資家にとっての効用」,『現代ファイナンス』, 19, 3-19.
Grundnitski, G. and L. Osburn (1993), "Forcasting S&P and gold futures prices: Application of neural networks", *J. Futures Markets*, 13 (6), 631-643.
Ljung, G. M. and G. E. P. Box (1978), "On a measure of lack of fit in time series models", *Biometrika*, 65, 553-564.
Perron, P. (1988), "Trends and random walks in macroeconomic time series : Further evidence from a new approach", *J. Econometric Dynamics and Controls*, 12, 297-332.
Pierre, G. and L. Sébastien (2003), "Market risk in commodity markets: a VaR approach", *Energy Economics*, 25 (5), 435-457.
Shapiro, S. S. and M. B. Wilk (1965), "An analysis of variance test for normality (complete samples)", 52, 591-611.

Zivot, E. and J. Wang (2005), *Modeling Financial Time Series with S-PLUS*, 2nd ed., Springer.

(青木義充：総合研究大学院大学複合科学研究科，株式会社 QUICK)

(横内大介：一橋大学大学院国際企業戦略研究科)

(加藤　剛：上智大学理工学部情報理工学科)

2 M&A が債券市場に与える影響について*
―債券運用におけるアルファ獲得の観点から―

上瀧弘晃・山下泰央・高橋大志

概要 債券投資において超過収益の源泉の探索は最も重要な課題の1つである．本稿では，企業の M&A（Mergers and Acquisitions）に着目し，M&A が社債スプレッドに及ぼす影響について分析を行った．分析の結果，(1) 取得対価の違いにより買収企業の社債スプレッドの挙動に違いがみられること，さらに，期間を分割した分析において，(2) 社債市場が不安定な時期においてそれらの違いが顕著になること，(3) 買収プレミアムの大きい場合に買収企業の社債スプレッドが拡大する傾向にあることなどの興味深い現象を見出した．これらの結果は債券の超過収益の源泉について，興味深い示唆を示すものである．

Keyword：債券投資，社債スプレッド，M&A．

1 はじめに

近年，少子高齢化などを背景とし，年金運用への関心は高まっている．年金運用における投資対象は幅広く，近年では国内外の資産に限らず，不動産等のオルタナティブを対象とした投資が行われているが，その中でも，債券投資は依然として重要な役割を果たしている[1]．債券投資の中でも，とりわけ，信用リスクを伴う社債の時価総額は 80 兆円にまで拡大しており，国債に次ぐ市場として，その重要性は増している．

---

* 本稿を作成するにあたり，内山朋規氏（野村證券）から多くの助言をいただいた．また，和田賢治氏（慶應義塾大学），白須洋子氏（青山学院大学）からも有益なコメントをいただいた．ここに記して感謝したい．なお，本稿で示された意見に関する部分は，筆者の個人的な見解であり，筆者の所属する組織の公式見解ではない．

[1] 例えば，近年，負債を考慮した資産運用である Liability Driven Investment（LDI）などが関心を集めている．

債券運用の実務では，社債投資において，信用リスクに配慮しつつ，安定的に超過収益を上げることが求められており，新たな超過収益の源泉の探求は，債券運用における重要な課題の1つである（Collin-Dufresne (2001), 内山・濱田（2006），内山・濱田（2007），上瀧・高橋・高橋（2009））．超過収益の源泉に関する研究は，市場の効率性に関する議論と密接に関連した議論であり，これまで株式を中心に数多くの研究が行われてきた（Sharpe (1964), Fama (1970))．その中でも，M&A（Mergers and Acquisitions）が株式市場に与える影響は主要な関心事の1つであり，M&Aと買収企業および被買収企業の株価変動に焦点を当てた分析など，これまで興味深い研究が数多く報告されてきた（Mitchell and Stafford (2000), Stein (2003), 井上・加藤（2006），服部（2006))．現実の金融市場において，M&Aは債券価格に対しても少なからぬ影響を与える可能性があるが[2]，債券市場とM&Aの関連性についての研究は十分な数の分析事例があるとは言いがたい．米国ではいくつかの実証分析が報告されているものの，買収企業の社債スプレッド（信用スプレッド）の挙動については評価が分かれている（Billett, King, and Mauer (2004), Eger (1983), Dennis and McConnell (1986), Maquieira, Megginson, and Nail (1998))．被買収企業の社債スプレッドについては，有意な結果が得られないとの結論を導く研究が比較的多いが，その一方で，ポジティブな反応がみられたとの報告も行われている（Billettら (2004))．日本市場を対象とした分析については，例えば，上野（2007）がM&Aに関するいくつかの個別事例について詳細な分析を行っている．しかし，筆者らの知る限り日本市場を対象としM&Aと債券市場の関連性に関し定量的分析を試みた事例は限定的である．

これらを背景として，本稿では，日本の債券市場の中でも，とりわけ社債市場に着目し，M&Aと社債市場の関係について分析を行うことを目的とする．次節において，データについて説明した後，第3節で分析結果について説明を行う．第4節はまとめである．

---

[2] 2006年3月に行われたソフトバンクによるボーダーフォンの買収時において，ソフトバンクの社債価格は大きな影響を受けている（上野（2007))．

2 分析データ

本節では，分析に用いた分析データについて説明を行う．はじめに，本分析で焦点を当てる M&A について説明を行った後，分析に使用した市場データについて説明を行う．

2.1 M&A について

企業のコーポレートアクションには，増資，株式配当，株式分割，株式併合，株式交換，合併，減資等様々な形態のものが含まれるが，本研究ではその中でも，買収対象企業の経営権を獲得する取引，M&A に関する取引を対象とし分析を行う．M&A に関する取引にもいくつかの形態が存在し，例えば，企業買収時の支払対価が現金であるのか，もしくは，株式であるのかとの切り口により，大きく2つに分類することができる．社債権者は企業の信用リスクに直面しており，現金支出は，債券償還に対してネガティブな影響をもたらす可能性がある．特に企業の買収等，多額の現金支出を伴う場合は，社債市場に与える影響は少なくないものであることが予想される．そのため，買収時の支払い対価の違いにより，社債市場に対する影響が異なる可能性がある．

現金を対価とする取引の代表的なものとして，TOB（公開買付）による買収を挙げることができる．TOB はある株式会社の経営権の取得などを目的に，株式等の買付を希望する者が，「買付期間・買取り株数・価格」を公表して，不特定多数の株主から株式市場外で株式等を買い集める制度である．対価の支払いが現金であり，企業グループから現金が流出することとなるため，TOB は債券価格に対し影響を与える可能性がある．そこで，本分析では，現金を対価とする取引として TOB を対象とし分析を行った．なお，現金を対価とした取引は TOB 以外に，第三者割当増資を挙げることができる．第三者割当増資は株主に対して現金が渡らず，企業に滞留するものであり，特殊な取引であることから，今回は分析対象には含めないものとした．一方，株式を対価とした取引は合併，株式交換，株式移転などがある．これらは最終的な組織形態は異なるものの，株式を対価として，組織再編が行われるため，現金支出を伴わない点において

共通している.本分析では,株式を対価とする取引形態として合併,株式交換,株式移転に限定し,これら株式を対価とした取引[3]と,現金を対価とした取引との対比を行っている.

本稿においては,2002年4月から2009年12月までの期間に公表された上場企業間の株式取得のうち,2009年12月末時点までに取引が完了した取引を分析対象とした.データソースとしては,Bloomberg,株式会社レコフより提供されているMARRデータ,および各企業のホームページを用い[4],分析に必要となるデータベースを構築した.具体的には,データベースはBloombergのデータを中心に構築し,必要に応じ,MARRデータおよび各企業のホームページのデータをもとにデータの補完を行った.データ項目には,コーポレートアクションの種類[5],支払タイプや株式保有比率,目標追加比率,取引発表日等がある.取引発表日についてはBloombergから取得される取引発表日を使用した.なお,取引発表日は,全使用データをMARRデータ等から取得される取引発表日と比較し,日時がほぼ一致していることを確認している.

本分析では,M&Aと社債との関連性を分析することから,分析対象となる企業は,社債を発行している企業となる.本分析では,さらにいくつかの条件を追加してサンプルデータの絞り込みを行った.まず支払対価の違いをみるため,支払対価が非公表のものは分析対象から除外した.また取引発表後の株式保有比率については,持分会社適用上,最低限必要となる15%以上となる取引に限定した.取引データには,金融セクターのサンプルを含んでいるが,このうちファンドによる買収等は14件(第三者割当増資含む)あったが,通常の企業買収とは異なることから,本分析の対象からは除外した.買収企業もしくは被買収企業に日本企業を含む取引を対象としてBloomberg等を通じ取得した取

[3) 本稿では合併,株式交換,株式移転を支払対価が株式であるという共通点に着目して同様に扱った.しかし,会社法上,合併は被買収企業が存続する株式交換や株式移転と異なり,被買収企業が消滅するため,債権者保護手続きが要求されることから,債権者である社債保有者から見れば,合併と株式交換・株式移転は異なるという議論もある.これらの詳細な分析については今後の課題としたい.

4) これらのデータソースは,幅広くM&Aに関する情報を有しており,M&Aの実務においても広く用いられているデータソースとなっている.

5) 具体的な項目名としては,TOB,第三者割当増資,合併,株式交換,株式移転,事業譲渡などがある.

表 2-1 基礎統計量一覧

	支払対価	サンプル数	総資産平均	総資産比率	金融セクター	関連会社間・親子会社間	格付
買収企業	現金	95	35,193	5.8%	9	70	3.3
	株式	153	21,583	8.9%	11	136	2.0
	合計／平均	248	26,717	7.8%	20	206	2.5
被買収企業	支払対価	サンプル数	総資産平均	総資産比率	金融セクター	関連会社間・親子会社間	格付
	現金	6	5,023	13.9%	1	4	0.8
	株式	14	4,474	44.3%	4	7	1.2
	合計／平均	20	4,657	34.2%	5	11	1.1

表の上段は買収企業,下段は被買収企業の統計量を示した.表中においては,それぞれ支払い対価が現金,株式のものについて統計量を示している.支払対価が現金の取引は TOB を対象としたものであり,支払対価が株式の取引は,合併,株式交換,株式移転を対象としたものである.分析対象企業は,国内上場企業同士の取引で既に完了したもののうち,支払対価が明確なものであり,かつ株式保有比率が 15%以上のものである.なお,ファンドによる買収は除いている.総資産平均,総資産比率(被買収企業総資産／買収企業総資産)については金融セクターを除いたものを記しており,単位は億円である.なお,金融セクターは,銀行,ノンバンク,不動産とした.関連会社については,発行済株式総数の 20%以上保有している場合を関連会社とし,15%以上 20%未満の取引は役員派遣の有無等から判断した.親子会社については,発行済株式総数の 50%以上を保有している場合を親子会社とし,40%以上 50%未満の取引は役員派遣の有無等から判断した.また,各企業の格付については,4 つの格付会社のレーティングをもとに,優先順位を MOODY'S, S&P, R&I, JCR として格付を付与し,分析を行った.格付は取引発表日時点の格付を採用した(例:MOODY'S から格付が付与されている場合,MOODY'S の格付を分析に使用.付与されていない場合,S&P の格付を分析に使用した).また,本分析では,各社の格付水準を調整するため,R&I は 2 ノッチ,JCR は 3 ノッチ下方修正を行うとの簡単なルールを用いている.また,表中の格付は,参考までにカテゴリーごとの平均格付を示したものである.算出においては AAA=9.5 点,AA+=8.5 点,AA=7.5 点,…,BB+=−0.5 点,BB=−1.5 点,BB−=−2.5 点と,格付ごとに点数を割り振ったうえで,平均値を算出している.

引データは,6422 件にのぼり,これらのうち取引発表日時点で社債を発行している企業数は,買収企業で 471 件,被買収企業で 52 件であった.さらに上記条件を満たす社債発行企業は,買収企業が 248 件,被買収企業が 20 件となった.本分析では,これらのデータを対象とし分析を行った.

表 2-1 は,分析対象企業の基本的な統計量を示したものである.買収企業と被買収企業のサンプル数をみると,買収企業の数は 248 件に対して,被買収企業は 20 件であり,被買収企業の方が非常に少なくなっている.これは社債を発行している企業は比較的大企業が多いことから[6],大企業が被買収企業となるようなケースは相対的に少なかったことが背景にあると推定される.買収企業と被買収企業の総資産規模は,買収企業の総資産平均は 2 兆 6717 億円に対し,

被買収企業の総資産平均は4657億円であり，買収企業の方が大きく，大規模な企業が比較的資産規模の小さい企業を買収している傾向がみられる．また関連会社間および親子会社間の取引は，買収企業は，サンプル248件に対して206件と全体の8割を占めており，資本関係の強化や再編等のケースが多いことがみて取れる．一方，被買収企業の場合はサンプル20件に対して関連会社間および親子会社間の取引は11件と5割程度であり，相対的に買収企業よりは少ない．これは，関連会社並びに親子会社の関係にある企業同士で社債を発行する必要性は限られることが影響していると考えられる．

本節では，分析対象企業について説明を行ったが，次節において分析対象となる市場データについて説明を行う．

2.2 市場データについて

本節では，市場データについて説明を行う．はじめに，本分析において主要な役割を果たす社債累積超過スプレッドのデータについて説明した後，株価累積超過リターンのデータについて説明する．

2.2.1 社債累積超過スプレッド

本稿では，M&Aと社債スプレッドの関連性について分析を行う．本分析において，社債スプレッドは，社債の複利利回りから対応する残存年限の国債の複利利回り[7]を引いて算定している．算出の基となる時価は，インデックス（NOMURA-BPI）を構成する銘柄のBPI時価（終値）を用いた．分析対象とする銘柄は償還までの残存年数が1年以上10年未満の社債を対象とし，取引発表時点に複数銘柄が存在する場合には，最も残存年数の長い銘柄を分析対象とした．この条件を基に，1つの発行体に対し1つの社債を特定し，分析を行った．

社債市場全体のスプレッド変動による影響を排除するため，取引発表日時点に存在する全社債銘柄を用いた時価加重平均スプレッドの日次変化幅を上記社

---

6) 1996年に適債基準が撤廃されたことにより，投資適格格付以外も社債を発行することが可能となったが，わが国においては，ジャンク債の市場がほとんど機能しておらず，流動性やコストを考慮すると，社債で資金調達するニーズに欠けていたという事情がある．

7) 国債の複利利回りは，国債の価格データを基にイールドカーブを算出し，利回りの算定を行った．

債スプレッドの日次変化幅から控除し，超過スプレッドと定義した．実際に債券への投資を行う場合，買収取引が公に発表された後に一定期間投資を行うことから，本分析では，取引発表日から30営業日後を観測地点とし[8]，超過スプレッドを取引発表日の翌営業日分から30営業日間累積したもの（以下社債累積超過スプレッド）を分析対象とした．

2.2.2 株価累積超過リターン

本分析では，社債スプレッド変動のメカニズムを明らかにするため，株価変動も考慮した分析を行う．株式を発行している企業は，社債を発行している企業よりも多く存在するが，本分析では，社債スプレッドの変化との違いに焦点を当てることから，社債スプレッドの分析対象である取引に焦点を当て，分析を行う．超過リターンは各銘柄の株価収益率からベータ調整後のTOPIX株価収益率[9]を控除した．また株式の累積超過リターンは，取引発表日の翌営業日から，30営業日間の超過リターンの累積をとった[10]．

3 分　析　結　果

本節では，M&Aが社債市場に対し与える影響に焦点を当て分析を行う．はじめに，全データを用い買収企業および被買収企業の社債スプレッドとM&Aの関連性について分析を行った後，買収企業に焦点を当てた分析を行う．次により詳細な分析として，株式の買収プレミアム水準等を考慮した分析を行う．

3.1 全サンプルを用いた買収企業と被買収企業の分析

買収企業と被買収企業を，それぞれ支払対価別（現金対価と株式対価）に分けて，全サンプルで取引発表日の翌営業日から30営業日後の社債スプレッドおよび株価リターンの変化を分析した．表2-2は分析結果の一覧を示したもので

---

[8] 例えば，米国の債券市場を分析したBillettら（2004）は，月次データを用いM&Aの発表から1ヶ月後の債券市場の反応を分析している．詳細な分析は今後の課題としたい．
[9] 本分析では各企業のベータ（β）を取引発表日から過去60営業日基準で算出し，分析を行っている．なお，ベータは52週基準，0ヶ月基準を用いても，同様の結果が得られたことを確認した．
[10] 詳細は井上・加藤（2006）参照．

ある．表の上段は社債の累積超過スプレッドを示したものであり，下段は，株価の累積超過リターンを示したものである．表の上段・左側は，買収企業の超過スプレッドの変化を示したものであり，上段・右側は被買収企業の超過スプレッドの変化を示したものである．買収企業の社債スプレッドにおいて，現金（TOB）による買収の場合，社債の累積超過スプレッドはプラスの傾向にあり，株式対価の場合はマイナスの傾向にあることを確認できる．これらの結果は，TOBにて現金を対価とした取引が行われた場合は，社債市場はネガティブに反応し，それに対し，株式対価の取引が行われた場合，ポジティブに反応していることを示唆するものである．その一方で，被買収企業については，現金対価，株式対価ともに社債の累積超過スプレッドは縮小傾向にあり，被買収企業の社債スプレッドに対しては，ポジティブな反応となっている．これらの結果は，

表 2-2 全サンプルを用いた社債の累積超過スプレッド，株価の累積超過リターン

	支払対価	買収企業		被買収企業	
		平均値（％）	データ数	平均値（％）	データ数
社債累積超過スプレッド	現金 t値	0.05 (1.40)	95	−0.07 (−1.03)	6
	株式 t値	−0.03 (−1.40)	153	−0.34 * (−1.74)	14
	差／合計 t値	0.08 * (1.93)	248	0.270 (1.32)	20
株価累積超過リターン	現金 t値	2.73 ** (2.10)	95	−5.34 (−0.88)	6
	株式 t値	0.23 (0.31)	152	0.90 (0.35)	14
	差／合計 t値	2.50 * (1.67)	247	−6.24 (−0.94)	20

データのサンプル期間は 2002 年 4 月 1 日から 2009 年 12 月末である．表の上段に社債の累積超過スプレッド，下段に株価の累積超過リターンを示す．また表の左半分は買収企業を示したものであり，右半分は被買収企業を示したものである．それぞれ支払対価が現金の場合，株式の場合について算出されている．差／合計は両者の差およびデータ数の合計である．社債の超過スプレッドは社債のスプレッド日次変化幅から，取引発表日時点に存在する全社債銘柄を用いた時価加重平均スプレッドの日次変化幅を控除したもの．累積超過スプレッドは超過スプレッドを取引発表日の翌営業日から 30 営業日間累積し，それを分析対象とした．また，株価超過リターンは各銘柄の株価収益率からベータ調整後の TOPIX 株価収益率を控除した．また株式の累積超過リターンは，取引発表日の翌営業日から 30 営業日間の超過リターンの累積をとった．表の平均値はサンプルに対して単純平均をとったものである．表中の ** は 5% 有意，* は 10% 有意であることを示す．

M&Aが社債スプレッドにもたらす影響は，買収企業と被買収企業および買収企業の中でも現金を対価とする買収と株式を対価とする買収で異なることを示唆するものである．これらの結果は，米国市場を対象とし分析を行ったBillettら（2004）と整合的な結果である．

　表の下段・左側は，買収企業の株価超過リターンの変化を示したものであり，下段・右側は被買収企業の株価超過リターンの変動を示したものである．被買収企業の株価超過リターン（下段・右側）については，データ数も限定的であることから特段強い傾向は認められていないのに対し，買収企業については，とりわけ，現金対価において強いプラスの傾向があることを確認できる．井上・加藤（2006）は，買収企業の支払対価の違いによって株価リターンの挙動に差はみられないと結論づけているが，当分析結果では差がみられる．ただし，本分析は，井上・加藤（2006）と分析対象期間が異なることから，市場環境の違いにより結果の違いが生じている可能性があるが，株式市場への影響に関する詳細な分析は今後の課題としたい．次節以降，買収企業に焦点をあて，詳細な分析を行う．なお，被買収企業はデータの制約があってさらなる詳細な分析は難しいことから今後の課題としたい．

3.2　買収企業を対象とした分析

　本項では，買収企業に焦点を当てた分析を行う．はじめに，分析期間をサブピリオドに分割し市場環境の違いによる社債スプレッドおよび株価リターンの挙動の違いについて確認する．さらに，本分析では，買収プレミアムの水準が社債スプレッドにもたらす影響について分析を行う．

3.2.1　分析期間を分割した分析

　まず，買収企業に焦点を当て，分析対象期間を，前半（2002/4〜2006/1）と後半（2006/2〜2009/12）の2つに分割し，市場環境の違いによる社債スプレッドおよび株価リターンの挙動の違いを分析する．期間前半（2002/4〜2006/1）は，バブル崩壊後の景気回復を伴った時期であり，社債スプレッドの動きは比較的落ち着いている時期である．一方，期間後半（2006/2〜2009/12）は，いわゆるリーマンショックを含む時期であり，企業のデフォルトが起きるなど社債のスプレッドが大きく変動した時期を含んだ時期となっている．分析は，期間

前半，後半それぞれの期間について，前節と同様に，取引対価別（現金対価と株式対価）に分けて，取引発表日の翌営業日から 30 営業日後の社債累積超過スプレッドおよび株価累積超過リターンについて分析した．表 2-3 は，分析結果一覧を示したものである．

表 2-3 上段より，前半と後半で，社債スプレッドの挙動に違いがみられることを確認できる．期間の前半については，統計上有意ではないものの，支払対価が現金，株式ともに，社債のスプレッドは縮小傾向にあることを確認できる．期間の前半は，市場全体として社債スプレッドが比較的安定していた時期であり，社債市場の需給も良好だったことから，支払対価の違いに関係なく，M&Aに関する情報に対してポジティブに反応していた可能性がある．一方，期間の後半については，支払対価が現金の場合，社債スプレッドが拡大しているのに

表 2-3 期間別の社債の累積超過スプレッドおよび株価の累積超過リターン

	支払対価	前半（2002/4〜2006/1）		後半（2006/2〜2009/12）	
		平均値（%）	データ数	平均値（%）	データ数
社債累積超過スプレッド	現金 t 値	−0.03 (−1.11)	25	0.08* (1.74)	70
	株式 t 値	−0.04 (−1.56)	84	−0.02 (−0.46)	69
	差／合計 t 値	0.01 (0.15)	109	0.09* (1.66)	139
株価累積超過リターン	現金 t 値	1.98 (1.36)	25	2.99* (1.77)	70
	株式 t 値	0.48 (0.61)	84	−0.09 (−0.07)	68
	差／合計 t 値	−1.50 (0.90)	109	−3.08 (1.44)	138

サンプル期間は 2002 年 4 月 1 日から 2009 年 12 月末である．表の上段に買収企業の社債の累積超過スプレッド，下段に株価の累積超過リターンを示す．表の左半分は前半の分析結果であり，右半分は後半の分析結果である．それぞれ支払対価が現金の場合，株式の場合について社債超過スプレッドおよび株価累積超過リターンが算出されている．差／合計は両者の差およびデータ数の合計である．社債の超過スプレッドは社債のスプレッドの日次変化幅から，取引発表日時点に存在する全社債銘柄を用いた時価加重平均スプレッドの日次変化幅を控除したもの．累積超過スプレッドは超過スプレッドを取引発表日の翌営業日から 30 営業日間累積し，それを分析対象とした．また，株価超過リターンは各銘柄の株価収益率からベータ調整後の TOPIX 株価収益率を控除した．また株価の累積超過リターンは，取引発表日の翌営業日から 30 営業日間の超過リターンの累積をとった．表の平均値はサンプルに対しての単純平均である．なお表中の * は 10% 有意であることを示す．

対し,支払対価が株式の場合,社債スプレッドは縮小傾向にあることを確認できる.社債市場が不安定な時期においては,買収企業から現金が流出することに対し,投資家がネガティブに反応する可能性を示唆するものである.なお,資産規模が大きい取引に限った分析においても,同様の傾向を確認している.これらの結果は,市場環境の違いが社債スプレッドの挙動に違いをもたらす可能性のあることを示唆するものであり[11],社債投資に関し興味深い結果を示したものとなっている.

表2-3下段より,株価の挙動については,期間前半,期間後半ともに株価は上昇しており,全データを用いた結果と同様の傾向を確認できる.とりわけ,期間後半の現金対価の場合は株価の上昇が顕著であり,統計的な有意性も認められる.社債市場の不安定な時期に相当する期の後半において,支払対価が現金の場合,株式市場はポジティブに反応しているのに対し,債券は反対にネガティブに反応している点は,株主と債権者との間で利害対立がある可能性を示しており,興味深い.

本節では,社債市場の不安定な期の後半において支払対価が現金の場合,社債スプレッドが拡大する傾向にあること,その一方で株価は拡大する傾向にあることを確認した[12].買収プレミアムの水準が高い場合,多額の現金が企業より流出することとなるため,本節において見出された傾向はより強く表れることが予想される.そこで,次には支払対価が現金の場合に焦点を当て,買収プレミアムの水準を考慮した分析を行う.さらに,次節においては,買収企業の信用リスクに焦点を当てた分析も実施する.

3.2.2　期間後半についての詳細分析

ここでは,支払対価が現金の場合に焦点を当て,TOBと社債スプレッド変動の関連性に焦点を当て分析を行う.はじめに,買収プレミアムを考慮した分析

---

11) 例えば森平・岡崎(2009)では,デフォルト確率の推定において,マクロ経済の影響を考慮することにより,モデルの説明力が向上したと報告している.

12) 白須・米澤(2007)では,スプレッド水準には特に金融危機等の経済状況が悪化している状況において流動性プレミアムが含まれていると報告している.それを受けて,本研究に用いたサンプルの取引発表日に存在する全銘柄をスプレッド水準で3分位し,調整を行った.その結果,流動性プレミアムを考慮しても,本稿と同様の傾向が得られることを確認した.

を行った後，買収企業の信用リスクを考慮した分析を行う．

(1) 買収プレミアムを考慮した分析

前段において，支払対価が現金の場合，社債スプレッドが拡大する傾向が確認されたが，買収プレミアムの水準が高い場合，その傾向がとりわけ強くなることが予想される．ここでは，TOBにおける買収プレミアムと社債スプレッドの関連性に焦点を当て，分析を行う．ここで，買収プレミアムとは，買付に対する応募を促すために対象企業の市場株価に上乗せする価格のことを指す．また，本分析では，株価の累積超過リターンについても同様に分析を行い，スプレッド変動との比較を試みる．

図2-1は，買収プレミアムと社債の累積超過スプレッドを示したものである．図より，買収プレミアムが50%以下の水準では社債の累積超過スプレッドの水準に大きな変化はみられないが，買収プレミアムが50%の水準を越えてくると，社債のスプレッドが大きく拡大する傾向にあることを確認できる[13]．

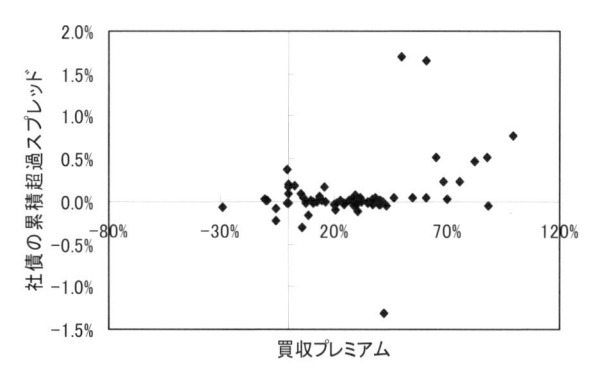

図2-1 社債累積超過スプレッドと買収プレミアムの関連性

図は社債累積超過スプレッドと買収プレミアムの関連性について示したものである．サンプル期間は，期間後半（2006/2～2009/12）であり，各図のx軸はTOBにおける買収プレミアム，y軸は社債の累積超過スプレッド（取引発表日の翌営業日から30営業日後）を示している．

---

13) 買収プレミアムが高い場合，買収プレミアムの水準に応じ被買収企業の株価は上昇すると想定される．その一方で，高い買収プレミアムは，買収企業の社債権者にとっては，買収が成立した場合，企業から多額の現金支出が生じるため，シナジー効果を考慮したとしても，ネガティブな評価となる可能性がある．

表 2-4 買収プレミアム別の社債の累積超過スプレッドおよび株価の累積超過リターン

支払対価：現金	買収プレミアム 50%未満		買収プレミアム 50%以上	
	社債累積超過スプレッド	株価累積超過リターン	社債累積超過スプレッド	株価累積超過リターン
平均値（%）	−0.02	3.66*	0.48**	0.07
t 値	−0.64	1.98	2.94	0.02
中央値（%）	0.00	6.39	0.23	2.78
最大値（%）	0.38	29.35	1.69	22.71
最小値（%）	−1.31	−40.54	−0.05	−23.68
標準偏差（%）	0.20	13.98	0.59	15.10
データ数	57	57	13	13

サンプル期間は 2006 年 2 月 1 日から 2009 年 12 月末である．表の左半分に株価に対する買収プレミアムが 50%未満の分析結果，右半分に買収プレミアムが 50%以上の分析結果を示す．それぞれ支払対価が現金（TOB）の場合に限定し，買収企業の社債超過スプレッド，および株価累積超過リターンが算出されている．社債の超過スプレッドは社債のスプレッドの日次変化幅から，取引発表日時点に存在する全社債銘柄を用いた時価加重平均スプレッドの日次変化幅を控除した．累積超過スプレッドは超過スプレッドを取引発表日の翌営業日から 30 営業日間累積し，それを分析対象とした．また，株価超過リターンは各銘柄の株価収益率からベータ調整後の TOPIX 株価収益率を控除した．また株式の累積超過リターンは，取引発表日の翌営業日から 30 営業日間の超過リターンの累積をとった．表の平均値はサンプルに対しての単純平均である．なお表中の**は 5%有意，*は 10%有意であることを示す．

買収プレミアムの水準の違いによる影響を確認するため，本分析では，企業を買収プレミアムが 50%未満と 50%以上の 2 つに分類し，それぞれについて，取引発表日の翌営業日から 30 営業日後の社債累積超過スプレッドおよび株価の累積超過リターンを比較した（表 2-4）．買収プレミアムが 50%未満の場合，株価の累積超過リターンの水準は，ケースごとにばらつきが生じているもののプラスとなる傾向にあるのに対し，社債の累積超過スプレッドについては，相対的に大きなばらつきはみられていない．その一方で，買収プレミアムが 50%以上の場合，株価の累積超過リターンはばらつきがみられるのに対し，社債の累積超過スプレッドは拡大する傾向にあり，統計的にも有意であることを確認できる．これらの結果は，買収プレミアムの水準が社債スプレッドおよび株式価格の水準に与える影響について，興味深い示唆を示すものであり，実務的にも学術的にも興味深いものである[14]．

ここでは買収プレミアム水準に焦点を当てた分析を行ったが，買収企業自体の信用リスクの状況により，社債スプレッドの挙動に違いが生じる可能性もあ

表 2-5 格付別の社債の累積超過スプレッドおよび株価の累積超過リターン

支払対価：現金	中低格付（BBB 以下）		高格付（A 格以上）	
	社債累積超過スプレッド	株価累積超過リターン	社債累積超過スプレッド	株価累積超過リターン
平均値（％）	0.16	0.92	0.03 *	4.15 **
t 値	1.39	0.29	1.97	2.15
中央値（％）	0.01	2.45	0.01	6.74
最大値（％）	1.69	24.56	0.38	29.35
最小値（％）	−1.31	−40.54	−0.12	−31.59
標準偏差（％）	0.59	16.15	0.09	12.95
データ数	25	25	45	45

サンプル期間は 2006 年 2 月 1 日から 2009 年 12 月末である．表の左半分に中低格付（BBB 以下）の分析結果，右半分に高格付（A 格付以上）の分析結果を示す．それぞれ支払対価が現金（TOB）の場合に限定し，買収企業の社債累積超過スプレッド，および株価累積超過リターンが算出されている．社債の超過スプレッドは社債のスプレッドから，取引発表日時点に存在する全社債銘柄を用いた時価加重平均スプレッドを控除したもの．累積超過スプレッドは超過スプレッドの日次変化を取引発表日の翌営業日から 30 営業日間累積し，それを分析対象とした．また，株価超過リターンは各銘柄の株価収益率からベータ調整後の TOPIX 株価収益率を控除した．また株式の累積超過リターンは，取引発表日の翌営業日から 30 営業日間の超過リターンの累積をとった．表の平均値はサンプルに対しての単純平均である．なお表中の ** は 5% 有意，* は 10% 有意であることを示す．

る．次には，買収企業の信用リスクを考慮した分析を行う．

(2) 買収企業の信用リスクを考慮した分析

ここでは買収企業の信用リスクを考慮した分析を行う．本分析では，格付に基づき企業を 2 つに分類し，各グループの社債スプレッドの挙動について分析を行った．具体的には，格付を基に，高格付（A 格以上）の企業と中低格付（BBB 格以下）の企業の 2 つに企業を分類し，これまでと同様に，取引発表日の翌営業日から 30 日後の社債累積超過スプレッドの違いを比較した．また，本分析では，株価の累積超過リターンについても同様に分析を行い，スプレッド変動との比較を試みた．

買収企業が高格付の場合，株式累積超過リターンにばらつきはあるものの，平均値，中央値はプラスとなっており，平均値についてはゼロとの差の検定において有意性が確認されたのに対し，社債累積超過スプレッドはほぼゼロ近傍

---

14) 買収プレミアムの水準が高い場合，買収企業の株主と債権者間の利害対立の影響が大きくなっている可能性がある（Jensen and Meckling (1976))．これらについての詳細な分析は今後の課題としたい．

に留まっていることを確認できる．一方，中低格付の場合，株式累積超過リターンおよび累積超過スプレッドとも，高格付と比較して大きくばらついていることを確認できる．

これらの結果は，買収企業の格付により社債および株式市場の反応が異なった特徴を示すものである．特に，低格付の企業については，企業業績が不安定である傾向が強いことから，現金支出を伴う企業買収に対し，それぞれのケースごとに市場の評価が大きく分かれることを示すものである[15]．また，中低格付の累積超過スプレッドは高格付よりも拡大していることが確認されるが，統計的に有意ではない．これは外れ値が影響している可能性があり，データを詳細にみると，－1.0％を超えるデータが1件存在したことが確認されたことから，次にはこれを外れ値として控除した分析を行う．

(3) 外れ値を考慮した分析

ここでは，外れ値を考慮した分析を行う．期間後半にて支払対価が現金の場合のデータは70件存在するが，その中で，社債の累積超過スプレッドで－1.0％を下回る極端な変化を示すデータが存在する．本分析では，このデータを外れ値として除外し，これまでと同様の結果が得られるか否かについて検証を行った．

本分析にて外れ値とした事例は，平成21年5月18日の引け後に，株式会社IHIが松尾橋梁株式の公開買付（TOB）を実施すると発表した事例である．当TOBは，総資産比率で約1.5％と小規模であり，社債に与える影響は本来軽微と考えられる事例である．しかし，同時期にIHIは，各金融商品取引所の特設注意市場銘柄の指定解除の発表（平成21年5月11日）を受け，社債のスプレッドが急激に縮小していた時期であり，その結果，－1.0％を下回る極端な変化が確認されている．IHIは，特設注意市場銘柄を指定解除された初めてのケースであり，TOBの発表の時期が同時期に起こる事例は極めてまれであることから，当事例を外れ値として取り扱うものとした．なお，他の事例について，IHI

---

[15] 別な観点からみると，中低格付の企業は，高格付企業と比較して，企業価値の評価を適切に行うことにより，より多くの超過収益を獲得できる可能性のあることを示唆するものである．その意味で，債券運用の超過収益源泉という観点からは，興味深い結果を示すものである．

表 2-6 買収プレミアム別の社債の累積超過スプレッドおよび株価の累積超過リターン

支払対価：現金	買収プレミアム 50%未満		買収プレミアム 50%以上	
	社債累積超過スプレッド	株価累積超過リターン	社債累積超過スプレッド	株価累積超過リターン
平均値（%）	0.01	3.66*	0.48**	0.07
t 値	0.47	1.94	2.94	0.02
中央値（%）	0.00	6.56	0.23	2.78
最大値（%）	0.38	29.35	1.69	22.71
最小値（%）	−0.30	−40.54	−0.05	−23.68
標準偏差	0.10	14.10	0.59	15.10
データ数	56	56	13	13

サンプル期間は 2006 年 2 月 1 日から 2009 年 12 月末である．表の左半分に株価に対する買収プレミアムが 50%未満の分析結果，右半分に買収プレミアムが 50%以上の分析結果を示す．それぞれ支払対価が現金（TOB）の場合に限定し，買収企業の社債超過スプレッド，および株価累積超過リターンが算出されている．社債の超過スプレッドは社債のスプレッドの日次変化幅から，取引発表日時点に存在する全社債銘柄を用いた時価加重平均スプレッドの日次変化幅を控除したもの．累積超過スプレッドは超過スプレッドを取引発表日の翌営業日から 30 営業日間累積し，それを分析対象とした．また，株価超過リターンは各銘柄の株価収益率からベータ調整後の TOPIX 株価収益率を控除した．また株式の累積超過リターンは，取引発表日の翌営業日から 30 営業日間の超過リターンの累積をとった．表の平均値はサンプルに対しての単純平均である．なお表中の**は 5%有意，*は 10%有意であることを示す．

と同様の現象が起きていないことを確認している．

表 2-6 は，外れ値を控除した場合の買収プレミアム別の社債累積超過スプレッド，並びに株価超過累積リターンを示したものである．外れ値として取り除いたデータは買収プレミアム 50%未満のものであることから，買収プレミアム 50%未満の結果を修正している．表より，これまでの分析結果同様，買収プレミアムが 50%未満の場合，株価の累積超過リターンの水準は，ケースごとにばらつきが生じているもののプラスとなる傾向にあるのに対し，社債の累積超過スプレッドについては相対的に大きなばらつきはみられていないという傾向に変化はみられない．

次に表 2-7 は，外れ値を控除した場合の格付別の社債累積超過スプレッド，並びに株価累積超過リターンを示したものである．外れ値として取り除いたデータは中低格付のものであることから，中低格付の結果を修正している．表より，これまでの分析結果同様，中低格付の累積超過スプレッドは高格付よりも拡大していることが確認される．ただし，外れ値を考慮することによりスプレ

表 2-7 格付別の社債の累積超過スプレッドおよび株価の累積超過リターン

支払対価：現金	中低格付（BBB 以下）		高格付（A 格以上）	
	社債累積超過スプレッド	株価累積超過リターン	社債累積超過スプレッド	株価累積超過リターン
平均値（％）	0.23**	0.80	0.03*	4.15**
t 値	2.15	0.24	1.97	2.15
中央値（％）	0.01	2.45	0.01	6.74
最大値（％）	1.69	24.56	0.38	29.35
最小値（％）	−0.30	−40.54	−0.12	−31.59
標準偏差	0.51	16.48	0.09	12.95
データ数	24	24	45	45

サンプル期間 2006 年 2 月 1 日から 2009 年 12 月末における中低格付（BBB 以下）の分析結果を示す．ここでは支払対価が現金（TOB）の場合に限定し，買収企業の社債累積超過スプレッド，および株価累積超過リターンが算出されている．社債の超過スプレッドは社債のスプレッドから，取引発表日時点に存在する全社債銘柄を用いた時価加重平均スプレッドを控除したもの．累積超過スプレッドは超過スプレッドの日次変化を取引発表日の翌営業日から 30 営業日間累積し，それを分析対象とした．また，株価超過リターンは各銘柄の株価収益率からベータ調整後の TOPIX 株価収益率を控除した．また株式の累積超過リターンは，取引発表日の翌営業日から 30 営業日間の超過リターンの累積をとった．表の平均値はサンプルに対しての単純平均である．なお表中の** は 5％有意，* は 10％有意であることを示す．

ッドの拡大は統計的に有意となることが確認されている．これらの結果は，外れ値を考慮した場合，中低格付の方が高格付よりも，社債スプレッドは拡大する傾向にあることを示すものである．

本項では，買収企業に焦点を当て，買収プレミアム水準および信用リスクと社債スプレッドの挙動について分析を行い，買収プレミアム水準と社債スプレッドの関係など債券投資に関し興味深い現象を見出すことができた．

4 ま と め

本稿では，企業の M&A に着目し，同アクションが社債スプレッド価格に及ぼす影響について分析を行った．分析の結果，(1) 現金を対価に株式取得した場合と株式を対価に株式取得した場合とで，買収企業の社債スプレッドに違いがみられる傾向にあること，さらに，期間を分割した分析において，(2) 社債市場が不安定な時期においてその違いが顕著となること，(3) 買収プレミアムの大きい（50％以上）場合に，社債スプレッドが拡大傾向にあることなどの興味深い現象を見出した．これらの分析結果は債券の超過収益の源泉について興

味深い示唆を示すものである．M&A 発表を利用した債券投資戦略の有効性の検証など，詳細な分析は今後の課題としたい[16]．

〔参考文献〕

井上光太郎・加藤英明（2006），『M&A と株価』，東洋経済新報社．

上野孝司（2007），『信用リスクと M&A』，日本評論社．

内山朋規・濱田将光（2006），「CDS スプレッドと社債スプレッドと株価の実証的関係—レジットリスクは市場でどう評価されているか？—」，『証券アナリストジャーナル』，53-67 (2006.3)．

内山朋規・濱田将光（2007），「わが国社債市場のクロスセクション分析」，『現代ファイナンス』，No.21．

白須洋子・米澤康博（2007），「社債流通市場における社債スプレッド変動要因の実証分析」，『金融庁金融研究研修センター ディスカッションペーパー』，No.2007-2．

上瀧弘晃・高橋 悟・高橋大志（2009），「クレジット市場におけるヘッドラインニュースの効果」，『ファイナンス学会第 17 回大会』，113-122．

服部暢達（2004），『実践 M&A マネジメント』，東洋経済新報社．

森平爽一郎・岡崎貫治（2009），「マクロ経済効果を考慮したデフォルト確率の期間構造推定」，『ファイナンス学会第 17 回大会』，103-112．

Billett, M. T., T. H. D. King, and D. C. Mauer (2004), "Bondholder Wealth Effects in Mergers and Acquisitions: New Evidence from the 1980s and 1990s", *The Journal of Finance*, **59**, 107-135.

Campbell, J. Y., A. W. Lo, and A. C. MacKinlay (1997), *The Econometrics of Financial Markets*, Princeton University Press.

Collin-Dufresne, P., R. S. Goldstein, and S. J. Martin (2001), "The Determinants of Credit Spread Changes", *Journal of Finance*, **56**, 2177-2207.

Dennis, D. K., and J. J. McConnell (1986), "Corporate mergers and security returns", *Journal of Financial Economics*, **16**, 143-187.

Eger, C. E. (1983), "An empirical test of the redistribution effect in pure ex-

---

16) 信用リスクを伴う市場として CDS（クレジット・デフォルト・スワップ）がある．近年では CDS 市場にも盛んに取引が行われていることから，M&A と CDS の関連性について同様の分析を行っている．ただし，データも限られることから，詳細な分析については今後の課題としたい．

change mergers", *Journal of Financial and quantitative Analysis*, **18**, 547-572.

Fama, E. (1970), "Efficient Capital Markets: A Review of Theory and Empirical Work", *The Journal of Finance*, **25**, 383-417.

Jensen, M. C., and W. H. Meckling (1976), "Theory of the Firm: Managerial Behavior, Agency Costs and Ownership Structure", *Journal of Financial Economics*, **3**, 305-360.

Maquieira, C. P., W. L. Megginson, and L. Nail (1998), "Wealth creation versus wealth redistributions in pure stock-for-stock mergers", *Journal of Financial Economics*, **48**, 3-33.

Merton, R. C. (1974), "On The Pricing of Corporate Debt: The Risk Structure of Interest Rates", *Journal of Finance*, **29** (2), 449-470.

Mitchell, M. L., and E. Stafford (2000), "Managerial decisions and long-term stock price performance", *Journal of Business*, **73** (3), 287-329.

Sharpe, W. F. (1964), "Capital Asset Prices:A Theory of Market Equilibrium under condition of Risk", *The Journal of Finance*, **19**, 425-442.

Stein, J. C. (2003), "Agency, Information and Corporate Investment", in *Handbook of the Economics of Finance*, ed. G. Constantinides, M. Harris, R. Stulz, Elsevier B.V.

(上瀧弘晃：中央三井アセット信託銀行)
(山下泰央：中央三井アセット信託銀行)
(高橋大志：慶應義塾大学大学院経営管理研究科)

3 株式リターンの分布の歪みと将来の株式リターン*
― GARCHS モデルにより推計した歪度の有用性に関して ―

吉野貴晶・斉藤哲朗・飯田尚宏

概要 本論文では，我が国の株式市場において個別株式のリターンの分布の歪みと，将来のリターンとの関係を明らかにする．とりわけ Harvey and Siddique (1999) が考案した GARCHS モデルを用いて推計した歪度と，将来の個別株式リターンとの間に有意に負の関係が強いことを示す．GARCHS モデルとは，GARCH モデルを個別株式リターンの歪度の推計に拡張するものであり，個別株式リターンの条件付歪度に自己回帰性が仮定されている．

累積プロスペクト理論に基づいて行動する投資家は，lottery-like（宝くじのようなペイオフ）のリターンが期待される個別銘柄を好む．lottery-like とは，非常に小さな確率であるものの，大きな個別株式リターンが発生する状態のことを言う．米国などの先行研究では，lottery-like である銘柄は，他の銘柄と比べて株価が下落する傾向が強いことが報告されてきた．lottery-like である銘柄は，株式市場で割高に価格が形成されるため，将来はその修正による下落が起こると考えられている．

本論文では，lottery-like であることを，歪度などの個別株式のリターンの分布の歪みに関する変数として捉えている．そして，米国の研究報告と同様に，我が国でも，歪みに関する変数と，将来の個別株式リターンとの間に有意な関係があることを示す．本論文では，先行研究で用いられた歪みに関する変数を幅広く取り上げて，いずれの変数が，将来の個別株式のリターンと関係が強いかを比較する．Mitton and Vorkink (2007) では，個別株式のリターンのイディオシンクラティック歪度とリターンに負の相関関係があることを指摘した．これに従い，本論文でも，歪度に加えて，イディオシンクラティック歪度を変数に用いる．イディオシンクラティック歪度は，Fama-

---

* 本論文の作成にあたって，椿広計先生（情報・システム研究機構 統計数理研究所 副所長），山田雄二先生（筑波大学大学院ビジネス科学研究科）から多くの貴重な助言を頂いた．また，匿名の査読者から頂いたコメントは改訂にあたり非常に役に立った．この場をお借りして深く感謝したい．なお，本論文にありうべき過ちは全て筆者に帰するものである．

French 3 ファクターモデルで説明できない個別株式リターンの歪度とする．実証分析の結果から Harvey and Siddique (1999) が考案した GARCHS モデルに関して，イディオシンクラティック歪度の推計に拡張した手法が，将来の個別株式リターンとの逆相関の関係が特に強いことを示す．

1 はじめに

　本論文は，我が国の株式市場において，個別株式のリターン（以後，リターン[1]と表す）の分布[2]の歪みと，将来のリターンとの関係を明らかにするものである．とりわけ，Harvey and Siddique (1999) が考案した GARCHS モデルを用いて推計した歪度が，将来のリターンと有意な関係が強いことを示す．そして GARCHS モデルによる投資戦略への応用可能性を考察する．

　これまでの研究から，リターンの分布に正規性がないことが指摘されていた[3]．近年は，正規性からの乖離をリスクとして捉えて，それに応じたプレミアムを期待する投資のアイデアなどが，株式運用実務でも注目されるようになっている[4]．本論文において，リターンの分布の歪みと将来のリターンとの関係を明らかにすることで，株式運用実務への示唆を与えることができると考えられる．

　従来から行われてきた，リターンの分布の歪みと将来のリターンに関する研究と比較して，本論文には次に示すような２つの特徴がある．第１の特徴は，リターンの分布の歪みに関する代理変数を幅広く取り上げて，検証の対象に設定することである[5]．幅広く複数の代理変数を取り上げることで，リターンの

---

[1] ただし，市場全体のリターンとの区別を明確に示す場合は「個別株式のリターン」と表す．
[2] リターンの確率変数の母集団となる確率分布．主に先行研究ではヒストリカルのサンプルから推計されている．2節参照．
[3] 例えば，Levy and Duchin (2004) は多くの資産の変動が正規分布より裾が厚いロジスティック分布との適合度が強かったことを示した．また，我が国の株式市場のリターンに関しては，Aggarwal, Rao and Hiraki (1989) は尖度が正規分布から離れていることを指摘した．
[4] 吉野・斉藤 (2011)，吉野ほか (2011) などが運用戦略への応用を考案している．
[5] 個別株式のリターンではなく，市場全体のリターンの tail risk に関して幅広く取り上げた分析には，Harvey (2000) がある．

分布の歪みが，将来のリターンの源泉として頑健であることを示す．そして，いずれの方法で算出した代理変数が，特にリターンとの有意な関係が強いかを明らかにする．これまでの研究は，それぞれの研究でとりあげられた，単一の代理変数のみを対象に，将来のリターンとの関係が調べられていた．本論文では，先行研究で用いられた，リターンの分布の歪みに関する変数を幅広く捉えて，そのなかで将来のリターンと最も関係が強い変数を探っている．

　第2の特徴は，リターン分布の歪度に関する推計モデルの有用性を考察することである．本論文は，時系列モデルと多変量モデルの2つのアプローチにより歪度の推計を行っている．時系列モデルに関しては，Harvey and Siddique (1999) が考案したGARCHSモデルをベースとしている．また，多変量モデルに関しては，Boyer et al. (2010) の考案した線形回帰モデルを用いている．そして，これらの2つの手法で推計した歪度と，将来のリターンとの関係を分析する．歪度に関する推計手法が有効であれば，今後の運用実務においても有用な示唆を与えることができる．

　本論文の構成は次のようである．第2節は，先行研究を取り上げる．第3節は，本論文における研究方法，分析に用いたリターンの分布の歪みに関する変数の定義と，分析データを示す．第4節は，リターンの分布の歪みと，将来のリターンに関する分析結果を示す．第5節は，前節の分析結果の頑健性の検証を行い，そして運用実務への応用可能性の考察をする上で，ボラティリティをコントロールした上でも，リターンの分布の歪みと将来のリターンとの関係が観察されるかを分析する．そして，第6節は，本論文のまとめを示す．

2　先行研究のレビューと仮説の導出

　本節は，先行研究のレビューを行う．リターンの分布の歪みに関する研究は数多く存在する．しかし，本論文のサーベイの範囲は，リターンの分布の歪みと将来のリターンとの関係を明らかにするという，本論文における分析の目的と関係が強い内容に絞っている．同研究は，投資家が，プラス方向に大きなリターンの発生する確率が大きい一方で，マイナス方向のリターンは限定的な確率が期待される，すなわちプラスの歪度の資産を選好する[6]という考えが背後

にある．このためプラスの歪度の株式は割高な価格形成となり，将来のリターンが小さいというものである．

　投資家が，プラスの歪度のリターン分布を持つ銘柄を選好することを示す研究には次のようなものがある．Arditti (1967) は，Standard and Poor's Composite Index の industrials, railroads, utilities に含まれる銘柄を用いて，1946年から1963年までの期間を対象とした分析を行った．そして，リスク回避的な投資家における効用関数を仮定した場合に，投資家はプラスの歪度の銘柄を選好することを示した．同論文以降，過去のリターンの歪度に関する研究が発展した．Scott and Horvath (1980) は，投資家はプラスの歪度のリターンとなるポートフォリオを選好して，4次のモーメント（尖度）に対してはマイナスの選好を持ち，それ以降も次数に対して，プラスとマイナスの交互の選好を持つことを，効用関数を用いて理論的に導出した．

　その後，歪度に関する研究は，投資家の資産の保有の選好を示す効用関数の展開との関係から議論されるようになった．Jean (1971) は，株式市場における投資家の効用に関して，高次の効用関数[7]を設定した．そして，ある期待リターンの周辺でテイラー展開した後に，さらに期待値をとり株式市場リターン（以後，市場リターンと表す）との高次の共変動に関する投資家の効用を示した．また，個別株式のリターンと市場リターンとの3次以上の共変動[8]がポートフォリオの管理で重要であることを示した．Rubinstein (1973) は株式のリ

---

[6]　Arditti (1967) の「危険回避的な投資家はプラス（マイナス）の歪度の銘柄を好む（嫌う）」などの主張により，プラスの歪度の銘柄は，市場で割高に価格が形成されるため，将来はその修正により下落が起こるという考えがある．ただし，次のような考えもできる．投資家が株式を購入することで価格が上昇して，プラスに大きな株式リターンを経験することが，プラスの歪度を示すことになる．そして，将来はその修正（リターンリバーサルによる下落）が起こるというものである．

[7]　一般に投資家の効用関数は2次までの項で単純化して，
$E[u(V)] = u(E[V]) + \frac{u^{(2)}(E[V])}{2} E[(V-E[V])^2]$ として捉えられる．しかし Jean (1971) は高次の項も加えた効用関数を $E[u(V)] = u(E[V]) + \frac{u^{(2)}(E[V])}{2} E[(V-E[V])^2] + \frac{u^{(3)}(E[V])}{6} E[(V-E[V])^3] + \cdots$ として捉えた．

ここで V は資産の評価額，資産 $u(\ )$ は投資家の効用関数，$E[\ ]$ は期待値を示す．

[8]　3次の場合の共変動については脚注7) 参照．

スクに対するプレミアムとしてのリターンは，個別株式のリターンと市場リターンとの高次の共変動の加重合計に等しいことを主張した．そして，投資家が保有するポートフォリオを，市場ポートフォリオと仮定することで，CAPM (Capital Asset Pricing Theory) に，個別株式のリターンと市場リターンとの3次の共変動（co-skewness[9]，共歪度）を加えたモデルを示した．Kraus and Litzenbeger (1976) も，NYSE上場銘柄を用いて，1939年から1970年までの期間を対象に，投資家の効用関数から同様の展開を行い，投資家はポジティブな共歪度を選好することを実証分析により裏付けた．Harvey and Siddique (2000) は，個別株式のリターンの歪度が，個別株式のリターンと市場リターンとの共歪度と，個別株式のリターンのイディオシンクラティック歪度（idiosyncratic skewness）[10]とに分解されることを示した．そしてNYSE, AMEX, NASDAQの上場銘柄を用いて，1963年から1993年までの期間を対象に，リターンを被説明変数，共歪度を説明変数としたクロスセクション型のFama-MacBeth回帰分析を行った．その結果，3次の共変動の事後のリターンに対する説明力が有意であったことを示した．Chung et al. (2006) は，Harvey and Siddique (2000) のモデルを拡張して，NYSEとNASDAQ上場銘柄を用いて，1930年から1998年までの期間を対象に，市場リターンの10次の共変動までを加えたモデルによるクロスセクション回帰分析を行った．そして，高次の共変動の変数が，事後のリターンを有意に説明することを示した．さらにChabi-Yo and Yang (2010) は投資家の効用関数の展開から，リターンを説明するモデルとして，Rubinstein (1973) が示したCAPMに，個別株式のリターンと市場リターンとの共歪度を加えたモデルに，さらに，個別株式のリターンの歪度とイディオシンクラティック共歪度（idiosyncratic co-skewness）[11]の変数に関する項を拡張したモデルを考案した．そしてCRSP[12]に収録されている銘柄を用いて，1971年から2006年までの期間を対象として分析した結果，イディオシン

---

9) 市場共歪度は，先行研究により様々な定義がある．Rubinstein (1973) は次のような定義を用いた．ここで R_j, R_M はそれぞれリスクフリーレート超過ベースのj銘柄のリターンと市場リターン，$\bar{R}_j$, $\bar{R}_M$ はj銘柄のリターンと市場リターンの期待値を示す．
$Cos(R_j, R_M^2) = E[(R_j - \bar{R}_j)(R_M - \bar{R}_M)^2]/E(R_M - \bar{R}_M)^3$

10) イディオシンクラティック歪度はいくつか存在するが，本研究におけるイディオシンクラティック歪度は付録Aで示している．

クラティック共歪度が将来のリターンを有意に説明することを示した.

上述の,個別株式のリターンと市場リターンとの 3 次以上の共変動に関する研究は,高次の効用関数を展開する上で,投資家が保有するポートフォリオが完全に分散化（fully diversified）[13]（以後,分散化と表す）されているという仮定を用いていた.その結果,CAPM に,個別株式のリターンと市場リターンとの 3 次以上の共変動を加えたモデルが示された.これは効用関数の展開の過程に,投資家が分散化したポートフォリオを保有するという前提を加えることで,リターンの歪度や尖度などに関する項がなくなり,共歪度などの 3 次以上の共変動の項のみが残ったからである.しかし,投資家が分散化したポートフォリオを保有しているという仮定を批判する研究がある.Conine and Tamarkin (1981) は,3 次以上の項を持つ効用関数を,銘柄数を変数に持つ式に展開した.そして,Compustat データベースに含まれる企業を対象に,1972 年から 1976 年までのリターンデータを用いて無作為に選んだ 50 銘柄を対象に平均,分散,歪度等のパラメータの推定を行った.そのパラメータをもとにポートフォリオの効用の銘柄数に対する推移を観察した結果,リターンの分布の歪みを考慮する投資家は,多くの銘柄に投資して分散させるよりも,銘柄数を絞って投資を行った方が,効用が高まることを示した.投資家のポートフォリオが分散されてしまうと,歪度が中立化されて,対称分布に近づいてしまう.Simkowitz and Beedles (1978) は,NYSE 上場銘柄を用いて,1945 年 12 月から 1965 年 12 月

---

11) Chabi-Yo and Yang (2010) は,イディオシンクラティック共歪度（β_{iICSK}）を次のように定義している.ここで R_i は i 銘柄のリターン,ER_i は i 銘柄の期待リターン,R_M は市場リターンを示し,個別株式のリターンのボラティリティと市場リターンの共変動を測定した.

$$\beta_{iICSK} = \frac{Cov(R_M, (R_i - ER_i)^2)}{Var(R_M)}$$

12) シカゴ大学が提供する,米国の取引所（NYSE, AMEX, NASDAQ）の株価データを収録した Center for Research in Securities Prices の略称である.
13) Boyer et al. (2010) による表記.Conine and Tamarkin (1981) では「完全な分散化（complete diversification）」と表している.ただし,いずれも「完全に」という表現の明確な定義はされていない.また,Simkowitz and Beedles (1978) は,分散化に関して固有リスク（unsystematic risk）の減少を捉える検証をしている.したがって,「完全に分散化（complete diversification）」とは,固有リスクの存在が認められない程度の分散化と解釈できる.

までの期間を対象として，ポートフォリオに含まれる銘柄数と，ポートフォリオのリターンの歪度との関係を調べ，銘柄数が増えるとポートフォリオのリターンが対称分布に近づくことを明らかにした．

投資家は，歪度がプラスである銘柄を好むため，保有する株式を分散させないことを前提とすると，リターンの分布の歪みに関する変数と，将来のリターンには関係があると考えられる．そこで，以下では，リターンの分布の歪みと将来のリターンとの関係を分析した研究を取り上げる．そして，本論文は，次にあげる先行研究で考案されたリターンの分布の歪みに関する変数を，分析の対象として用いている．Mitton and Vorkink（2007）は，米国市場において個人が保有するポートフォリオの，1991年から1996年までのデータを用いて分析を行った．そして，株式のポートフォリオのパフォーマンスを示すシャープレシオが，個別株式のリターンと市場リターンとの共歪度と個別株式のリターンのイディオシンクラティック歪度による寄与に分解されることをクロスセクション回帰モデルにより確認した[14]．そして，個別株式のリターンのイディオシンクラティック歪度の係数がマイナスに有意であることを示した．すなわち，イディオシンクラティック歪度がプラス（マイナス）となる銘柄の将来のリターンが有意にマイナス（プラス）に大きい逆相関の傾向がみられることである．こうした実証分析の結果に関して，Barberis and Huang（2008）は，次のような理論的な説明を行った．投資家が，Tversky and Kahneman（1992）が主張した累積プロスペクト理論[15]に基づいて行動するならば，非常に小さな確率であるが，大きなリターンが発生する，lottery-like（宝くじのようなペイオフ）である銘柄を好む．このため，イディオシンクラティック歪度がプラスに大きい銘柄は，株価が割高に評価されるため，将来のリターンが下落すると主張し

---

[14] Harvey and Siddique（2000）の，個別株式のリターンの歪度が，個別株式のリターンと市場リターンとの共歪度と，個別株式のリターンのイディオシンクラティック歪度とに分解されるという主張と整合する．

[15] 累積プロスペクト理論は，Kahneman and Tversky（1979）が提唱したプロスペクト理論の確率加重関数に関して発展させたものである．確率加重関数とは，人は確率を誤って認識しなくても，その確率を額面通り受け入れず，小さな確率で発生する事象を過大に見積もることを評価するものである．鎧田（2006）はさらに，その後の確率加重関数も対象に含めて，リスク下における人の行動に関して検討した．

た.そして,Kumar(2009)は,lottery-likeである銘柄として,(1)イディオシンクラティック歪度がプラスであるということの他に,(2)株価が低く,(3)イディオシンクラティックボラティリティ(idiosyncratic volatility)[16]が高いという条件を加えて,米国の市場において1991年から1996年の期間で分析を行った結果,個人投資家は,lottery-likeである銘柄の保有が大きいことを示した.その背景として,個人投資家のギャンブルへの選好が株式への投資決定に影響していることを考察した.

lottery-likeな銘柄であることの代理変数として,歪度とは別の変数を用いた研究がある.シンプルに,過去のリターンが大幅に上昇することをlottery-likeの代理変数とした研究に,Bali et al.(2011)がある.同論文は,個々の銘柄の過去1カ月間の日次リターンのなかで最大値をMaxと表した変数で定義した.そしてNYSE,AMEX,NASDAQ上場銘柄を用いて,1926年1月から2005年12月の期間を対象として,Maxが大きい銘柄の将来のリターンが低くなることを示した.同論文はMaxが,イディオシンクラティック歪度と関係が強いことを指摘しながらも,Maxの方が,イディオシンクラティック歪度を用いるより将来のリターンとの有意な関係が強いことを示した.

Bali et al.(2011)が考案したMaxは,リターンの分布のプラス方向のtailと関連する指標である.同論文における分析ではマイナス方向のtailと関連する指標として,Min[17]も求めて,将来のリターンとの関係を分析した.投資家がlottery-likeな銘柄を好むとすれば,リターンのマイナス方向にtailが長い銘柄を回避する姿勢が強いと考えられるため,株価が過少に評価されることにより,将来のリターンが上昇すると考えるものである.分析結果から,Minは,Maxやそれ以外のコントロール変数を加えると,将来のリターンとの有意な関係がみられなかった.Minは,伝統的なファイナンス理論の考え方のベースである,リスクとリターンのトレードオフにおいて,tail riskと将来のリターンの研究とも関係する変数である[18].しかし,本論文では,lottery-likeである銘

---

16) 本論文で分析に用いるイディオシンクラティックボラティリティは,付録Aに示している.Kumar(2009)で用いられたイディオシンクラティックボラティリティは,Carhart(1997)で考案された4ファクターモデルで説明できないリターンのボラティリティで定義された.

17) 過去1カ月間の日次リターンのなかでの最小値.

柄を捉えるために，リターンの分布の歪みに関する変数を分析の範囲と定め，tail risk に関する変数は，分析の対象から除外する．したがって，本サーベイに関しても tail risk に関する先行研究は対象から除いている．

Harvey (2000)[19] は，各国の株式指数を対象としたリターンの分布の歪みと，将来のリターンとの関係を分析した．検証に用いた代理変数において，外れ値に対して頑健な歪みの代理変数である Skew 5%[20] も分析に用いた．

歪度に関するパラメータは安定性に欠けるという主張がある．Harvey and Siddique (1999) は，リターンの歪度は時系列で安定しないことを指摘した．そして GARCH モデルを拡張して，平均，分散，歪度を同時に推計する GARCHS モデルを考案した．各国の株価指数を対象に 1969 年から 1997 年までの期間[21]で同モデルを用いて歪度を推定した結果，米国，ドイツ，日本の株価指数のリターンの歪度のラグの変数に関する係数の符号は有意にマイナスとなり，分散と比べて歪度の持続性（persistence）が低いことが示された[22]．ただし，メキシコ，チリ，タイ，台湾の株価指数のリターンの歪度を時系列に観察すると，歪度は系列相関を持っていることから，自己回帰モデルの有効性が示唆された．

さらに，歪度は安定性に欠けるという観点から，その歪度などの変数の推計に関する研究がある．Boyer et al. (2010) は，NYSE，AMEX と NASDAQ 上場銘柄を対象に，1988 年 1 月から 2005 年 12 月までの期間でイディオシンクラティック歪度を，過去のイディオシンクラティック歪度，イディオシンクラティックボラティリティに加えて，企業の属性などの変数も用いた重回帰モデ

---

18) 例えば，Bali and Cakici (2009) では，将来のリターンに対して，有意にプラスの関係が強い tail risk の代理変数として，TCR（tail covariance risk）を考案した．
19) Harvey and Siddique (1999) では，さらに，月曜日効果などの変数も加えてモデルを拡張して検証が行われた．
20) リターンの分布を捉えて，5%点と95%点の平均からの距離を算出し，95%点の平均からの距離マイナス5%点の平均からの距離で定義した．
21) ただし，国別に分析対象期間の起点が異なり，米国では 1969 年を起点としているが，例えば日本は 1980 年を起点としている．
22) リターンのボラティリティは，ショックの持続性が高いことが知られており，ボラティリティ・クラスタリングと呼ばれる．リターンの条件付分散に自己回帰性を仮定することによって，ボラティリティがいったん上昇すると，その上昇が続くという持続性を捉える GARCH モデルは，Bollerslev (1986) によって示された．

ル[23]による推計を行い,その推計値と将来のリターンとの関係を分析した.その結果,イディオシンクラティック歪度が高い銘柄の将来のリターンは低いことを示した.

一方,我が国では,過去のリターンの分布の歪みと将来のリターンとの関係を分析した研究は数少ない.ただ,近年は,内山・岩澤(2011)により,東証1部上場銘柄を用いて,1980年から2010年までの期間を対象に検証が行われている.同論文では,リターンの分布の歪みの代理変数として,歪度に加えて,Bali et al. (2011) が考案したMaxとMinを合算した変数であるMaxMinを用いて,我が国でも累積プロスペクト理論の示唆する投資家行動の存在を指摘した.

以上のサーベイに関して,本論文における研究の発展として,次のような点が挙げられる.

まず,我が国では,これまでリターンの分布の歪みと将来のリターンとの関係に関する研究がほとんどみられなかった.内山・岩澤(2011)の研究では,MaxMinがオリジナルに考案された変数として分析が行なわれた.さらに,先行研究における,リターンの分布の歪みに関する変数を幅広く取り上げて,いずれの変数が,将来のリターンを有意に説明するかを比較することにより,研究の発展が考えられる.

次に,リターンの歪度に関するパラメータは安定性や持続性に欠けると主張する研究において,これまで事前に計測した歪度の変数に対し,事後の変数と,どの程度の関係があるかを検証したものはない.Harvey and Siddique (1999) はGARCHS-Mモデルを用いて,歪度のラグ変数の部分の係数を観察することで,歪度の持続性を計測した.しかし,その他の変数に関しては,これまでの研究で用いられた個々の変数の持続性の研究はみられなかった.そこで本論文では,事前の値と事後の値の関係がどの程度であるかを分析する.さらに,本論文では,時系列型のHarvey and Siddique (1999) のGARCHSモデルと,Boyer et al. (2010) の多変量型モデルに関して,我が国において,どの程度,将来の歪度の推計力があり,そして将来のリターンとの関係がどの程度強いか

---

23) 付録A参照.

に関する分析も行う．Harvey and Siddique（1999）では各国の株式指数を対象に GARCHS（1, 1, 1）モデルにより，歪度を推計し，そして歪度に関しては，1時点前の歪度に関する係数の有意性を観察することで歪度の持続性を検討した．本論文では，(1) 推計の対象をイディオシンクラティック歪度に発展させた上で，(2) 個別銘柄のリターンを対象に，研究を発展させる．

3　研　究　方　法

3.1　研究方法の概要

本研究は，次のステップで分析を行っている．まず過去のリターンの分布の歪みに関する変数の算出を行う．過去のリターンの分布の歪みに関する変数は先行研究で取り上げた指標をベースとしているが，本論文においてオリジナルとなる新たな変数も加えている．

次に，リターンの分布の歪みに関する変数が将来のリターンとどの程度の関係があるかを，Fama（1998）の手法に従い検証する．リターンの分布の歪みに関する変数の大小によるグルーピングポートフォリオのリターンが，Fama and French（1993）において提案された3ファクターモデル（以後，Fama-French 3ファクターモデルと表す．また，同モデルで用いられた3ファクターを，以後，Fama-French 3ファクターと表す）を用いて，市場リターンに関するファクター（$Rm-Rf$），時価総額に関するファクター（SMB：small minus big）と自己資本の簿価と時価の比率（以後，簿価時価比率と表す）に関するファクター（HML：high minus low）でコントロールできないリターンがあるかを観察する．

久保田・竹原（2007）は，日本の株式市場におけるリターンの変動に関して，CAPM よりも Fama-French 3ファクターモデルの説明力が高いことを報告している．そこで，本論文は，リターンの分布の歪みに関する変数と，事後のリターンの関係に関して，Fama-French 3ファクターモデルでは説明できない部分の存在を明らかにする．そして，分析対象とする変数により，リターンとの関係に差異があることを示す．

次に，事前のリターンで計測した分布の歪みに関する変数が，事後のリター

ンの分布の歪みに関する変数と，どの程度の関係があるかを観察する．これは変数の持続性に関する検証である．具体的には，事前のリターンを使った分布の歪みに関する変数と，事後のリターンを使った分布の変数との相関係数を用いて検証する．

最後に，イディオシンクラティックボラティリティを第1キーとして，第2キーをリターンの分布の歪みに関するパラメータとする，2段階ソートを用いた分析を行う．これは，(1) イディオシンクラティックボラティリティとの相関が高いことに対する結果の頑健性を示すことだけでなく，(2) 運用実務への応用を考察するためである．

3.2 本論文で用いたデータとリターンの分布の歪みの変数

本論文で用いる，リターンの分布の歪みに関するデータは次で示される．

リターンデータおよび，実績の財務データは日経 Financial Quest を用いる．ユニバースは東証1部（除く銀行業，証券・先物取引業，保険業，その他金融業，以後，これらの4業種を金融業と表す）上場企業とする[24]．

リターンの分布の歪みに関する変数の算出に使ったサンプルデータは，日次リターンを用いた．先行研究のなかでは，月次リターンにより分布の歪みを計算する研究[25]もあるが，リターンの分布の歪みに関するパラメータは，一部の特別な変動をしたサンプルの影響を受けやすいものが少なくないため，データのサンプルを増やす目的から，Boyer et al.（2010）などに従い，日次リターンを用いている．

ただし，分布の歪みに関するデータの算出に用いるリターンの定義は，Xu (2007)，Christie-David and Chaudhry (2001) や Ang et al. (2009) による (1) 式の自然対数を用いた対数リターン[26]とする[27]（以後，算術リターンとの区分を明確に示す場合は，対数リターンと表す）．

---

[24] 久保田・竹原（2000）における，Fama-French 3 ファクターモデルに関する検証も金融業を除いており，久保田・竹原（2007）は「株式リターンのクロスセクショナルバリエーションに関する実証分析においては，金融業を分析に含めないことが一般的である」と指摘している．

[25] Mitton and Vorkink (2007) は，60 カ月間の月次リターンをサンプルとして歪度を算出した．

$$個別株式の対数リターン = \ln\left(\frac{当日の修正株価}{前日の修正株価}\right)$$
$$= \ln(個別株式の算術リターン+1) \quad (1)$$

Ang et al. (2009) では,次のように指摘している.算術リターンは,上限はないが,下限が−100%であるため,リターンの分布は基本的にプラスの歪度を持つ.しかし,対数リターンは,下限がないため,プラスの歪度の傾向を低下させる.本論文も,こうした考えに従っている[28].歪度に関する先行研究において,対数リターンは広く用いられている.

そして,リターンの分布の歪みに関する変数の算出期間は,過去1カ月間,過去12カ月間と過去60カ月間として,3通りの期間の日次リターンによりサンプルを抽出する.過去1カ月間はBali et al. (2011) のMaxの算出期間に基づいている.また,過去12カ月間はXu (2007) やChabi-Yo and Yang (2010) のイディオシンクラティック歪度の算出期間に基づいている.過去60カ月間はBoyer et al. (2010) のイディオシンクラティック歪度の算出期間に基づいている.そして,こうした分析は,それぞれの指標においてサンプルの取

---

26) 通常の算術リターンの「(t期の修正株価)÷($t-1$期の修正株価)−1」は,下限が−1である一方,上限はないため,歪度がプラスの分布となり,正規性が低い傾向が強い.このため本論文は対数リターンで分析を行っている.なお修正株価は,配当や株式分割などを考慮し,現実に投資した際に得られた収益を株価に換算したものである.

27) リスクフリーレートについても対数リターンを用いて,ln(リスクフリーレート+1) で表す.そしてFama-Frenchの3ファクターのうち,市場リターンに関するファクター($Rm-Rf$) は,ln(個別株式のリターン+1) の時価総額加重平均−ln(リスクフリーレート+1) で算出する.株式時価総額に関するファクター(SMB: small minus big) と簿価時価比率に関するファクター(HML: high minus low) に関しては,ln(個別株式のリターン+1) を時価総額加重平均して算出する.また,イディオシンクラティックリターンは,ln(個別株式のリターン+1)−ln(リスクフリーレート+1) を被説明変数,Fama-French 3ファクターを説明変数として時系列回帰した残差として計算する.

28) Ang et al. (2009) では,簡単な検証が紹介されている.同論文では,分析対象とした個別銘柄を対象に,リターンの分布の歪度をそれぞれ求めて,それらの歪度のクロスセクションの単純平均を計算した場合の比較を行っている.算術リターンを使った場合は,1.33とプラスの歪度の傾向が強かった.しかし,対数リターンでは0.09と歪度が0に近づいた.同様な検証を日本市場で行った結果を次に示している.本論文の分析対象銘柄において,例えば,分析期間の終点である2011年1月までの60カ月のリターンの歪度を算出して,そのクロスセクション単純平均を計算すると,算術リターンでは0.5080となったが,対数リターンでは0.1734となり,プラスの歪度が低下した.

表 3-1 分析対象としたリターンの分布の歪みに関する変数

歪みに関する変数	定　義
① Total Skewness*	トータルリターンの歪度.
② Idiosyncratic Skewness*	イディオシンクラティックリターンの歪度.
③ GARCHS-M (Idiosyncratic Skewness)*	GARCHS-M (1,1,1) モデルに基づいて推計した歪度.
④ Expected Idiosyncratic Skewness*	t 月末時点での IS を被説明変数, $t-12$ ($t-60$) 月末時点の IS, IV 等を説明変数としたクロスセクション回帰分析から推計した回帰係数と, t 月末の IS, IV 等から IS の期待値を算出.
⑤ Max	算出期間で計測した最大の日次リターン.
⑥ Idiosyncratic Max	算出期間で計測した最大の日次イディオシンクラティックリターン.
⑦ D95/D5	95％点の平均からの距離÷5％点の平均からの距離.

各変数は, 過去 1 カ月間, 12 カ月間, 60 カ月間の 3 パターンの算出期間における日次データで算出する. ただし, *を付した変数は, 12 カ月間, 60 カ月間のみで算出する.
Expected Idiosyncratic Skewness の 定 義 の IS は Idiosyncratic Skewness, IV は Idiosyncratic Volatility. 変数の定義の詳細は, 付録 A. に示す.

得期間の違いにより, 将来のリターンとの関係が, どの程度異なるかも分析する目的を持っている. ただし, Total Skewness, Idiosyncratic Skewness, GARCHS-M (Idiosyncratic Skewness), Expected Idiosyncratic Skewness に関しては, 1 カ月間の対象期間では, パラメータを求めるうえでのサンプルの確保の観点で算出を行わない.

　本論文において, 分析に用いるリターンの分布の歪みに関する変数を, 表 3-1 でまとめている. そして, 算出の詳細は付録 A. に示している.

　表 3-1 における, ① Total Skewness はシンプルなリターンの歪度である.

　② Idiosyncratic Skewness は, Fama-French 3 ファクターモデルで説明できないイディオシンクラティックリターンの歪度である. Harvey and Siddique (2000) では, リターンの分布の歪度を, 共歪度と, イディオシンクラティック歪度に分解した. さらに, Barberies and Huang (2008) は, 投資家が lottery-like の銘柄を選好するため, イディオシンクラティック歪度がマイナスの銘柄が将来のリターンと相対的にプラスに有意な関係になると指摘している. lottery-like の銘柄への選好を理由とした将来のリターンとの関係に関しては, シンプルな歪度ではなく, それを構成するイディオシンクラティック歪度との関係がより直接的に捉えられる. したがって, 本論文でも, イディオシンクラ

ティック歪度を変数に用いている．

③ *GARCHS-M*（*Idiosyncratic Skewness*）は，Harvey and Siddique (1999) が考案した GARCHS-M (1,1,1) モデルを用いたものである．Harvey and Siddique (1999) は歪度を対象に，GARCHS-M (1,1,1) モデルで推計している．しかし本論文では，より直接的に将来のリターンとの関係を捉えることから，イディオシンクラティック歪度に拡張して，GARCHS-M (1,1,1) モデルによる推計を行っている．

④ *Expected Idiosyncratic Skewness* は，Boyer et al. (2010) における多変量線形モデルで推計したイディオシンクラティック歪度である．

⑤ *Max* は，Bali et al. (2011) に準拠して，個々の銘柄の算出期間における日次リターンの最大値で定義している．

⑥ *Idiosyncratic Max* は，⑤ *Max* に着想を得て，イディオシンクラティックリターンに関して，算出期間における最大値で定義している．

⑦ *D95/D5* は，Harvey (2000) における Skew5%と同様の変数である．算出期間における日次リターンの分布を捉えて，5%点と95%点の平均からの距離を算出し，95%点の平均からの距離÷5%点の平均からの距離で定義する．

なお，本論文で算出した7つのリターンの分布の歪みに関する変数は，いずれも，投資家が lottery-like な銘柄を好むという観点から，将来のリターンとマイナスの相関の関係が予想されるものである．

本論文の検証における分析サイクルは月次とする．そして，分析対象銘柄は東証1部（除く金融業）上場企業とする．分析対象期間に関しては，変数の時点基準をベースに1988年9月から2011年1月までの269カ月間とする．本論文で表記する変数時点基準とは，月次サイクルの各月末を変数の算出時点としており，その時点から過去1カ月間から60カ月間の各算出期間の日次リターンを用いて変数を算出する．

本研究において，269カ月間の分析に用いたデータの延べサンプル数は，288,795社となる．*GARCHS-M*（*Idiosyncratic Skewness*）の変数を除いて，全ての変数で，算出が可能な銘柄のみを分析対象としている[29]．ただし，

---

29) GARCHS-M (Idiosyncratic Skewness) は算出が可能であるが，それ以外の変数が算出できない銘柄は分析対象から除いている．

GARCHS-M（*Idiosyncratic Skewness*）の分析に使ったサンプル数に関しては，過去 12 カ月間の日次データから推計した場合は 266,275 社とする．また過去 60 カ月間の日次データから推計した場合は 259,523 社とする．GARCHS モデルにおける *Idiosyncratic Skewness* の推定には，SAS/ETS の MODEL プロシジャを用いる[30]．同プロシジャは最尤法により推計を行うものである．ただし，GARCHS モデルのパラメータの推計値の妥当性を考慮したサンプルに絞って分析を行うため，月次サイクルで，分析対象銘柄をクロスセクションにみて 15%（85%）点未満（超える）のものは欠損として扱う．

3.3 リターンの分布の歪みに関する変数の相関係数行列

分析をする上で，リターンの分布の歪みに関する変数間の相違を観察するために，変数の相関係数行列を表 3-2 でまとめている．なお，本節では歪みに関する変数の相違を大まかに捉える目的から，表 3-2 では過去 12 カ月間の日次リ

表 3-2 リターンの分布の歪みに関する変数の相関係数行列

	①	②	③	④	⑤	⑥	⑦
Total Skewness ①	**1.000**	0.773	0.007	0.400	0.482	0.469	0.354
Idiosyncratic Skewness ②	0.868	**1.000**	0.007	0.550	0.431	0.534	0.309
GARCHS-M (*IS*) ③	0.000	0.001	**1.000**	0.008	0.028	0.028	0.007
Expected Idiosyncratic Skewness ④	0.447	0.568	−0.002	**1.000**	0.341	0.430	0.199
Max ⑤	0.454	0.432	0.001	0.398	**1.000**	0.891	0.135
Idiosyncratic Max ⑥	0.452	0.497	0.001	0.465	0.933	**1.000**	0.171
D95/D5 ⑦	0.018	0.014	−0.001	0.023	0.022	0.026	**1.000**

過去 269 カ月間（1988 年 9 月～2011 年 1 月）のプールデータより算出している．相関係数行列の左下三角行列は積率相関係数，右上三角行列は順位相関係数．GARCHS-M（*Idiosyncratic Skewness*）を除く全ての変数が欠損でないサンプル（基本ユニバース）を対象に算出する．基本ユニバースの延べサンプル数は 288,795 社．ただし，過去 12 カ月で算出した GARCHS-M（*Idiosyncratic Skewness*）の延べサンプル数は 266,275 社である．GARCHS-M（*Idiosyncratic Skewness*）と，他の変数との相関係数の算出に関しては，GARCHS-M（*Idiosyncratic Skewness*）が存在するサンプルで求める．
過去 12 カ月間の日次リターンにより，算出した変数を対象とする．
全ての変数は将来のリターンに対して，マイナスの相関が予想される情報である．
IS は *Idiosyncratic Skewness* の略．

---

30) SAS は，Statistical Analysis System（統計分析システム）の略である．SAS Institute 社が開発・販売している，統計解析ソフトを中心とするソフトウェア製品群のブランド名である．1960 年代から主に大学や研究所で，科学・工学分野の研究に用いられている．

ターンの算出サンプルのみの結果を取り上げる．表3-2の左下三角行列にピアソンの積率相関係数（以後，積率相関係数と表す），右上三角行列にスピアマンの順位相関係数（以後，順位相関係数と表す）を示している．分析には，1988年9月から2011年1月までの269カ月間のプールドデータを用いている．

リターンの分布の歪みに関する変数の相関係数行列の結果からは，次のことが指摘できる．

Total Skewness 以下，*D95/D5* までの7つの変数間の順位相関係数では，いずれもプラスとなった．しかし，積率相関係数でみると水準は小さいがマイナス相関がみられるなど，リターンの分布の歪みに関する変数の間で，算出方法により異なる関係がみられることがわかった．これは歪みに関する変数のうち，どの変数を代理変数として着目するかで，分析結果が異なる可能性を示す．

Total Skewness と *Idiosyncratic Skewness* の積率相関係数で 0.868（順位相関係数は 0.773）と値が大きかった．これらの関係は，個別株式のリターンにおけるFama-French 3ファクターの説明力が高くないことが理由と考えられる．Fama-French 3ファクターで説明できないイディオシンクラティックリターンの歪度が *Idiosyncratic Skewness* であるが，Fama-French 3ファクターの回帰分析における分析対象銘柄の R^2 は，本論文における分析対象銘柄において平均値が最大でも 37.3%[31] に過ぎなかった．

ただし，GARCHS-M（*Idiosyncratic Skewness*）と *Expected Idiosyncratic Skewness* は他の変数との相関係数の水準は，最大で *Expected Idiosyncratic Skewness* と *Idiosyncratic Skewness* との積率相関係数で 0.568（順位相関係数は 0.550）に過ぎなかった．歪度に関する推計値と，その推計に用いたリターンの実測ベースの歪度の相関係数はそれほど高くなかった．

Max と *Idiosyncratic Max* との積率相関係数は 0.933（順位相関係数は 0.891）と値が大きかった．Bali et al.（2011）では，*Max* は idiosyncratic skewness と関連した代理変数と主張されていた[32]．しかし，*Max* は *Idiosyncratic Skewness* との間の積率相関係数は 0.432（順位相関係数は

---

[31] 個別銘柄の1カ月間の日次データを使ったFama-French 3ファクターモデルにおけるプールドデータの R^2 の平均は37.3%であった．そして12カ月間と60カ月間のケースの R^2 の平均はそれぞれ，28.6%と25.8%であった．

0.431）に過ぎなかったことは留意する必要がある．

$D95/D5$ は他の変数との間での相関係数はあまり高くなかった．最大で Idiosyncratic Max との積率相関係数は 0.026（順位相関係数は 0.171）となった．

4 分析結果

4.1 ゼロコストポートフォリオのリターンを用いた分析結果

本節では，リターンの分布の歪みに関する変数と，将来のリターンとの関係の分析結果を示す．リターンの分布の歪みに関する変数の値を基準にゼロコストポートフォリオを作り，その後のリターンを観察している．ゼロコストポートフォリオの作成は，Jegadeesh and Titman（2001）の手法に依拠している[33]．

分析方法は，次のようである．まず，毎月（t 月）において分析対象銘柄をクロスセクションに捉えて，リターンの分布の歪みに関する変数の昇順[34]に並び替えて，銘柄数ベースで下位 20％点までに入る銘柄の等ウエイトで構成したポートフォリオを「Skw1」とする．一方，下位 80％点を超える銘柄による等ウエイトのポートフォリオを「Skw5」とする．Skw1 と Skw5 の 2 つのポートフォリオは月次で，同金額となるようにリバランスを行うこととしている．こうした各月末時点で，Skw1 のロング（買い）と Skw5 のショート（売り）により実現するポートフォリオを，ゼロコストポートフォリオと定義する．そして，ゼロコストポートフォリオの将来の 1 カ月間のリターン（$t+1$ 月のリターン）を観測する．

---

[32] Bali et al.（2011）では，Max と idiosyncratic skewness の関連性は指摘されたものの，idiosyncratic skewness を調整した後においても Max とリターンの間に有意な関係がみられることを示した．

[33] Jegadeesh and Titman（2001）は，リターンのモメンタム現象の存在を示す研究を行う上で，過去の一定期間のリターンの大きさを基準にゼロコストポートフォリオを作成して，そのポートフォリオのリターンを観察した．

[34] リターンの分布の歪みに関する変数はいずれも，将来のリターンに対してマイナスの相関が期待される情報である．昇順に並べることは値が小さい（大きい）銘柄の方が，相対的にポジティブ（ネガティブ）なリターンを期待するものである．

3 株式リターンの分布の歪みと将来の株式リターン

リターンの分布の歪みに関する変数は，t月末までの1カ月間，12カ月間と60カ月間の3つのサイクルで算出したものを，t月の変数と定める．

例えば，過去12カ月間のサイクルで算出したリターンの分布の歪みに関する変数（$t-11$月からt月で算出）を基準に求めたゼロコストポートフォリオに対して，そのパフォーマンス計測は，翌1カ月間のリターン（$t+1$月）を用いる．こうした時間的関係は，図3-1のようになる．

リターンの分布の歪みに関する変数はいずれも，将来のリターンに対してマイナスの相関が期待される情報である．したがって，数値が小さい「Skw1」から数値が大きい「Skw5」を引いたゼロコストポートフォリオに関して，将来のリターンは，ポジティブな関係が期待される．

分析結果を，表3-3にまとめている．分析対象期間の269カ月間におけるゼロコストポートフォリオの平均値に加えて，平均値が0であるとする帰無仮説の検定におけるt値および，片側t検定のp値を示している．

また，Fama-French 3ファクターモデルを用いて，市場リターンに関するファクター（$Rm - Rf$），時価総額に関するファクター（SMB：small minus big）と簿価時価比率に関するファクター（HML：high minus low）でコントロールできないリターンがあるかを観察する（検証に用いるFama-French 3ファクターモデルの詳細は付録B. に示している）．Fama-French 3ファクターモデルを使った分析結果は，表3-3の，FF3の項目で示される．ゼロコストポートフォリオのリターンを被説明変数とする一方，3ファクターを説明変数として時系列回帰する切片項に関して，切片項の値が0であるとする帰無仮説の検定におけるt値および，片側t検定のp値を示している．R^2は，Fama-French 3ファクターモデルによる時系列回帰に関する決定係数である．

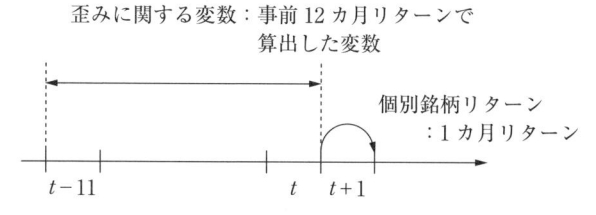

図3-1 リターンの分布の歪みに関する変数の検証の時間的関係

表 3-3　ゼロコストポートフォリオの分析結果

歪みに関する変数	項目	変数の算出期間					
		1カ月		12カ月		60カ月	
		Mean	FF3	Mean	FF3	Mean	FF3
Total Skewness	推計値			0.0038	0.0033	0.0028	0.0014
	t 値			2.1956	1.8242	1.7567	0.9070
	p 値			**0.0145**	**0.0346**	**0.0401**	0.1826
	R^2				0.0225		0.1582
Idiosyncratic Skewness	推計値			0.0034	0.0024	0.0028	0.0013
	t 値			1.9168	1.4453	1.6520	0.9352
	p 値			**0.0282**	**0.0748**	**0.0498**	0.1753
	R^2				0.2264		0.3634
GARCHS−M (Idiosyncratic Skewness)	推計値			0.0016	0.0015	−0.0002	0.0000
	t 値			2.2352	2.0038	−0.2232	−0.0357
	p 値			**0.0131**	**0.0231**	0.4118	0.4858
	R^2				0.0120		0.0366
Expected Idiosyncratic Skewness	推計値			−0.0033	−0.0014	−0.0020	−0.0026
	t 値			−0.9108	−0.5478	−0.6356	−1.3587
	p 値			0.1816	0.2922	0.2628	**0.0877**
	R^2				0.5606		0.6491
Max	推計値	0.0027	0.0029	0.0011	0.0021	0.0001	0.0015
	t 値	0.9475	1.4385	0.3258	0.9296	0.0352	0.6978
	p 値	0.1721	**0.0757**	0.3724	0.1767	0.4860	0.2429
	R^2		0.5164		0.6112		0.5880
Idiosyncratic Max	推計値	0.0012	0.0018	0.0014	0.0022	0.0002	0.0009
	t 値	0.4306	0.9117	0.4248	1.0739	0.0647	0.4518
	p 値	0.3335	0.1814	0.3356	**0.1419**	0.4742	0.3259
	R^2		0.5416		0.6731		0.6942
D95/D5	推計値	0.0017	0.0015	0.0035	0.0029	0.0029	0.0021
	t 値	1.4930	1.3016	2.8229	2.3833	1.7927	1.5883
	p 値	**0.0683**	**0.0971**	**0.0026**	**0.0089**	**0.0371**	**0.0567**
	R^2		0.0126		0.1629		0.4166

t 月において，事前 1 カ月間，12 カ月間，および 60 カ月間（$t-59$ 月から t 月で算出）で算出した変数を基準に，分析対象銘柄をクロスセクションに変数の昇順に並び替えて，銘柄数ベースで下位 20％点までに入る銘柄の等ウエイトで構成するポートフォリオを「Skw1」とする．一方，下位 80％点を超える銘柄による等ウエイトのポートフォリオを「Skw5」とする．そして，Skw1 のロング（買い）と Skw5 のショート（売り）により実現するポートフォリオをゼロコストポートフォリオと定義する．Mean の推計値はゼロコストポートフォリオリターンの時系列平均値であり，ゼロコストポートフォリオリターンの平均値＝0 と設定する帰無仮説の検定における t 値および，片側 t 検定の p 値を示す．FF3 の推計値はゼロコストポートフォリオリターンを被説明変数，Fama−French3 ファクターを説明変数とする時系列回帰分析の切片項であり，切片項の値が 0 であるとする帰無仮説の検定における t 値および，片側 t 検定の p 値を示す（p 値が 15％以下の場合に**太字**で示す）．
分析期間は過去 269 カ月間（1988 年 9 月～2011 年 1 月）とする．
全ての変数に関して，Mean と切片項はプラスの符号を予想する．

なお，本分析を含み，以後の本論文の検証で用いている，ゼロコストポートフォリオのパフォーマンスの計測に用いた月次のリターンは，対数リターンではなく，通常の算術リターンを用いている[35]．また，ゼロコストポートフォリオは等ウエイトベースとした．Fama（1998）は，等ウエイトベースのポートフォリオのリターンと比べて，時価総額ウエイトのポートフォリオのリターンの検証では，切片項の値が0であるという帰無仮説を棄却し難くしてしまう問題点を指摘した．そして，等ウエイトリターンでの検証における妥当性を示唆したことが，本論文の分析において，等ウエイトで構築したポートフォリオを使った理由である．

分析結果から，次のことが指摘できる．リターンの分布の歪みに関する変数では，ベーシックな *Total Skewness* が，12カ月間と60カ月間のいずれの算出サイクルにおいても，Mean はプラスの傾向となり，その t 検定の p 値は5%水準を下回り，有意な傾向が見られた．一方，Fama-French 3ファクターでコントロールした場合（FF3）は，算出サイクルを12カ月間とすると，切片項が5%水準で有意となった．

同様の傾向が，*Idiosyncratic Skewness* でも観察された．リターンの分布の歪みに関する変数の算出期間によって，将来のリターンとの関係が異なることが示された．

時系列モデルと多変量モデルのそれぞれのアプローチによりイディオシンクラティック歪度の推計を行っている，*GARCHS-M* (*Idiosyncratic Skewness*), *Expectid Idiosyncratic Skewness* の結果に関しては，次のような結果となった．

12カ月間の算出期間に関して，*GARCHS-M* (*Idiosyncratic Skewness*) による推計は，予想される符号の方向に有意な結果となった．Fama-French 3ファクターでコントロールした場合（FF3）の切片項は，シンプルな *Idiosyncratic Skewness* の結果よりも p 値が小さかった．これにより，GARCHS モデルによる *Idiosyncratic Skewness* 推計手法が効果的であると考えられる．一方，

---

[35] 株式市場の歪みに関する変数の算出には，(1) 式で示される対数リターンを使って算出する．しかし，将来のリターンとの関係の分析においては，通常の算術リターンを用いている．これは，Fama and French (1993) など，一般に事後リターンとの関係を分析する検証は，通常のリターンを用いているからである．

Expectid Idiosyncratic Skewness は符号がマイナスとなり，予想される結果はみられなかった．

　Max は，算出期間が1カ月間のもののみ，Fama-French 3ファクターでコントロールした場合（FF3）の切片項の p 値が10%よりも小さく有意となった．算出期間を1カ月間としたものは Bali et al.（2011）で用いられたものである．そして，本論文で拡張した，*Idiosyncratic Max* はリターンと有意な関係が小さかった．Bali et al.（2011）では，*Max* 自体がイディオシンクラティックなリターンの分布の歪みとの関連性を指摘されたことから，*Idiosyncratic Max* にすることは，イディオシンクラティックな要因の抽出に妥当性を欠いている可能性があるため，理論的な整合性の低下が背後にあると考えられる．

　D95/D5 は，1カ月間，12カ月間と60カ月間のいずれの算出サイクルを用いた場合でも，Mean と，FF3 の切片項は，いずれも p 値が10%有意の水準となった．特に，12カ月間で算出した *D95/D5* は Mean と FF3 の p 値はともに，全ての変数のなかで最も小さかった．リターンの分布の歪みに関する変数は，*Max* などの tail に関するパラメータよりも，外れ値に頑健な分布の形状を示す *D95/D5* などの変数の方が，将来のリターンとの関係が強かった．

4.2　期間を2分割した場合の分析結果

　本節は，前節における検証結果が分析期間を通じて頑健なものとなるか，あるいは時系列に傾向が変遷するか，を観察する．そこで分析期間を2分割して，前半（1988年9月～1999年10月）と後半（1999年11月～2011年1月）のそれぞれのサンプル期間において，ゼロコストポートフォリオの将来のリターンに関して，Fama-French 3ファクターで説明できない要因があるかを観察する[36]．表3-4では，前半と後半のそれぞれの期間において，ゼロコストポートフォリオのリターンを被説明変数とする一方，3ファクターを説明変数として時系列回帰した切片項に関して，切片項の値が0であるとする帰無仮説の検定における t 値および，片側 t 検定の p 値を示した．そして R^2 は回帰モデルの決

---

36)　本節では，ゼロコストポートフォリオの将来のリターンを観察する上で，シンプルな月次平均値を観察するのでなく，Fama-French 3ファクターで説明できないリターンの説明要因の存在を観察している．

表 3-4 期間別のゼロコストポートフォリオの分析結果

歪みに関する変数	項目	変数の算出期間					
		1 カ月		12 カ月		60 カ月	
		前半	後半	前半	後半	前半	後半
Total Skewness	推計値			0.0082	−0.0003	0.0043	−0.0003
	t 値			3.2423	−0.1439	1.9848	−0.2255
	p 値			**0.0008**	0.4429	**0.0246**	0.4110
	R^2			0.0788	0.4608	0.0877	0.6467
Idiosyncratic Skewness	推計値			0.0072	−0.0013	0.0045	−0.0008
	t 値			3.5905	−0.6567	2.4669	−0.5077
	p 値			**0.0002**	0.2563	**0.0075**	0.3062
	R^2			0.1764	0.5649	0.2849	0.6725
GARCHS-M (Idiosyncratic Skewness)	推計値			0.0015	0.0013	−0.0001	−0.0004
	t 値			1.4979	1.1791	−0.1014	−0.3475
	p 値			**0.0683**	**0.1203**	0.4597	0.3644
	R^2			0.0130	0.0235	0.1386	0.0065
Expected Idiosyncratic Skewness	推計値			0.0006	−0.0041	−0.0004	−0.0044
	t 値			0.1766	−1.2157	−0.1782	−1.5050
	p 値			0.4300	**0.1131**	0.4294	**0.0674**
	R^2			0.6157	0.5812	0.7369	0.6289
Max	推計値	0.0052	−0.0004	0.0032	0.0007	0.0011	0.0022
	t 値	1.9423	−0.1572	1.0832	0.2483	0.4073	0.7401
	p 値	**0.0271**	0.4377	**0.1404**	0.4022	0.3422	0.2303
	R^2	0.5988	0.5439	0.6664	0.6547	0.6347	0.6633
Idiosyncratic Max	推計値	0.0037	−0.0013	0.0035	0.0004	0.0000	0.0019
	t 値	1.4180	−0.4880	1.3790	0.1488	−0.0173	0.6973
	p 値	0.0793	0.3132	0.0851	0.4410	0.4931	0.2434
	R^2	0.6591	0.5529	0.7575	0.6714	0.7759	0.6963
D95/D5	推計値	0.0036	−0.0003	0.0046	0.0010	0.0026	0.0010
	t 値	1.9047	−0.1890	2.8775	0.6457	1.5546	0.5231
	p 値	**0.0295**	0.4252	**0.0023**	0.2598	**0.0612**	0.3009
	R^2	0.0235	0.1335	0.0779	0.3991	0.4520	0.5320

t 月において，事前 1 カ月間，12 カ月間，および 60 カ月間（t-59 月から t 月で算出）で算出した変数を基準に，分析対象銘柄をクロスセクションに変数の昇順に並び替えて，銘柄数ベースで下位 20％点までに入る銘柄の等ウエイトで構成するポートフォリオを「Skw1」とする．一方，下位 80％点を超える銘柄による等ウエイトのポートフォリオを「Skw5」とする．そして，Skw1 のロング（買い）と Skw5 のショート（売り）により実現するポートフォリオをゼロコストポートフォリオと定義する．推計値はゼロコストポートフォリオリターンを被説明変数，Fama-French3 ファクターを説明変数とする時系列回帰分析の切片項であり，切片項の値が 0 であるとする帰無仮説の検定における t 値および，片側 t 検定の p 値を示す（p 値が 15％以下の場合に**太字**で示す）．前半（期間前半）は過去 134 カ月間（1988 年 9 月～1999 年 10 月）．後半（期間後半）は，過去 135 カ月間（1999 年 11 月～2011 年 1 月）とする．
全ての変数に関して，切片項はプラスの符号を予想する．

定係数を示している．

　分析結果から次のことが指摘できる．リターンの分布の歪みに関する変数では，ベーシックな Total Skewness と，Idiosyncratic Skewness は，期間前半（1988 年 9 月～1999 年 10 月）は，切片項が事前に予想されるプラスの値であり，5％水準で有意であった．しかし期間後半（1999 年 11 月～2011 年 1 月）は，p 値が 10％の水準より小さい変数は見られなかった．それ以外の変数に関しても，期間前半の分析結果は，前節の通期（1988 年 9 月～2011 年 1 月）の結果と同様の傾向であった．しかし，期間後半は，いずれの変数も切片項の有意性が低下した．期間後半の結果で，事前に予想されるプラスの値で，p 値が最も小さかった変数は 12 カ月間の期間で算出した GARCHS-M（Idiosyncratic Skewness）の 0.1203（12.03％）であった．

　リターンの分布の歪みに関する変数の将来のリターンとの関係が，期間後半で低下した理由には，個人投資家の市場への影響度合いの低下があると考えられる．Kumar（2009）は，特に個人投資家が，lottery-like である銘柄への選好が強いことを示した[37]．そして，個人投資家が lottery-like である銘柄を過度に評価してしまうことで，同銘柄の将来のリターンが低下することを指摘した．そこで，東証 1 部上場企業を対象として，個人投資家の売買シェア[38]の推移を暦年で観察した．分析対象期間の起点を含む年の 1988 年の個人投資家の売買シェアは 25.1％であったのに対し，2010 年は 17.6％まで低下した．個人投資家の売買シェアが下がったことから，同投資主体の市場への影響度合いの低下の可能性がある．

　さらに，別の理由として，次のことも考えられる．期間後半は前半と比べて，株式市場全体が下落する傾向が強かったことから，個別銘柄のリターンの分布

---

37) 内山・岩澤（2011）における，我が国の実証分析結果においても，「Skew の高い銘柄は，個人投資家によって多く保有される一方で，外国人投資家や信託には少なく保有されることが分かった」と示されている．

38) 個人の売買シェアの暦年の値は，東京証券取引所の公表資料による．東証 1 部上場企業を対象として，（個人投資家の売り金額＋買い金額の合計）÷（東証 1 部の売り金額＋買い金額の合計）で算出する．本論文における分析期間前半の起点と終点を含む年である 1989 年から 1999 年の売買シェアの平均は 19.2％であった．一方，その後の 2000 年から 2010 年の平均は 17.6％であり，期間後半の個人投資家の売買シェアが低水準であった．

において正の歪度となる傾向が全体的に低下している．このため，歪度と将来のリターンとの関係が薄れたものと考えられる．まず，株式市場の変動とリターン分布の歪度の間で相関係数を算出すると 0.1167[39] となった．これは，月次ベースの TOPIX（東証株価指数）のリターンを求める一方，同月末までの過去 60 カ月で算出した分析対象銘柄の *Total Skewness* の平均値との間の，分析対象期間における時系列の相関係数を求めたものである．株式市場の変動とリターン分布の歪度は連動していることが示される．次に，期間前半の TOPIX の（算術）リターンが -26.5% と下落したが，後半は，それを上回り -41.8% の下落となった．こうした傾向から，期間後半は，前半と比べて，個別銘柄のリターンの歪度が平均的に正になりにくい状況であったと考えられる．

4.3 事後のリターンの分布の歪みに関する変数とリターンの分析結果

前節までの分析では，t 月（t 月末）時点で取得できる情報を用いて，リターンの分布の歪みに関する変数を算出して，将来（$t+1$ 月）のリターンとの関係を分析した．投資家は t 月時点で観測可能な情報で lottery-like の銘柄を投資するが，その背後には，将来も t 月時点で取得可能な変数の情報が持続すると考えられるからである．

本節では，$t+1$ 月以降の情報で観測される変数（以後，事後のリターンの分布の歪みに関する変数と表す）と，$t+1$ 月のリターンとの関係を，ゼロコストポートフォリオを使って分析する．なお，本分析では，GARCHS-M（*Idiosyncratic Skewness*）と *Expected Idiosyncratic Skewness* は *Idiosyncratic Skewness* を推計するモデルであることから，分析対象から除いている．

分析方法は，次で示される．事後のリターンの分布の歪みに関する変数は，t 月末からの 1 カ月間，12 カ月間と 60 カ月間の 3 つのサイクルで算出したものを t 月の変数と定めている．例えば，12 カ月間のサイクルで算出した事後のリターンの分布の歪みに関する変数の分析では，$t+12$ 月（$t+12$ 月末）までの 12 カ月間のサイクルで算出したリターンの分布の歪みに関する変数（$t+1$ 月から $t+12$ 月の日次リターンを用いて算出している）を求め，その変数を基準に t 月

---

39) 相関係数の値が 0 であるとする帰無仮説の片側 t 検定の p 値は 2.8% となり，0 から有意にプラスに離れていることが示された．

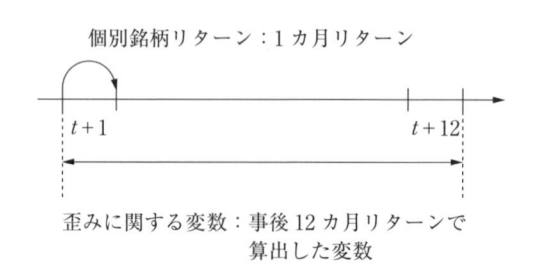

```
                個別銘柄リターン：1カ月リターン
                    ⤾
         ├──────┼───────────────┼─┤
          t+1                    t+12

           歪みに関する変数：事後12カ月リターンで
                    算出した変数
```

図3-2 事後のリターンの分布の歪みに関する変数の検証の時間的関係

(t月末) 時点に遡ってゼロコストポートフォリオを構築して, $t+1$月のパフォーマンスを観察する. 同手法の時間的関係は図3-2となる.

1カ月間と60カ月間の場合も同様の分析手法とする. それぞれ, $t+1$月 ($t+1$月末) 時点, あるいは$t+60$月 ($t+60$月末) 時点までの1カ月間, あるいは60カ月間で算出したリターンの分布の歪みに関する変数を基準にt月 (t月末) 時点に遡ってゼロコストポートフォリオを構築して, $t+1$月のパフォーマンスを観察する.

分析結果を, 表3-5でまとめている. 通期 (1988年9月〜2011年1月) の結果と, 期間を2分割した前半 (1988年9月〜1999年10月) と後半 (1999年11月〜2011年1月) のそれぞれのサンプル期間において, ゼロコストポートフォリオの将来のリターンに関して, Fama-French 3ファクターで説明できない要因があるかを観察する. 表3-5では, それぞれの期間において, ゼロコストポートフォリオのリターンを被説明変数とする一方, 3ファクターを説明変数として時系列回帰する切片項に関して, 切片項の値が0であるとする帰無仮説の検定におけるt値および, 片側t検定のp値を示している.

分析結果から次のことが指摘できる. 事後のリターンの分布の歪みに関する変数のいずれに関しても, 1カ月間と12カ月間の算出サイクルを用いた場合の切片項は, 通期, 期間前半と後半のいずれのケースでもマイナス方向にp値が0.0001未満となった. また, 60カ月間の算出サイクルを用いた場合の切片項に関しても, MaxとIdiosyncratic Maxを除く全ての変数の切片項の符号はマイナスとなった. そして, *Max*と*Idiosyncratic Max*は, p値が通期でそれぞれ0.4692, 0.2764と水準が大きく, 有意とは判断できないが, それ以外の変数

3 株式リターンの分布の歪みと将来の株式リターン

表 3-5 事後のゼロコストポートフォリオの分析結果

歪みに関する変数	項目	変数の算出期間								
		1カ月			12カ月			60カ月		
		全期間	前半	後半	全期間	前半	後半	全期間	前半	後半
Total Skewness	推計値				-0.0187	-0.0156	-0.0225	-0.0035	-0.0026	-0.0055
	t値				-9.7474	-5.4512	-9.1379	-1.8967	-1.0449	-2.1531
	p値				<.0001	<.0001	<.0001	0.0296	0.1490	0.0173
Idiosyncratic Skewness	推計値				-0.0207	-0.0186	-0.0228	-0.0049	-0.0042	-0.0059
	t値				-12.643	-9.504	-8.844	-2.7746	-1.9248	-1.9557
	p値				<.0001	<.0001	<.0001	0.0030	0.0282	0.0272
Max	推計値	-0.0854	-0.0841	-0.0867	-0.0110	-0.0076	-0.0146	0.0002	0.0012	0.0001
	t値	-30.535	-24.936	-21.743	-4.2739	-2.3237	-4.2293	0.0775	0.4405	0.0185
	p値	<.0001	<.0001	<.0001	<.0001	0.0108	<.0001	0.4692	0.3302	0.4926
Idiosyncratic Max	推計値	-0.0522	-0.0478	-0.0568	-0.0122	-0.0097	-0.0149	-0.0011	-0.0007	0.0003
	t値	-20.999	-17.505	-15.653	-5.2611	-3.9881	-4.4080	-0.5946	-0.3351	0.0922
	p値	<.0001	<.0001	<.0001	<.0001	<.0001	<.0001	0.2764	0.3690	0.4634
D95/D5	推計値	-0.0515	-0.0482	-0.0545	-0.0166	-0.0137	-0.0206	-0.0062	-0.0058	-0.0070
	t値	-30.014	-20.440	-24.061	-11.309	-7.673	-8.902	-4.5377	-3.5726	-2.7213
	p値	<.0001	<.0001	<.0001	<.0001	<.0001	<.0001	<.0001	0.0002	0.0041

t月において，事後1カ月間，12カ月間，および60カ月間（$t+1$月から$t+60$月で算出）で算出した変数を基準に，分析対象銘柄をクロスセクションに変数の昇順に並び替えて，銘柄数ベースで下位20％点までに入る銘柄の等ウエイトで構成したポートフォリオを「Skw1」とする．一方，下位80％点を超える銘柄による等ウエイトのポートフォリオを「Skw5」とする．そして，Skw1のロング（買い）とSkw5のショート（売り）により実現するポートフォリオをゼロコストポートフォリオと定義する．推計値はゼロコストポートフォリオリターンを被説明変数，Fama-French3ファクターを説明変数とする時系列回帰分析の切片項であり，切片項の値が0であるとする帰無仮説の検定におけるt値および，片側t検定のp値を示す（p値が15％以下の場合に**太字**で示す）．
分析期間は，過去269カ月間（1988年9月～2011年1月），前半（期間前半）は過去134カ月間（1988年9月～1999年10月），後半（期間後半）は過去135カ月間（1999年11月～2011年1月）とする．
全ての変数に関して，切片項はプラスの符号を予想する．

は，期間前半の *Total Skewness* を除いて，5％水準より小さく，マイナス方向に有意となった．

　切片項の値が，予想されるプラス方向でなかったことは，歪度は，その計算に該当する期間ではリターンとプラスの相関となるという Xu（2007）の主張と整合する．Xu（2007）は歪度とリターンのプラス相関には，凸性（convexity）が原因にあると指摘した．凸性とは，良い（悪い）情報に対してリターンが過剰（過小）に反応することであり，この現象自体が，上昇方向は大きく，下落方向は限定的となるというプラスの歪度をもたらすというものである．

4.4 事前の変数と事後の変数との関係

本節では，$t+1$ 月以降の情報で観測される事後のリターンの分布の歪みに関する変数（以後，事後の変数と表す）に対して，それぞれ t 月までの情報で観測される変数（以後，事前の変数と表す）との関係を自己相関係数により観察する．事前の変数が，事後の変数とどの程度の関係があるかを調べている．自己相関係数が高いことは，事前の変数が事後の変数の推計値としての利用可能性が大きいということである．

そして本分析では，GARCHS-M（Idiosyncratic Skewness）と Expected Idiosyncratic Skewness は Idiosyncratic Skewness を推計するモデルであるため，これらの2つの事前の変数は，事後の Idiosyncratic Skewness との相関係数を観察する．

例えば，12カ月間の算出サイクルを用いた場合の，相関係数の算出に関する事前と事後の時間的関係を図 3-3 で示している．

算出期間が1カ月間の変数に関しては，1988年9月〜2010年12月の各月（t 月）の変数と，その翌月（$t+1$ 月）の変数との相関係数を算出する．そして，これらの268カ月間の相関係数を平均する．同様に算出期間が12カ月間の変数は1988年9月〜2010年1月の各月（t 月）の変数と，その12カ月後（$t+12$ 月）の変数との相関係数となる．また，算出期間が60カ月間の変数は1988年9月〜2006年1月の各月（t 月）の変数と，その60カ月後（$t+60$ 月）の変数との相関係数を算出する．そして，それぞれ257カ月間，209カ月間の平均を求める．相関係数が高いことは変数の情報があまり変動しないことを示す．さらに，相関係数が0であることを帰無仮説とした検定を行い，p 値が片側5%水準，10%水準で棄却された月数の，全期間に占める割合を求める．本論文では，

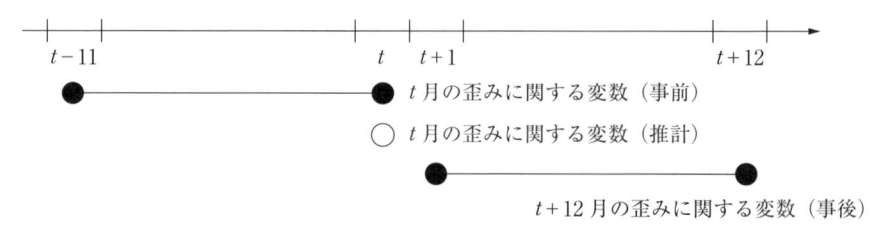

図 3-3　12カ月間のデータによる事前の変数と事後の変数の対応の時間的関係

これらの割合をそれぞれ5%有意比率, 10%有意比率と表す.

なお, GARCHS-M (Idiosyncratic Skewness) と Expected Idiosyncratic Skewness については, それぞれの推計に用いたリターンのサンプル期間に対応して12カ月後と60カ月後のIdiosyncratic Skewnessとの相関係数を観察する. 算出サイクルが12カ月間のGARCHS-M (Idiosyncratic Skewness), Expected Idiosyncratic Skewness に関しては, 1988年9月～2010年1月の各月 (t月) に予想した GARCHS-M (Idiosyncratic Skewness), Expected Idiosyncratic Skewness とその12カ月後 ($t+12$月) のIdiosyncratic Skewnessとの相関係数を求める. 同様に, 算出期間が60カ月間のGARCHS-M (Idiosyncratic Skewness), Expected Idiosyncratic Skewness に関しては, 1988年9月～2006年1月の各月 (t月) に予想した GARCHS-M (Idiosyncratic Skewness), Expected Idiosyncratic Skewness とその60カ月後 ($t+60$月) のIdiosyncratic Skewnessとの相関係数を求めている. そして, それぞれ257カ月間,

表3-6 事前の変数と事後の変数の相関係数

歪みに関する変数	変数の算出期間								
	1カ月			12カ月			60カ月		
	平均値	プラス有意比率		平均値	プラス有意比率		平均値	プラス有意比率	
		5%	10%		5%	10%		5%	10%
Total Skewness				0.088	69%	75%	0.131	80%	**86%**
Idiosyncratic Skewness				0.146	**88%**	**91%**	0.205	**99%**	**99%**
GARCHS-M (IS)				0.008	9%	16%	-0.001	4%	10%
Expected Idiosyncratic Skewness				0.221	**91%**	**93%**	0.284	**94%**	**95%**
Max	0.296	**100%**	**100%**	0.406	**100%**	**100%**	0.400	**100%**	**100%**
Idiosyncratic Max	0.327	**100%**	**100%**	0.425	**100%**	**100%**	0.431	**100%**	**100%**
D95/D5	0.024	26%	32%	0.091	77%	**82%**	0.188	**99%**	**99%**

GARCHS-M (Idiosyncratic Skewness), Expected Idiosyncratic Skewness に関しては, 各月 (t月) における, それぞれの推計値と, 算出期間に対応する12カ月後 ($t+12$月) と60カ月後 ($t+60$月) のIdiosyncratic Skewnessとの相関係数の時系列平均値を示す. その他の変数については, 各月 (t月) における変数と, 変数の算出期間に対応する, 1カ月後 ($t+1$月), 12カ月後 ($t+12$月), 60カ月後 ($t+60$月) の変数との自己相関係数の時系列平均値を示す. 相関係数の平均値が0であるとする帰無仮説の検定におけるt値および, 予想される符号であるプラス方向で片側t検定のp値を示す. 片側5%水準, 10%水準で棄却された月数の全分析期間に占める割合をそれぞれ片側5%, 片側10%で示す (有意比率が80%以上の場合に**太字**で示した).
分析期間は, 算出期間が1カ月間の変数に関しては1988年9月～2010年12月 (268カ月間), 算出期間が12カ月間の変数に関しては, 1988年9月～2010年1月 (257カ月間), 算出期間が60カ月間の変数に関して, 1988年9月～2006年1月 (209カ月間) とする.
IS は Idiosyncratic Skewness の略.

209カ月間の平均を求める．

　前節までの分析では，リターンの分布の歪みに関する事前の変数は，将来のリターンに対して，マイナスの相関関係（ゼロコストポートフォリオとリターンとのプラスの相関関係）がみられた．一方，事後の変数は，その変数の算出の起点月（$t+1$月）のリターンとはプラスの相関関係（ゼロコストポートフォリオと，リターンとのマイナスの相関関係）がみられた．本分析は，こうした関係の背後にある要因に関して検証するものである．

　分析結果から次のことが指摘できる．リターンの分布の歪みに関する変数では，ベーシックな *Total Skewness* は，12カ月のサイクルで算出した場合と，60カ月のサイクルで算出した場合の事前と事後の変数の値の相関係数は，片側10％プラス有意比率を求めると，それぞれ75％と86％となった．さらに，*Idiosyncratic Skewness* のケースでは，*Total Skewness* をそれぞれ上回り，91％と99％となった．

　一方で，事前の推計情報と事後の変数の相関係数に関しては，GARCHS-M（*Idiosyncratic Skewness*）は12カ月のサイクルで算出した場合と，60カ月のサイクルで算出した場合の事前と事後の変数の値の相関係数は，片側10％プラス有意比率を求めると，それぞれ16％と10％となり，シンプルな *Idiosyncratic Skewness* より低かった．GARCHS-M（*Idiosyncratic Skewness*）の将来の *Idiosyncratic Skewness* の推計妥当性は高いとは考えられない．しかし，将来の歪みに関する変数の推計が妥当に行われることが，その事前の変数の情報と将来のリターンとのマイナスの関係（ゼロコストポートフォリオの将来のリターンとプラスの関係）を強めるものとは考えることはできない．前節の分析結果で，事後の変数と，その事後の変数の算出期間を含んだ将来のリターンとの関係に関しては，有意にプラスの関係が強かった（ゼロコストポートフォリオの将来のリターンとマイナスの関係）ことから，事前と事後の変数の値の相関がプラスに大きくないほうが，事前の変数の将来のリターンとのマイナスの関係が強まると考えられる．期間を通じて，ゼロコストポートフォリオの将来のリターンとマイナスの関係が強かった変数は，12カ月サイクルで算出した *D95/D5* であった[40]．しかし同変数の相関係数のプラス有意比率は82％となり，*Idiosyncratic Skewness* と比べても低かった．

投資家による，lottery-like の銘柄の保有の選好が将来のリターンとの関係の背後にあるとすれば，(事後ではなく) 事前の情報により，投資家の銘柄選別が行われる．このため，リターンの分布の歪みに関する変数の事前と事後との関係は，事前のリターンの分布の歪みに関する変数と将来のリターンとの関係よりも小さいものと捉えられる．

5 イディオシンクラティックリスクをコントロールした分析結果

Ang et al. (2006) などから，近年はボラティリティパズル (volatility puzzle) という現象が指摘されている．Ang et al. (2006) は NYSE, AMEX と NASDAQ 上場銘柄を用いて，1986 年 1 月から 2000 年 12 月の期間を対象として，イディオシンクラティックボラティリティが高い銘柄は，その後のリターンが低いことを示した．そして，この現象に関して様々な要因で説明を試みたが，イディオシンクラティックボラティリティと将来のリターンにおけるマイナスの相関は取り除かれなかった．伝統的なファイナンスの理論では，投資家が株式をポートフォリオとして保有することによる分散効果で，低下が可能な固有リスクを容認しても，その見返りとしてのリターンが期待できないとされる．すなわち，イディオシンクラティックボラティリティとリターンの間では無相関が考えられる．しかし，現実の市場では，マイナスの相関が存在することを，説明ができない「パズル」と表した．近年は，運用業界においてもボラティリティパズルを利用した，低ボラティリティ運用が実務で応用されている[41]．

Boyer et al. (2010) は，ボラティリティパズルの説明に，リターンの分布の歪みを用いた．Boyer et al. (2010) は，極端にプラスの方向に裾が長い歪みを持つ，歪度がプラスとなる銘柄は，同時に高いイディオシンクラティックボラ

---

[40] 表 3-3 を参照．p 値が 0.0026．
[41] ボラティリティが低い銘柄への投資に関しては運用実務で注目されており，Clarke et al. (2006) が最小分散ポートフォリオの有用性を指摘した．日本における最小分散ポートフォリオの有効性は山田・上崎 (2009) で示された．

ティリティを持つ傾向があることを指摘した．しかし，イディオシンクラティックボラティリティと将来のリターンとのマイナスの相関関係よりも，歪度と将来のリターンのマイナスの相関が強いことを示した．そして，ボラティリティパズルの現象は，リターンの分布の歪みと関係があると考察しているが，イディオシンクラティックボラティリティよりも，リターンの分布の歪みの方が，将来のリターンとの関係が強いことも示した．

本節では，これまで行ってきたFama-French 3ファクターに加えて，さらに，イディオシンクラティックボラティリティもコントロールした場合でも，リターンの分布の歪みに関する変数と，将来のリターンとの間にマイナスに有意な関係が観察されるかを分析する．

本分析には，2つの趣旨がある．第1には，Boyer et al. (2010)における分析で示されたように，我が国においても，ボラティリティをコントロールした場合でも，リターンの分布の歪みに関する変数と，将来のリターンとの関係がみられるかという，頑健性を観察するものである．我が国では，内山・岩澤(2011)が歪度とMaxMinの変数に関して，イディオシンクラティックボラティリティをコントロールした効果を観察した結果，「ある程度は同じ情報を共有していると考えられる」としながら，「SkewやMaxMinの効果には固有の成分が残る」ことも指摘した．本論文では，さらに，GARCHS-M (*Idiosyncratic Skewness*) と *Expected Idiosyncratic Skewness* の歪度の推計に関する変数も含めて，分析対象を拡張する．

第2に，運用実務への応用可能性を考えるものである．ボラティリティパズルの応用が運用手法に取り入れられているが，さらに，リターンの分布の歪みに関する変数も運用実務に組み入れた場合に，どの程度のリターンが獲得できるかを観察する目的がある．

分析方法は，図3-4で示される2段階ソーティングの手法を用いた．

まず，分析対象銘柄を，毎月末時点で，クロスセクションにイディオシンクラティックボラティリティの昇順に並び替える．そして，銘柄数ベースで下位20%点までに入る銘柄（0%～20%）の等ウエイトで構成したポートフォリオをIV1とする．

さらに，下位20%点までには入らないが40%点までには入る銘柄による等ウ

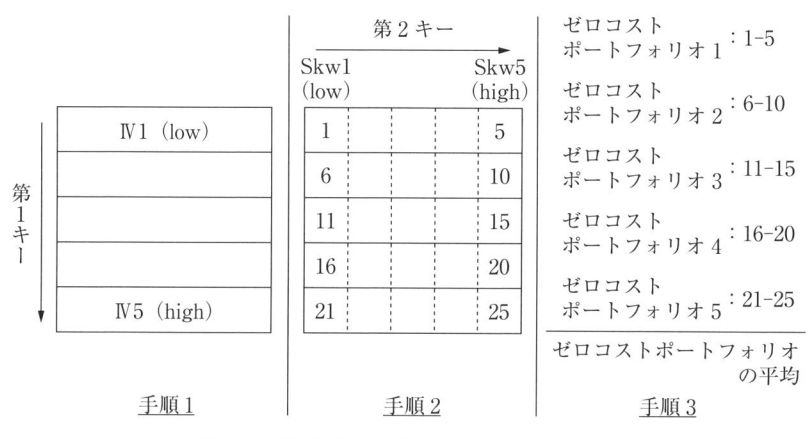

3 株式リターンの分布の歪みと将来の株式リターン

```
            第2キー
          ──────────►
          Skw1      Skw5           ゼロコスト
          (low)    (high)          ポートフォリオ1 : 1-5
IV1 (low)    1   │    5            ゼロコスト
             6   │   10            ポートフォリオ2 : 6-10
第           11  │   15            ゼロコスト
1                                  ポートフォリオ3 : 11-15
キ           16  │   20            ゼロコスト
ー                                 ポートフォリオ4 : 16-20
IV5 (high)  21  │   25            ゼロコスト
                                   ポートフォリオ5 : 21-25
                                   ゼロコストポートフォリオ
                                            の平均
  手順1         手順2                  手順3
```

図3-4　2段階ソーティングのイメージ図

エイトのポートフォリオをIV2（20％～40％），下位40％点までには入らないが60％点までには入る銘柄による等ウエイトのポートフォリオをIV3（40％～60％），下位60％点までには入らないが80％点までには入る銘柄による等ウエイトのポートフォリオをIV4（60％～80％），下位80％点以上に入る銘柄による等ウエイトのポートフォリオをIV5（80％～100％）とする．次に，IV1～IV5の各ポートフォリオについて，さらに，リターンの分布の歪みに関する変数の昇順に並び替えて，銘柄数ベースで下位20％点までに入る銘柄の等ウエイトで構成したポートフォリオを「Skw1」とする．一方，下位80％点を超える銘柄による等ウエイトのポートフォリオを「Skw5」とする．

次に，Skw1のロング（買い）とSkw5のショート（売り）により，月次サイクルで等金額となる，ゼロコストポートフォリオを構築する．そして，それぞれのゼロコストポートフォリオの将来の1カ月間のリターン（$t+1$月のリターン）を観測する．合計すると5つのゼロコストポートフォリオの将来の1カ月リターンが求められる．

次に，時系列方向に5つのゼロコストポートフォリオのリターンを被説明変数とする．そして，Fama-French 3ファクターを説明変数として時系列回帰分析を行う[42]．

---

42)　4.1節を参照．

最後に，切片項の値が0であるとする帰無仮説の検定におけるt値および，予想される符号であるプラス方向での片側t検定のp値の有意比率（片側5%，10%，および15%でプラス有意となったポートフォリオの割合）を示す．そして，Fama-French 3ファクターモデルによる5つの時系列回帰に関する決定係数（R^2）の平均値を示す．

本分析に用いた，イディオシンクラティックボラティリティの算出方法の詳細は付録A.で示している．分析をする上で，ソートの第1キーとしたイディオシンクラティックボラティリティは，リターンの分布の歪みに関する変数（第2キー）の算出サイクルに対応するものを用いる．例えば，過去12カ月間の算出サイクルで算出したリターンの分布の歪みに関する変数（第2キー）の分析に用いたイディオシンクラティックボラティリティ（第1キー）には，過去12カ月間の日次リターンで算出したものを用いている．

分析結果を表3-7でまとめている．分析結果から次のことが示される．シンプルな Total Skewness が，12カ月間の算出サイクルにおいて，t検定のp値のプラス有意比率（片側10%）が60%となり，5つのゼロコストポートフォリオのうち，3つが予想される符号で有意となった．すなわち，イディオシンクラティックボラティリティをコントロールしても，Total Skewness が将来のリターンとのマイナスに有意な関係が強いことが示された．Idiosyncratic Skewness では，12カ月間の算出サイクルにおいて，t検定のp値のプラス有意比率（片側10%）が40%となった．Idiosyncratic Skewness に関しても，イディオシンクラティックボラティリティをコントロールしても，将来のリターンとのマイナスに有意な傾向がみられた．

歪度の推計に関する変数の，GARCHS-M（Idiosyncratic Skewness）と Expected Idiosyncratic Skewness の結果は異なった．GARCHS-M（Idiosyncratic Skewness）は，12カ月間の算出サイクルにおいて，t検定のp値が，片側5%でもプラス有意比率が40%までの水準となった．しかし Expected Idiosyncratic Skewness は，12カ月間と60カ月間のいずれの算出サイクルにおいても，プラス有意比率は0%となり，将来のリターンとの有意な関係がみられなかった．時系列ベースの推計である，GARCHSモデルによるイディオシンクラティック歪度の推計の実務への有用性が考えられる．

表3-7 2段階ソートの手法を行った分析結果

歪みに関する変数	項目		変数の算出期間		
			1カ月	12カ月	60カ月
Total Skewness	推計値平均			0.0030	0.0015
	t 値 平均			1.3981	0.7307
	プラス有意比率	5%		40%	20%
		10%		60%	20%
		15%		60%	40%
	R^2			0.0283	0.0648
Idiosyncratic Skewness	推計値平均			0.0016	0.0010
	t 値 平均			0.6597	0.4849
	プラス有意比率	5%		20%	0%
		10%		40%	20%
		15%		40%	20%
	R^2			0.0602	0.1168
GARCHS-M (Idiosyncratic Skewness)	推計値平均			0.0010	0.0003
	t 値 平均			0.6012	0.2367
	プラス有意比率	5%		40%	20%
		10%		40%	20%
		15%		40%	20%
	R^2			0.0179	0.0202
Expected Idiosyncratic Skewness	推計値平均			−0.0007	−0.0020
	t 値 平均			−0.4164	−1.0529
	プラス有意比率	5%		0%	0%
		10%		0%	0%
		15%		0%	0%
	R^2			0.3360	0.2504
Max	推計値平均		0.0033	0.0018	0.0010
	t 値 平均		1.6720	0.5753	0.4505
	プラス有意比率	5%	40%	20%	0%
		10%	60%	20%	0%
		15%	**80%**	20%	20%
	R^2		0.1711	0.2065	0.1794
Idiosyncratic Max	推計値平均		0.0023	0.0022	0.0014
	t 値 平均		1.2555	0.7013	0.6873
	プラス有意比率	5%	20%	20%	20%
		10%	20%	20%	40%
		15%	40%	40%	40%
	R^2		0.1123	0.1935	0.2057
D95/D5	推計値平均		0.0010	0.0027	0.0016
	t 値 平均		0.6878	1.6131	0.9513
	プラス有意比率	5%	20%	20%	40%
		10%	20%	60%	40%
		15%	40%	**80%**	60%
	R^2		0.0194	0.0465	0.0715

推計値平均は,各ゼロコストポートフォリオリターンを被説明変数,Fama-French3ファクターを説明変数とする時系列回帰分析の切片項の平均値であり,切片項の値が0であるとする帰無仮説の検定における t 値および,予想される符号であるプラス方向での片側 t 検定の p 値の有意比率(片側5%,10%,および15%でプラス有意となるポートフォリオの割合)を示した(プラス有意比率が80%以上の場合に**太字**で示す).R^2 は,Fama-French3ファクターモデルによる時系列回帰に関する決定係数の平均値である.
分析期間は,過去269カ月間(1988年9月~2011年1月)とする.
全ての変数に関して,切片項はプラスの符号を予想する.

Max は，1カ月間の算出サイクルにおいて，t 検定の p 値が片側15%でプラス有意比率が80%までの水準となった．また *D95/D5* も，算出期間12カ月間では，片側15%でプラス有意比率が80%までの水準となった．

分析結果から，内山・岩澤（2011）の指摘と整合する形で，イディオシンクラティックボラティリティをコントロールしても，将来のリターンとの有意にマイナスの関係が観察された．ただ，変数によって，有意な関係に差異があることは留意する必要がある．

6 ま と め

本論文では，個別銘柄のリターンの分布の歪みに関する変数に関して，マイナス方向に歪度が大きい銘柄は，将来のリターンが有意にプラスの傾向が見られることを明らかにした．そして，GARCHS モデルを用いて推計した歪度が，他の変数と比べた場合に，将来のリターンの変動を有意に説明することを示した．

本論文における分析結果から，次に示すような3つの点がまとめられる．

まず，リターンの分布の歪みに関する変数は，Fama-French 3 ファクターに加えてイディオシンクラティックボラティリティをコントロールしても，将来のリターンに対して有意にマイナスの関係がみられるということである．ただし，留意すべき点は，変数の項目によってはマイナスの関係の程度が異なることであった．また同じ変数の項目でも，実際に変数の算出に用いるリターンデータのサンプルの取得期間が異なると，有意にマイナスとなる程度が異なった．分析の結果，12カ月間の日次リターンを用いた，シンプルな *Total Skewness* や *Idiosyncratic Skewness* の将来のリターンとの有意な関係は強かったが，1カ月間の日次リターンを用いた *Max* や，12カ月間の日次リターンを用いた *D95/D5* の有意な関係のほうが，それらの関係を上回った．また，歪度の推計に関する変数である，12カ月間の日次リターンを用いた *GARCHS-M* (*Idiosyncratic Skewness*) も，将来のリターンと有意にマイナスの関係が強かった．個別銘柄のリターンの分布の歪度に関しては，時系列モデルの推計の実務的な有用性が高いものと考える．Harvey and Siddique（1999）は株式指数

を対象に，GARCHS をベースとしたモデルによる分析を行ったが，市場によっては，同モデルの利用が妥当とは言えないことを指摘した．しかし，本論文は，市場全体のリターンでなく，我が国における個別銘柄のリターンを対象とした場合に，GARCHS モデルの有用性を示す結果となった．

次に，リターンの分布の歪みに関する変数の，将来のリターンとの有意な関係は，近年は低下する傾向が見られたことである．分析期間を前半（1988 年 9 月～1999 年 10 月）と後半（1999 年 11 月～2011 年 1 月）に分けた分析結果では，後半の期間では 12 カ月間の日次リターンを用いた GARCHS-M (*Idiosyncratic Skewness*) と，将来のリターンとの間に有意にマイナスの関係がみられたが，その他の変数は，将来のリターンとの有意な関係が低下した．運用実務において，リターンの分布の歪みを，ポートフォリオの運用アイデアに応用する場合には，どの変数を選択するかが，ポートフォリオのパフォーマンスの差異に大きな影響を与えると考えられる．

最後に，リターンの分布の歪みに関する変数に関しては，次のような意外な結果となった．変数別にみて，事前のサンプルで算出した値と事後の値との相関係数の大小の関係と，変数と将来のリターンとの関係の結びつきは小さかったことである．すなわち，変数と将来のリターンとの関係は，変数における値の持続性と関係が小さかった．リターンの分布の歪みに関する変数と将来のリターンとの関係の背後には，次のことが考えられる．投資家が lottery-like である銘柄を好むことから，歪度がプラスに大きい銘柄の株価が過大評価され，同銘柄の将来のリターンが下落するという経路である．この場合に，投資家が lottery-like のペイオフとして期待する銘柄は，（投資の時点でわかっている）事前のリターンの情報しか用いることしかできないことが理由と考える．事後のリターンの情報がわからない状況で，将来のリターンとの関係が強いリターンの分布の歪みに関する変数とは，事前のリターンの情報から投資家の lottery-like への期待を妥当に反映させることができる代理変数と考えられる．本論文における分析の結果から，GARCHS モデルの利用の有用性が考えられる．

GARCHS モデルの利用に関しては，パラメータの推計精度の向上などの課題も考えられるが，運用実務への応用に向けて，有用な投資手法と考えられる．

付録 A. リターンの分布の歪みに関する変数

【*Idiosyncratic Volatility*】

Boyer et al.（2010）に従って，個別銘柄の過去の一定期間の日次対数リターンを被説明変数とする一方，Fama and French（1993）の 3 ファクター（市場ファクター，時価総額に関する SMB ファクター，簿価時価比率に関する HML ファクター）を説明変数として時系列回帰を行い，回帰の残差項をイディオシンクラティックリターンと定義する．

具体的には（2）式の回帰モデルから推定された残差である．

$$r_{i,d} - r_{f,d} = a_i + b_i(r_{m,d} - r_{f,d}) + s_i SMB_d + h_i HML_d + e_{i,d} \tag{2}$$

ただし $r_{i,d}$：i 銘柄の d 日の日次対数リターン，
$\qquad r_{m,d}$：d 日のマーケット日次対数リターン，
$\qquad r_{f,d}$：$d-1$ 日に決定される d 日のリスクフリーレート（対数），
SMB_d：d 日の SMB ファクター，
HML_d：d 日の HML ファクター，
$\qquad a_i$：i 銘柄の切片項，
$\qquad b_i$：i 銘柄のマーケットリターンの回帰係数，
$\qquad s_i$：i 銘柄の SMB ファクターの回帰係数，
$\qquad h_i$：i 銘柄の HML ファクターの回帰係数，
$\qquad e_{i,d}$：残差項（i 銘柄 d 日のイディオシンクラティックリターン）．

本論文において，Fama-French 3 ファクターモデルの適用は，Fama and French（1993）を我が国の市場に適用した久保田・竹原（2007）に基づいている．

（2）式の 3 ファクターモデルがベースとなる．個別銘柄のリターンを，株式市場リターンや時価総額に関するファクター及び簿価時価比率に関するファクターで説明したモデルである．モデルでは個別銘柄リターンと株式市場リターンはリスクフリーレート超過ベースとしている．

まず，株式市場リターンに関しては，金融業を除く東証 1 部銘柄の，日次対

数リターンの上場株式時価総額加重平均値から，リスクフリーレート[43]を減じて測定した．SMB と HML は，グルーピングポートフォリオのリターンスプレッドで算出される．銘柄のグルーピングの基準点に関しては，分析対象銘柄について，毎年8月末時点[44]の時価総額[45]を基準に中央値を測定する一方，独立に同時点で取得可能な簿価時価比率を基準に30％点と70％点を測定する．そして年1回更新される基準点を使って，分析対象銘柄を，時価総額の基準点で big と small に分類，簿価時価比率の2つの基準点で high, middle と low の3つに分類して，合計6個のポートフォリオを構築し，日次対数リターンの上場株式時価総額加重リターンを算出する．そして，SMB は「small/high」，「small/middle」と「small/low」の3つのポートフォリオリターンの単純平均から，「big/high」，「big/middle」と「big/low」の3つのポートフォリオリターンの単純平均を引いて算出する．また，HML は「big/high」，「small/high」の2つのポートフォリオリターンの単純平均から，「big/low」，「small/low」2つのポートフォリオリターンの単純平均を引いて算出する．

Idiosyncratic Volatility は，(2) で求めたイディオシンクラティックリターンの過去の一定期間の標準偏差として定義される．実際には (3) 式で算出される．

$$iv_{i,t} = \left(\frac{1}{N(t)-1} \sum_{d \in U(t)} e_{i,d}^2 \right)^{1/2} \qquad (3)$$

ただし $iv_{i,t}$：i 銘柄の t 月のイディオシンクラティックボラティリティ，

$e_{i,d}$：i 銘柄の d 日のイディオシンクラティックリターン，

$U(t)$：t 月末時点までの過去一定期間の営業日，

$N(t)$：$U(t)$ の営業日数．

---

[43] リスクフリーレートには，有担保コールローン翌日物を365で除して日次ベースとし，対数ベースにして用いる．

[44] 本研究では久保田・竹原 (2007) において，基準時点が8月末とされたことに従う．同論文は8月末としたことに関して，「Fama and French (1993) の結果との整合性の確認および実証結果の国際比較可能性の保証に置いておりこのため消去法的な理由から」としている．

[45] 発行済株数ベースの株式時価総額とする．

【*Total Skewness*】

Total Skewness は，過去の一定期間の日次対数リターンの歪度として定義する．実際には（4）式で算出される．

$$ts_{i,t} = \frac{1}{N(t)-2} \frac{\sum_{d \in U(t)} (r_{i,d} - \mu_{i,t})^3}{tv_{i,t}^3} \quad (4)$$

ただし $ts_{i,t}$：i 銘柄の t 月のトータル歪度，
$r_{i,d}$：i 銘柄の d 日の日次対数リターン，
$\mu_{i,t}$：i 銘柄の t 月末時点までの過去一定期間の日次対数リターンの平均，
$tv_{i,t}$：i 銘柄の t 月のトータルボラティリティ，
$U(t)$：t 月末時点までの過去一定期間の営業日，
$N(t)$：$U(t)$ の営業日数．

【*Idiosyncratic Skewness*】

Idiosyncratic Skewness は *Idiosyncratic Volatility* と同様に，過去の一定期間の日次イディオシンクラティックリターンの歪度として定義する．実際には，（5）式で算出される．

$$is_{i,t} = \frac{1}{N(t)-2} \frac{\sum_{d \in U(t)} e_{i,d}^3}{iv_{i,t}^3} \quad (5)$$

ただし $is_{i,t}$：i 銘柄の t 月のイディオシンクラティック歪度，
$e_{i,d}$：i 銘柄の d 日のイディオシンクラティックリターン，
$iv_{i,t}$：i 銘柄の t 月のイディオシンクラティックボラティリティ，
$U(t)$：t 月末時点までの過去一定期間の営業日，
$N(t)$：$U(t)$ の営業日数．

【GARCHS-M（*Idiosyncratic Skewness*）】

Harvey and Siddique（1999）が考案した時系列モデルである．リターンの分布の分散を推計する GARCH（Generalized Autoregressive Conditional Heteroskedasticity）モデルを拡張して，歪度も推計するものが，GARCHS（Generalized Autoregressive Conditional Heteroskedasticity with Skewness）モデルである．

GARCH モデルのシンプルな形として,GARCH-M (1, 1, 1) モデルがある.Harvey and Siddique (1999) は,GARCHS モデルにも拡張して,GARCHS-M (1, 1, 1) モデルを考案した.本論文では,同モデルにより推計されたイディオシンクラティック歪度を分析に用いる.

以下では,GARCHS-M (1, 1, 1) モデルを示す.

GARCHS モデルのベースとなった,GARCH モデルは,Bollerslev (1986) によって示された.リターンの条件付分散[46]に自己回帰性を仮定することによって,ボラティリティがいったん上昇すると,その上昇が続くという持続性を捉える.最もシンプルな GARCH (1, 1) モデルは (6) 式でボラティリティ(条件付分散)を定式化するものである.

$$\sigma_{i,d}^2 = \beta_{i,0} + \beta_{i,1}\sigma_{i,d-1}^2 + \beta_{i,2}\epsilon_{i,d-1}^2 \tag{6}$$

ただし $r_{i,d}$:i 銘柄の d 日の日次対数リターン,

$\epsilon_{i,t} = r_{i,d} - E_{d-1}[r_{i,d}]$:$i$ 銘柄の d 日の $d-1$ 日時点での予測との残差項(ノイズ),

$\sigma_{i,d}^2 = \mathrm{Var}_{d-1}[r_{i,d}]$:$d-1$ 日時点での d 日のリターンの条件付分散,

$\beta_{i,0}$:切片項,

$\beta_{i,1}$,$\beta_{i,2}$:係数.

また,ボラティリティ(条件付分散)が変動すれば,期待リターン(条件付期待値)も変動することが考えられる.リスクとリターンのトレードオフの関係から,リスク(ボラティリティ)が大きくなると,期待リターンも大きくなる可能性がある.(6) 式の GARCH (1, 1) モデルに,このリスクとリターンとの関係を考慮したモデルの (7) 式も含めたものが,GARCH-M (1, 1, 1) モデルである.

$$r_{i,d} = \alpha_{i,0} + \alpha_{i,1}\sigma_{i,d}^2 + \epsilon_{i,d}, \quad \text{つまり} \quad E_{d-1}[r_{i,d}] = \alpha_{i,0} + \alpha_{i,1}\sigma_{i,d}^2 \tag{7}$$

ただし $\alpha_{i,0}$:切片項,$\alpha_{i,1}$:係数.

さらに Harvey and Siddique (1999) では,残差項 $\epsilon_{i,d}$ の条件付分散だけでなく条件付歪度(3次モーメント)についても,(8) 式で示されるように定式化して自己回帰性を仮定している.

---

46) 日次リターンで考えている場合,条件付分散は前日までの日次リターン等の情報(条件)が全てわかっている上での当日の日次リターンの分散である.

$$s_{i,d} = \gamma_{i,0} + \gamma_{i,1} s_{i,d-1} + \gamma_{i,2} \epsilon_{i,d-1}^3 \tag{8}$$

ただし $s_{i,d} = \text{Skew}_{d-1}[\text{r}_{i,d}] = E_{d-1}[\epsilon_{i,d}^3]$：$i$ 銘柄の d 日の $d-1$ 日時点での条件付歪度（3次モーメント），

$\gamma_{i,0}$：切片項，

$\gamma_{i,1}, \gamma_{i,2}$：係数．

また，条件付分散がプラスとなり，そして分散と歪度（3次モーメント）が定常となるようにするため，切片項や係数 $\beta_{i,0}$, $\beta_{i,1}$, $\beta_{i,2}$, $\gamma_{i,0}$, $\gamma_{i,1}$, $\gamma_{i,2}$ については次の制約条件を課している．

$0 < \beta_{i,1}, \beta_{i,2} < 1,$　　$\beta_{i,1} + \beta_{i,2} < 1,$
$-1 < \gamma_{i,1}, \gamma_{i,2} < 1,$　　$-1 < \gamma_{i,1} + \gamma_{i,2} < 1$

これらの制約条件の下に（6）式，（7）式と（8）式を合わせたモデルが，GARCHS-M（1, 1, 1）モデルである．

そして，本論文における GARCHS-M（*Idiosyncratic Skewness*）は，GARCHS-M（1, 1, 1）モデルにおいて，推計に用いるリターンデータを，（2）式の残差で定義される，イディオシンクラティックリターンを用いて拡張する．

実際に，i 銘柄の t 月の変数を算出するにあたって，t 月までの過去の一定期間のイディオシンクラティックリターンを用いて，係数 $\beta_{i,0}$, $\beta_{i,1}$, $\beta_{i,2}$, $\gamma_{i,0}$, $\gamma_{i,1}$, $\gamma_{i,2}$ を推定し，t 月末時点での条件付歪度を算出し t 月の変数の値とする．

【*Expected Idiosyncratic Skewness*】

Boyer et al.（2010）に従って算出する．まず，日次ベースのリターンを用いて求めた月次サイクルの *Idiosyncratic Skewness* を被説明変数とする．次に，（9）式で示すクロスセクション回帰モデルにあてはめて回帰係数を推計する．最後に，その係数を（10）式に適用して *Idiosyncratic Skewness* の推計値を算出する．

本論文は，Boyer et al.（2010）の表記に従い，*Expected Idiosyncratic Skewness* と表す．

（9）式の回帰係数の推計に関しては，被説明変数と説明変数をともに外れ値処理として，回帰分析を行う当月ごとに分析対象銘柄をクロスセクションにみて，それぞれの変数が1％（99％）点以下（以上）の銘柄については，その1％（99％）点の数値で置換する．ただし，推計された回帰係数を用いて，*Expected*

Idiosyncratic Skewness を算出する際の (10) 式に代入するデータは，外れ値処理を行っていない値を用いる．そして，(10) 式により求められた *Expected Idiosyncratic Skewness* は，月ごとに対象銘柄をクロスセクションにみて値が 1% (99%) 点以下 (以上) の銘柄については，その 1% (99%) 点の数値で置換する外れ値処理を行う．

(9) 式の説明変数のうち，*Idiosyncratic Skewness*, *Idiosyncratic Volatility* を除いた変数は，企業属性に関する変数である．モメンタム (*mom*) は，対数リターンを用いた $t-11$ 月から $t-1$ 月の累積リターン，回転率 (*turn*) は，t 月の平均日次回転率を表しており，[日次売買高÷発行済株式数] の t 月平均で算出する．これらの説明変数の選択は，モメンタム (*mom*) については，Chen et al. (2001) の「過去リターンと予測歪度はマイナス相関を持つ」という指摘，回転率 (*turn*) については，Hong and Stein (2003) の「売買高が大きいときにマイナスの歪度が観察される」という指摘にそれぞれ準拠したものである．さらに，企業規模，業種に関するダミー変数を用いている．企業規模に関しては，分析ユニバースを小型，中型，大型の3つの分類に均等になるように分けるため，分析ユニバースで発行済時価総額により降順に順位付けし，時価総額が小さい下位 1/3 に含まれる銘柄を小型，時価総額が大きい上位 1/3 に含まれる銘柄を大型，残りの銘柄を中型と分類する．この分類を用いた企業規模に関するダミー変数，小型ダミーと中型ダミーを用いる．具体的には，小型に該当する銘柄は小型ダミー *small.d* = 1，それ以外の銘柄は 0，中型に該当する銘柄は中型ダミー *medium.d* = 1，それ以外の銘柄は 0 と定義した．業種ダミーは，業種分類は東証17業種分類を用いて，各業種に該当する銘柄は業種ダミー *ind.d(k)* = 1，それ以外の銘柄は 0 とする．なお，17業種[47]分類のうち，銀行，金融 (除く銀行) の2業種を除く15業種を分析対象とする．14業種に関して業種ダミーを設定する ($k=14$)．

$$is_{i,t} = \delta_{0,t} + \delta_{1,t} is_{i,t-T} + \delta_{2,t} iv_{i,t-T} + \lambda_{1,t} mom_{i,t-T} + \lambda_{2,t} turn_{i,t-T}$$
$$+ \lambda_{3,t} small.d_{i,t-T} + \lambda_{4,t} medium.d_{i,t-T} + \lambda_{5,t} ind.d(k)_{i,t-T} + \eta_{i,t} \quad (9)$$

$$E_t[is_{i,t+T}] = \delta_{0,t} + \delta_{1,t} is_{i,t} + \delta_{2,t} iv_{i,t} + \lambda_{1,t} mom_{i,t} + \lambda_{2,t} turn_{i,t} + \lambda_{3,t} small.d_{i,t}$$
$$+ \lambda_{4,t} medium.d_{i,t} + \lambda_{5,t} ind.d(k)_{i,t} \quad (10)$$

ただし $E_t[is_{i,t+T}]$：i 銘柄の $t+T$ 月のイディオシンクラティック歪度の

t 月時点での期待値,

$is_{i,t}$：i 銘柄の t 月のイディオシンクラティック歪度,

$iv_{i,t}$：i 銘柄の t 月のイディオシンクラティックボラティリティ,

$mom_{i,t}$：i 銘柄の t 月のモメンタム（$t-11$ 月から $t-1$ 月の累積リターン),

$turn_{i,t}$：i 銘柄の t 月の回転率,

$small.d_{i,t}$：i 銘柄の t 月の小型ダミー（小型 $=1$, それ以外 $=0$),

$medium.d_{i,t}$：i 銘柄の t 月の中型ダミー（中型 $=1$, それ以外 $=0$),

$ind.d(k)_{i,t}$：i 銘柄の t 月の業種ダミー（$k=1, \cdots, 14$),

$\delta_{0,t}$：i 銘柄の t 月の切片項,

$\delta_{1,t}, \delta_{2,t}$：$i$ 銘柄の t 月の回帰係数,

$\lambda_{1,t}, \cdots, \lambda_{5,t}$：$i$ 銘柄の t 月の回帰係数,

$\eta_{i,t}$：i 銘柄の t 月の残差項.

$T=12$ カ月のケースを例に，*Expected Idiosyncratic Skewness* の算出の流れを図3-5に示している．2011年2月の *Expected Idiosyncratic Skewness* を算出するには，2011年1月の *Idiosyncratic Skewness* を被説明変数とする一方，その12カ月前の2010年1月の *Idiosyncratic Skewness*, *Idiosyncratic Volatility* 等を説明変数として（9）式のクロスセクション回帰分析を行い，回帰係数を推計する．そして，その推計した回帰係数と2011年1月の *Idiosyncratic Skewness*, *Idiosyncratic Volatility* 等を（10）式に代入して2011年2月の

---

47) 本研究で用いた業種分類は，東証17業種分類とする．東証17業種分類は，33業種分類を次に示す17業種に統合したものである（具体的にはTOPIX-17 食品：「水産・農林業」「食料品」，TOPIX-17 エネルギー資源：「鉱業」「石油・石炭製品」，TOPIX-17 建設・資材：「建設業」「金属製品」「ガラス・土石製品」，TOPIX-17 素材・化学：「繊維製品」「パルプ・紙」「化学」，TOPIX-17 医薬品：「医薬品」，TOPIX-17 自動車・輸送機：「ゴム製品」「輸送用機器」，TOPIX-17 鉄鋼・非鉄：「鉄鋼」「非鉄金属」，TOPIX-17 機械：「機械」，TOPIX-17 電機・精密：「電気機器」「精密機器」，TOPIX-17 情報通信・サービスその他：「その他製品」「情報・通信業」「サービス業」，TOPIX-17 電力・ガス：「電気・ガス業」，TOPIX-17 運輸・物流：「陸運業」「海運業」「空運業」「倉庫・運輸関連業」，TOPIX-17 商社・卸売：「卸売業」，TOPIX-17 小売：「小売業」，TOPIX-17 銀行：「銀行業」，TOPIX-17 金融（除く銀行）：「証券，商品先物取引業」「保険業」「その他金融業」，TOPIX-17 不動産：「不動産業」）．

3 株式リターンの分布の歪みと将来の株式リターン

```
t-12月          t-1月  t月  t+1月
─┼───────────────┼──────┼───┼───→
  説明変数               被説明変数 t+1月のリターン
    X                       Y
 t-12月の                  t月の
Idiosyncratic Skewness・  Idiosyncratic Skewness
Idiosyncratic Volatility等
```

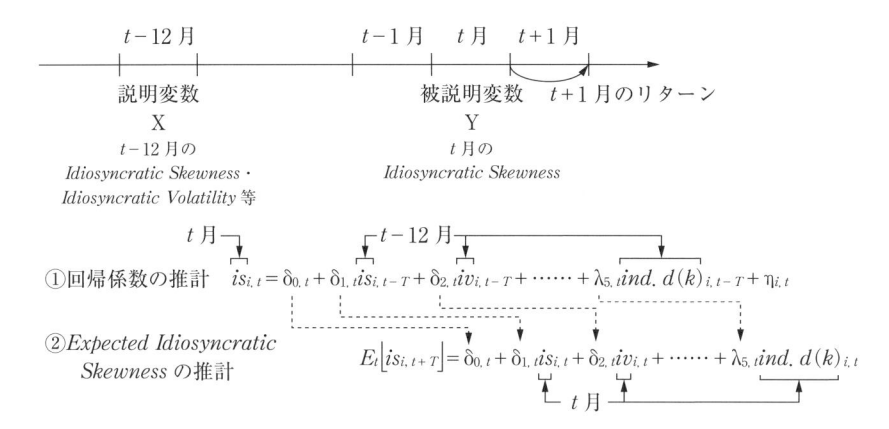

①回帰係数の推計　　$is_{i,t} = \delta_{0,t} + \delta_{1,}is_{i,t-T} + \delta_{2,}iv_{i,t-T} + \cdots\cdots + \lambda_{5,}ind.\,d(k)_{i,t-T} + \eta_{i,t}$

②Expected Idiosyncratic Skewness の推計　　$E_t[is_{i,t+T}] = \delta_{0,t} + \delta_{1,}is_{i,t} + \delta_{2,}iv_{i,t} + \cdots\cdots + \lambda_{5,}ind.\,d(k)_{i,t}$

図 3-5　*Expected Idiosyncratic Skewness* の推計の流れ

Expected Idiosyncratic Skewness を算出する．本論文の分析に関しては，この 2011 年 1 月で推計された *Expected Idiosyncratic Skewness* が，2011 年 2 月のリターンを，どの程度有意に説明できるかを検証する．

【*Max*】

Bali et al.（2010）に従って，過去の一定期間の日次対数リターンのうち，最大値を *Max* と定義する．実際には，(11) 式で算出される．

$$Max_{i,t} = \max(r_{i,d}) \quad d \in U(t) \tag{11}$$

　　ただし $Max_{i,t}$：i 銘柄の t 月の *Max*,

　　　　　$r_{i,d}$：i 銘柄の d 日の日次対数リターン,

　　　　　$U(t)$：t 月末までの過去一定期間の営業日.

【*Idiosyncratic Max*】

過去の一定期間の日次イディオシンクラティックリターンのうち，最大値を *Idiosyncratic Max* と定義する．実際には (12) 式で算出される．

$$Idiosyncratic\ Max_{i,t} = \max(e_{i,d}) \quad d \in U(t) \tag{12}$$

　　ただし $Idiosyncratic\ Max_{i,t}$：i 銘柄の t 月のイディオシンクラティック *Max*,

　　　　　$e_{i,d}$：i 銘柄の d 日のイディオシンクラティックリターン,

　　　　　$U(t)$：t 月末までの過去一定期間の営業日.

【D95/D5】

過去の一定期間の日次対数リターンの95%点，5%点の平均値からの距離の比を $D95/D5$ と定義する．実際には（13）式で算出する．

$$D95/D5_{i,t} = \frac{D95_{i,t}}{D5_{i,t}} = \frac{|r_{95\%,i,t} - \mu_{i,t}|}{|r_{5\%,i,t} - \mu_{i,t}|} \tag{13}$$

ただし $D95/D5_{i,t}$：i 銘柄の t 月の $D95/D5$，

$\mu_{i,t}$：i 銘柄の t 月末時点までの過去一定期間の日次対数リターンの平均，

$r_{95\%,i,t}, r_{5\%,i,t}$：$i$ 銘柄の t 月末までの過去一定期間の日次対数リターンの95%点と5%点．

付録B． 検証に用いる Fama-French 3 ファクターモデル

本論文において，ゼロコストポートフォリオの検証に用いる Fama-French 3 ファクターモデルは（14）式で示される．これは，（2）式において，日次対数リターンをベースとして求めた個別株式のリターン，リスクフリーレート，Fama and French（1993）の3ファクター（市場ファクター，SMBファクター，HMLファクター）を，月次の算術[48]リターンをベースとして算出したモデルである．

$$r_{i,t} - r_{f,t} = \xi_i + \theta_i(r_{m,t} - r_{f,t}) + \iota_i SMB_t + \kappa_i HML_t + \nu_{i,t} \tag{14}$$

ただし $r_{i,t}$：i 銘柄の t 月の月次リターン，

$r_{m,t}$：t 月のマーケット月次リターン，

$r_{f,t}$：t 月の月中平均リスクフリーレート，

SMB_t：t 月のSMBファクター，

HML_t：t 月のHMLファクター，

ξ_i：i 銘柄の切片項，

θ_i：i 銘柄のマーケットリターンの回帰係数，

ι_i：i 銘柄のSMBファクターの回帰係数，

---

48) 脚注26）参照．

κ_i：i 銘柄の HML ファクターの回帰係数，
$\nu_{i,t}$：残差項．

分析対象は金融業を除く東証 1 部の上場企業としている．

まず，株式市場リターンに関しては，金融業を除く東証 1 部銘柄の月次算術リターンの上場株式時価総額加重平均値からリスクフリーレート（有担保コールローン翌日物の月間平均値）を減じて測定する．そして，SMB と HML は，グルーピングポートフォリオ[49]のリターンスプレッドで算出される．グルーピングポートフォリオのリターンは，個別株式の月次ベースの算術リターンの，上場株式時価総額加重リターンを算出する．

〔参考文献〕

内山朋規・岩澤誠一郎（2011），「投資家の「ギャンブル志向」は日本の株価に影響を与えているか」，『日本ファイナンス学会第 19 回大会発表資料（2011 年 5 月 14 日）』，1-23．

久保田敬一・竹原 均（2007），「Fama-French ファクターモデルの有効性の再検討」，『現代ファイナンス』，**22**，3-23．

鐙田 亨（2006），「関数形が特定化された累積プロスペクト理論とリスク下の選択」，*NUCB Journal of Economics and Information Science*，**50**（2），219-236．

山田 徹・上崎 勲（2009），「低ボラティリティ株式運用」，『証券アナリストジャーナル』，**47**（6），97-110．

吉野貴晶・斉藤哲朗（2011），「イディオシンクラティック歪度と投資戦略」，『日本株クオンツマンスリー 2011 年 3 月号』，64-106．

吉野貴晶・橋本純一・前山裕亮（2011），「イディオシンクラティック共歪度と投資戦略」，『日本株クオンツマンスリー 2011 年 1 月号』，72-113．

渡部敏明（1998），「ボラティリティ変動モデルの発展と株式収益率データへの応用」，『現代ファイナンス』，**3**，15-41．

49） 付録 A．【*Idiosyncratic Volatility*】の，日次対数リターンを用いた Fama-French 3 ファクターモデルの SMB，HML の算出と同様の方法で，年 1 回に更新される基準点を使って，分析対象銘柄を，時価総額の基準点で big と small に分類，簿価時価比率の 2 つの基準点で high，middle と low の 3 つに分類して，合計 6 個のポートフォリオを構築する．

Aggarwal, R., R. P. Rao, and T. Hiraki (1989), "Skewness and kurtosis in japanese equity returns: empirical evidence", *Journal of Financial Research*, **12** (3), 253-260.

Arditti, F. (1967), "Risk and the required return on equity", *The Journal of Finance*, **22** (1), 19-36.

Ang, A., R. J. Hodrick, Y. Xing, and X. Zhang (2006), "The cross-section of volatility and expected returns", *The Journal of Finance*, **61** (1), 259-299.

Ang, A., R. J. Hodrick, Y. Xing, and X. Zhang (2009), "High idiosyncratic volatility and low returns: international and further U.S. evidence", *Journal of Financial Economics*, **91** (1), 1-23.

Bali, T. G., and N. Cakici (2009), "Tail risk and expected stock returns", Working Paper.

Bali, T. G., N. Cakici, and R. F. Whitelaw (2011), "Maxing out: stocks as lotteries and the cross-section of expected returns", *Journal of Financial Economics*, **99** (2), 427-446.

Barberis, N., and M. Huang (2008), "Stocks as lotteries: the implications of probability weighting for security prices", *American Economic Review*, **98** (5), 2066-2100.

Bollerslev, T. (1986), "Generalized autoregressive conditional heteroskedasticity", *Journal of Econometrics*, **31** (3), 307-327.

Boyer, B., T. Mitton, and K. Vorkink (2010), "Expected idiosyncratic skewness", *The Review of Financial Studies*, **23** (1), 169-202.

Carhart, M. M. (1997), "On persistence in mutual fund performance", *The Journal of Finance*, **52** (1), 57-82.

Chabi-Yo, F., and J. Yang (2010), "Idiosyncratic coskewness and equity return anomalies", Working Paper.

Chen, J., H. Hong, and J. C. Stein (2001), "Forecasting crashes: trading volume, past returns, and conditional skewness in stock prices", *Journal of Financial Economics*, **61** (3), 345-381.

Christie-David, R., and M. Chaudhry (2001), "Coskewness and cokurtosis in futures markets", *Journal of Empirical Finance*, **36** (1), 55-81.

Chung, Y. P., H. Johnson and M. J. Schill (2006), "Asset pricing when returns are nonnormal: Fama-French factors versus higher-order systematic comoments", *Journal of Business*, **79** (2), 923-940.

Clarke, R. G., H. de Silva, and S. Thorley (2006), "Minimum-variance portfolios in the U.S. equity market", *The Journal of Portfolio Management*, **33** (1), 10-24.

Conine, T. E. Jr., and M. J. Tamarkin (1981), "On diversification given asymmetry in returns", *The Journal of Finance*, **36** (5), 1143-1155.

Fama, E. F. (1998) , "Market efficiency, long-term returns, and behavioral finance", *Journal of Financial Economics*, **49** (3), 283-306.

Fama, E. F. and K. R. French (1993), "Common risk factors in the returns on stocks and bonds", *Journal of Financial Economics*, **33** (1), 3-56.

Harvey, C. R., (2000), "Drivers of expected returns in international markets", *Emerging Markets Quarterly*, 1-17.

Harvey, C. R., and A. Siddique (1999), "Autoregressive conditional skewness", *Journal of Financial and Quantitative Analysis*, **34** (4), 465-487.

Harvey, C. R., and A. Siddique (2000), "Conditional skewness in asset pricing tests", *The Journal of Finance*, **55** (3), 1263-1295.

Hong, H., and J. C. Stein (2003), "Difference of opinion, short-sales constraints, and market crashes", *The Review of Financial Studies*, **16** (2), 487-525.

Jean, W. (1971), "The extention of portforio analysis to three or more parameters", *Journal of Financial and Quantitative Analysis*, **6** (1), 505-515.

Jegadeesh, N., and S. Titman (2001), "Profitability of momentum strategies: an evaluation of alternative explanations", *The Journal of Finance*, **56** (2), 699-720.

Kahneman, D., and A. Tversky (1979), "Prospect theory: an analysis of decision under risk", *Econometrica*, **47** (2), 263-292.

Kraus, A., and R. H. Litzenberger (1976), "Skewness preference and the valuation of risk aseets", *The Journal of Finance*, **31** (4), 1085-1100.

Kumar, A., (2009), "Who gambles in the stock market?", *The Journal of Finance*, **64** (4), 1889-1933.

Levy, H., and R. Duchin (2004), "Asset return distributions and the investment horizon", *The Journal of Portfolio Management*, **30** (3), 47-62.

Mitton, T., and K. Vorkink (2007), "Equilibrium underdiversification and the preference for skewness", *The Review of Financial Studies*, **20** (4), 1255-1288.

Rubinstein, M. E., (1973), "The fundamental theorem of parameter-preference security valuation", *Journal of Financial and Quantitative Analysis*, **8** (1), 61-69.

Scott, R., and P. Horvath (1980), "On the direction of preference for moments of higher order than the variance", *The Journal of Finance*, **35** (4), 915-919.

Simkowitz, M. A., and W. L. Beedles (1978), "Diversification in a three-moment world", *Journal of Financial and Quantitative Analysis*, **13** (5), 927-941.

Tversky, A., and Kahneman, D., (1992), "Advances in prospect theory: cumulative representation of uncertainty", *Journal of Risk and Uncertainty*, **5** (4), 297-323.

Xu, J. (2007), "Price convexity and skewness", *The Journal of Finance*, **62** (5), 2521-2552.

(吉野貴晶:大和証券キャピタル・マーケッツ金融証券研究所)
(斉藤哲朗:大和証券キャピタル・マーケッツ金融証券研究所)
(飯田尚宏:大和証券キャピタル・マーケッツ金融証券研究所)

4 共和分性に基づく最適ペアトレード*

山田雄二・James A. Primbs

概要 一般に，株式価格はランダムウォークに従い，将来の価格を予測することはできない．一方，同業同規模の企業の銘柄など，株式価格が一定の差（スプレッド）を維持しながら推移するような値動きが，市場において観測されることがある．このような株式価格における現象は，共和分性として特徴付けることができる．株式価格のペアが共和分する場合，スプレッドは平均回帰性をもつ．したがって，一時的にスプレッドが平均を上回る（あるいは下回る）ような状況が生じても，いずれは平均的な水準に収束することが期待される．さらに，共和分ペアが複数存在すれば，これらを利用したポートフォリオ最適化問題を考えることができる．本論文では，このような共和分性をもつ株式価格のペアを抽出し，複数のスプレッドを利用して最適ポートフォリオを構築する手法について検討する．最適ポートフォリオについては，離散時間設定における条件付き平均・分散最適化問題，および，連続時間設定における動的最適化問題の2つの問題設定の下で計算し，実データを用いてシミュレーションを行う．さらに，離散時間設定の最適ポートフォリオに対し，取引コストやパラメータ推定期間の影響について考察する．

Keywords 共和分ペア，スプレッド，動的最適ポートフォリオ，条件付き平均・分散ポートフォリオ，取引コスト．

1 はじめに

例として，株式 A，株式 B という2つの株式価格の差によって定義されるスプレッド（同時点の株式 A の価格から株式 B の価格を差し引いたもの）を考える．このような株式価格のスプレッドは，時折，大きくなったりもするが，平均的には一定の値で推移しているものと仮定する．仮に，平均よりも大きなス

---

* 本論文の修正にあたり，匿名レフリーの方から有益なコメントをいただきました．ここに謝意を表します．また，本研究は，科研費（22510138）の助成を受けております．

プレッドが観測された際，株式 A に対してショートポジションをとるのと同時に株式 B に対してロングポジションをとれば，スプレッドはその時点の受取額（キャッシュ・イン・フロー）を与える．一方，スプレッドは平均的には一定なので，時間が経過すれば元の水準に戻ることが期待される．このようにスプレッドが元の水準に戻った際に，今度は株式 A を買い戻すのと同時に株式 B を売却する反対取引を実行すれば，スプレッドはその時点の支払額（キャッシュ・アウト・フロー）を与える．また，反対取引によってポジションが清算されるので，スプレッドを利用した受取額と支払額の差は，投資家にとって正の利益として確定される．このように，スプレッドがある値に収束することを利用して取引を行う手法は，ペアーズ・トレード（あるいはスプレッド・トレード）と呼ばれる（川崎 (1992)）．

一般に，株式価格はランダムウォークに従い，将来の株式価格を予測することはできない．一方，株式価格のスプレッドが一定値の近傍で変動するという現象は，株式市場においてしばしば観測される．このような現象は，経済時系列における共和分性（Engle and Granger (1987), Johansen (1991)）として特徴付けられる．また，株式価格のペアが共和分する場合，スプレッドは定常系列として与えられ，平均回帰性をもつものと考えられる．

本論文では，共和分ペアによって与えられるスプレッドをモデル化した上で，複数スプレッドによって構成されるポートフォリオを構築することを考える．まず，離散時間設定を考え，スプレッド過程が多変量自己回帰（VAR）モデルに従うとの仮定の下，各時点までに観測された情報に基づく条件付き平均・分散最適化問題を定式化する．条件付き平均・分散ポートフォリオ最適化問題とは，通常の平均・分散ポートフォリオ最適化における平均・分散の代わりに，条件付き期待値（平均），および条件付き分散を用いて定式化したもので，目的関数に対して1階の条件を適用することにより，最適ポートフォリオを，各時点までの観測変数の関数として明示的に計算することが可能である．ここでは，さらに，Kim, Primbs, and Boyd (2008) により提案されている連続時間設定における動的最適ポートフォリオを計算し，離散時間設定における最適ポートフォリオとの比較を行う．また，スプレッド・ポートフォリオに対する取引コストの影響について検証する．

本論文の構成は，以下の通りである．第2節では，共和分ペアの定義とその性質について説明し，離散時間設定，および連続時間設定におけるポートフォリオ最適化問題を定式化する．第3節では，共和分検定と本論文における共和分ペアの抽出方法を示す．第4節では，実際の資産価格データを用いて，離散時間設定における最適ポートフォリオと連続時間設定における動的ポートフォリオのパフォーマンス比較を行う．第5節では，スプレッド・ポートフォリオのシャープレシオに対する取引コストの影響について検証する．最後に，第6節でまとめと今後の課題を述べる．

2 共和分性とスプレッドを用いたポートフォリオ最適化問題

2.1 多変量時系列に対する共和分性

多変量時系列に対する共和分性とは，以下のように定義される．まず，d 次の和分過程 $I(d)$ を導入する．与えられた時系列 $\{X_k\}_{k=0,\cdots,N}$ が d 次の和分過程であるとは，X_k が非定常かつその d 階差分の系列が定常（ただし $d-1$ 階差分までは非定常）となる場合で，$X_k \sim I(d)$ のように記述する．例えば X_k が1次の和分過程（$X_k \sim I(1)$）であれば，X_k が非定常かつ $\Delta X_k := X_k - X_{k-1}$ は定常となる．これは，X_k を時点 k における株式価格とした場合，株式価格そのものはランダムウォーク（したがって非定常）でも，その1階差分（1次の和分過程）は定常ということを意味する．

さらに，$X_k \sim I(1)$，$Y_k \sim I(1)$ を満たす2つの時系列に対し，$X_k - \beta Y_k$ を定常過程とする定数 $\beta \neq 0$ が存在するとき，(X_k, Y_k) は共和分性をもつ（あるいは共和分する）という．また，共和分の定義は，以下のように，多次元のケースにも容易に拡張可能である (Johansen (1991))．m 次元系列 $X_k := [X_k^{(1)}, \cdots, X_k^{(m)}]^\top$（ただし $X_k^{(i)} \sim I(1)$，$\forall i \in [1, m]$）が共和分するとは，$\boldsymbol{b}^\top X_k$ を定常とする共和分ベクトル $\boldsymbol{b} := [\beta^{(1)}, \cdots, \beta^{(m)}]^\top$ が存在することである．また，線形独立な共和分ベクトルが n 本存在する場合，n 次の共和分とよぶ．

本節では，共和分ペアに着目し，複数の共和分ペアのスプレッドによって定義される最適ポートフォリオを構築することを考える．ただし，ここでの考え方は，一般的な共和分ベクトルのケースに対しても拡張可能である．

2.2 離散時間モデルと条件付き平均・分散最適ポートフォリオ

まず，離散時間設定におけるスプレッド・ポートフォリオ最適化問題を定式化する．第 $k \in [0, N]$ 日における株式価格

$$X_k \sim I(1), \quad Y_k \sim I(1)$$

に対し，スプレッド過程 S_k を次式で定義する．

$$S_k := X_k - \beta Y_k \tag{1}$$

ここでは，スプレッド過程 S_k が以下の自己回帰（AR）モデルに従うケースを考える．

$$AR(q): \quad S_k = \phi_1 S_{k-1} + \phi_2 S_{k-2} + \cdots + \phi_q S_{k-q} + \epsilon_k \tag{2}$$

ただし，ϵ_k は，平均 μ，分散 σ^2 のホワイトノイズであるが，μ_0 を S_k の条件なしの期待値とした場合，(2) 式の S_{k-i} を $S_{k-i} - \mu_0$, $i = 0, 1, \cdots, q$ で置き換えることで，一般性を失うことなく $\mu = 0$ を仮定することができる．また，m 個の株式価格のペア

$$\left(X_k^{(i)}, Y_k^{(i)}\right), \quad i = 1, \cdots, m \tag{3}$$

に対する m 次元スプレッド過程は，下記の多変量 AR（Vector AR；VAR）モデルとして与えられるとする．

$$\begin{aligned} VAR(q): \quad & \mathbf{S}_k = \Phi_1 \mathbf{S}_{k-1} + \Phi_2 \mathbf{S}_{k-2} + \cdots + \Phi_q \mathbf{S}_{k-q} + \mathbf{e}_k, \\ & \Phi_i \in \Re^{m \times m}, \quad i \in [1, q] \end{aligned} \tag{4}$$

ただし，

$$\mathbf{S}_k := \left[X_k^{(1)} - \beta^{(1)} Y_k^{(1)}, \cdots, X_k^{(m)} - \beta^{(m)} Y_k^{(m)}\right]^\top \tag{5}$$

であり，$\mathbf{e}_k$ は，共分散行列が $\Sigma \in \Re^{m \times m}$ で与えられる，m-次元ホワイトノイズである[1]．1 次元の場合と同様に，ここでは $\mathbb{E}[\mathbf{e}_k] = 0$ を仮定する．

スプレッドを用いてポートフォリオを構築するにあたり，重要なのは，1 つ 1 つのスプレッドは，個別銘柄のロング・ショートのポジションにより，直接取引をすることができるという点である．例えば，i 番目のペアのスプレッドを 1 単位分取引したければ，時点 k において，$X_k^{(i)}$ を 1 単位（1 シェア）購入するのと同時に $Y_k^{(i)}$ を $\beta^{(i)}$ 単位空売りすればよい．この際，スプレッドの現在

---

1) なお，本節での議論は，(4) 式に移動平均（Moving Average；MA）項を加えた VARMA モデルに対しても容易に拡張可能である．

価値 $X_k^{(i)} - \beta^{(i)} Y_k^{(i)}$ が正であればスプレッドポジション構成時に正のコストが必要なので資金口座（無リスク資産）から借り入れを行い，負であれば資金口座に預け入れを行う．

ここで，時点 k における i 番目のスプレッドに対する投資単位を $u_k^{(i)}, i \in [1, m]$，l 期間に対して適用される無リスク利子率を r_l，総資産（富）を W_k とする．このとき，時点 k から時点 $k+l$ にかけての富の変化量は，以下のように与えられる．

$$W_{k+l} - W_k = \boldsymbol{u}_k^\top (S_{k+l} - S_k) + r_l (W_k - \boldsymbol{u}_k^\top S_k)$$
$$= r_l W_k + \boldsymbol{u}_k^\top [S_{k+l} - (1+r_l) S_k]$$
$$\boldsymbol{u}_k := [u_k^{(1)}, \cdots, u_k^{(m)}]^\top \in \Re^{(m)} \tag{6}$$

ここでは，時点 k から $k+l$ にかけての富の収益率

$$R_{k,k+l} := \frac{W_{k+l} - W_k}{W_k} \tag{7}$$

について，リスク回避係数 $\gamma > 0$ に対する条件付き平均・分散ポートフォリオ最適化問題

$$\max_{\boldsymbol{u}_k \in \Re^m} \left\{ \mathbb{E}_k[R_{k,k+l}] - \frac{\gamma}{2} \cdot \mathbb{V}_k[R_{k,k+l}] \right\} \tag{8}$$

を考える．ただし，$\mathbb{E}_k(\cdot)$，$\mathbb{V}_k(\cdot)$ は，それぞれ，時点 k までの情報に基づく条件付き期待値，条件付き分散を表す．

(6) 式の両辺を W_k で割ると，

$$\frac{W_{k+l} - W_k}{W_k} = R_{k,k+l}$$

$$= r_l + \boldsymbol{v}_k^\top [S_{k+l} - (1+r_l) S_k], \quad \boldsymbol{v}_k := \frac{\boldsymbol{u}_k}{W_k} \in \Re^m \tag{9}$$

であるので，富の条件付き期待収益率は以下のように計算される．

$$\mathbb{E}_k[R_{k,k+l}] = r_l + \boldsymbol{v}_k^\top [\mathbb{E}_k(S_{k+l}) - (1+r_l) S_k] \tag{10}$$

なお，(10) 式における $\mathbb{E}_k(S_{k+l})$ の項は (4) 式を再帰的に適用することによって，時点 k までの状態変数 $S_j, j = k, \cdots, k-q$ を用いて記述することができる．

さらに，条件付き収益率分散を定式化し，条件付き平均・分散ポートフォリオ最適化問題を解くことを考える．まず，(4) 式の $VAR(q)$ モデルであるが，

適当な係数行列 $\Psi_i, i=1, 2, \cdots$ を定義することで，次式のような移動平均（Moving average；MA）形式として表現できることが知られている．

$$S_k = e_k + \Psi_1 e_{k-1} + \Psi_2 e_{k-2} + \cdots \tag{11}$$

したがって，富の収益率の条件付き分散は以下のように計算される．

$$\begin{aligned}\mathbb{V}_k[R_{k,k+l}] &:= \mathbb{E}_k\big[(R_{k,k+l} - \mathbb{E}_k[R_{k,k+l}])^2\big] \\ &= \mathbb{E}_k\big[\{v_k^\top (S_{k+l} - \mathbb{E}_k[S_{k+l}])\}^2\big] \\ &= v_k^\top (\Sigma + \Psi_1 \Sigma \Psi_1^\top + \cdots + \Psi_{l-1} \Sigma \Psi_{l-1}^\top) v_k \end{aligned} \tag{12}$$

よって，条件付き平均・分散ポートフォリオ最適化問題（8）は，次のように書き直すことができる．

$$\max_{v_k \in \Re^m} \Big\{ r_l + v_k^\top [\mathbb{E}_k(S_{k+l}) - (1+r_l) S_k] \\ - \frac{\gamma}{2} \cdot v_k^\top (\Sigma + \Psi_1 \Sigma \Psi_1^\top + \cdots + \Psi_{l-1} \Sigma \Psi_{l-1}^\top) v_k \Big\} \tag{13}$$

問題（13）の解 $v_k = v_k^* \in \Re^m$ は，1階の条件を適用することにより，

$$v_k^* = \frac{1}{\gamma} (\Sigma + \Psi_1 \Sigma \Psi_1^\top + \cdots + \Psi_{l-1} \Sigma \Psi_{l-1}^\top)^{-1} [\mathbb{E}_k(S_{k+l}) - (1+r_l) S_k] \tag{14}$$

のように計算され，結果として最適ポートフォリオ $u_k^* \in \Re^m$（各スプレッドへの時点 k における投資単位を要素とするベクトル）は，以下のように与えられる．

$$\begin{aligned} u_k^* &= W_k v_k \\ &= \frac{W_k}{\gamma} (\Sigma + \Psi_1 \Sigma \Psi_1^\top + \cdots + \Psi_{l-1} \Sigma \Psi_{l-1}^\top)^{-1} [\mathbb{E}_k(S_{k+l}) - (1+r_l) S_k] \end{aligned} \tag{15}$$

（15）式における l は，時点 k からスプレッドの予測時点 $k+l$ までの期間を表すが，この間，投資単位 u_k^* は一定である．また，（15）式は時点 k における富とスプレッドの水準に依存するので，スプレッドに対する平均・分散最適ポートフォリオを複数期間（多期間）に対して適用する場合，時間の経過とともに，富の水準やスプレッドの変化に合わせた投資単位の変更（リバランス）が必要である．このような多期間設定に対しては，期間 l はリバランス周期を表す．なお，$l=1$ であれば，データ観測頻度が日次ならリバランス周期も日次となり，u_k^* は次式で与えられる．

$$\boldsymbol{u}_k^* = \frac{W_k}{\gamma} \Sigma^{-1} \left[\Phi_1 - (1+r_l) \boldsymbol{I}_m \right] \boldsymbol{S}_k \tag{16}$$

ただし，$\boldsymbol{I}_m$ は m 次の単位行列である．

条件付き平均・分散最適ポートフォリオを構築するにあたり，推定することが必要なパラメータは，(5) 式の $\beta^{(i)}$，$i \in [1, m]$，$VAR(q)$ モデル (4) の係数行列 Φ_j，$j \in [1, q]$ とホワイトノイズの共分散行列 $\Sigma \in \Re^{m \times m}$ である．本論文では，これらのパラメータは，学習期間における資産価格の時系列データから推定するものとする．

（**注意**： 本節で導入している平均・分散ポートフォリオ最適化問題 (8) は，個別資産の収益率を用いて定義される通常の Markowitz タイプの定式化（Markowitz (1952)）と異なり，資産価格のスプレッドによって与えられるキャッシュフローに対してポートフォリオを構築している．また，スプレッドの定義も，Vidyamurthy (2004) の第 5 章で導入されているような個別資産の対数価格差（$= \ln X_k - \ln Y_k$）ではなく，価格差から直接定義されるキャッシュフロー（$= X_k - \beta Y_k$）をベースとすることで，複数資産のスプレッドに対して，同時に，最適ポートフォリオを構築することを実現している．）

2.3 連続時間モデルと期待効用最適化問題

次に，前小節と同様の問題を連続時間の枠組みで設定することを考える．以下，連続時間の枠組みにおいて，スプレッド過程 $S_i(t)$ は，以下の Ornstein-Uhlenbeck（OU）過程（Uhlenbeck and Ornstein (1930)）として表現されるものとする．

$$\mathrm{d}S_i(t) = \kappa_i (\overline{S}_i - S_i(t)) \mathrm{d}t + \sigma_i \mathrm{d}Z_i(t), \qquad i = 1, \cdots, m \tag{17}$$

ただし，$\overline{S}_i := \mathbb{E}(S_i(t))$，$i = 1, \cdots, m$ であり，$Z_1, \cdots, Z_m$ は $\mathrm{d}Z_i(t) \mathrm{d}Z_j(t) = \rho_{ij} \mathrm{d}t$（$i \neq j$，$-1 < \rho_{ij} < 1$）を満たす相関付きブラウン運動である．前小節の離散時間の場合と同様に，時点 t における株式価格のペア（$X_i(t)$, $Y_i(t)$）に対するスプレッドは，$\beta^{(i)}$ を定数として，以下のように定義される．

$$S_i(t) := X_i(t) - \beta^{(i)} Y_i(t), \qquad i = 1, \cdots, m \tag{18}$$

なお，OU 過程 (17) で表現される個別スプレッドは，離散化により，$AR(1)$ に帰着することが可能である．

このように，OU過程として与えられるm個のスプレッドに対し，セルフファイナンシングポートフォリオを構築する．時点tにおけるスプレッド$S_i(t)$の保有単位を$u_i(t)$とすれば，セルフファイナンシングポートフォリオにおける富$W(t)$は，以下の確率微分方程式に従う．

$$dW(t) = \boldsymbol{u}(t)^\top d\boldsymbol{S}(t) + r[W(t) - \boldsymbol{u}(t)^\top \boldsymbol{S}(t)]dt \quad (19)$$

ただし，

$$\boldsymbol{S}(t) := [S_i(t), \cdots, S_m(t)]^\top, \quad \boldsymbol{u}(t) := [u_i(t), \cdots, u_m(t)]^\top$$

である．このとき，ポートフォリオ最適化問題は，単調増加な効用関数$U(\cdot)$に対し，将来時点Tにおける富の期待効用を最大化するスプレッドの保有単位$\boldsymbol{u}(t)$を求める問題

$$\max_{\boldsymbol{u}(t)} \mathbb{E}[U(W(T))] \quad (20)$$

として定式化される．

特に，効用関数がべき関数

$$U(x) := \frac{1}{1-\gamma} x^{1-\gamma} \quad (21)$$

（ただし，$\gamma > 0 (\neq 1)$は相対的リスク回避係数）のとき，最適ポートフォリオはRiccati方程式と線形微分方程式の解を用いて表現され（Campbell and Viceira (2002)，Campbell et al. (2004)，Herzog et al. (2004))，効率的に計算可能である．以下の$\boldsymbol{u}^*(t) \in \Re^m$は，このような最適制御測である．

$$\boldsymbol{u}^*(t) = \frac{W(t)}{\gamma} [\Sigma^{-1} K(\bar{S} - S(t)) - rS(t) + 2A(t)S(t) + b(t)] \quad (22)$$

ここで，$\Sigma = \Sigma^\top \in \Re^{m \times m}$は$(i,j)$-成分が$\sigma_i \sigma_j \rho_{ij}$（ただし$i=j$のとき$\rho_{ii} = \rho_{jj} = 1$）で与えられる共分散行列，$K \in \Re^{m \times m}$は$\kappa_i, i=1, \cdots, m$を対角成分とする対角行列，$\bar{S} \in \Re^m$は$S$の期待値を各要素にもつベクトルであり，$A(t)$は次式のRiccati型行列微分方程式を満たす．

$$\dot{A} + \frac{2}{\gamma} A^T \Sigma A - A^\top Y - Y^\top A - Q = 0, \quad A(T) = 0 \in \Re^{m \times m} \quad (23)$$

ただし，

$$Y := \frac{1}{\gamma} \{K - r(\gamma-1)I_m\}, \quad Q := \frac{\gamma-1}{2\gamma}(K + rI_m)^\top \Sigma^{-1}(K + rI_m)$$

である.また,$b(t) \in \Re^m$ は,$A(t)$ を入力変数とする線形微分方程式の解であり,$b(T) = 0 \in \Re^m$ を満たす.

(22) 式の $u^*(t)$ において,$A(t)$ と $b(t)$ は,満期 T に依存する項である.一方,(22) 式で $A(t) \equiv 0, b(t) \equiv 0$ とした際の残りの部分は満期に依存せず,Myopic 項と呼ばれる.今,Myopic 項のみによって与えられるポートフォリオを

$$u_{myo} := \frac{W(t)}{\gamma}[\Sigma^{-1}K(\bar{S} - S(t)) - rS(t)] \tag{24}$$

とおき,OU 過程 (17) を $dt \equiv 1$ として離散化した上で,u_{myo} を以下のように離散時間の記法を用いて書き直すことを考える.

まず,(24) 式において,$W(t) = W_k$,$S(t) = S_k$,$\bar{S} = 0$ とすると,

$$u_{myo} = \frac{W_k}{\gamma}[\Sigma^{-1}(-K - rI_m)S_k]$$

である.このとき,

$$K = I - \Phi_1$$

であれば,u_{myo} は,離散時間モデルにおける (16) 式の u_k^* に一致することがわかる.実際,OU 過程 (17) を離散化すれば,個別スプレッドは $AR(1)$ として記述することができるので,$q = 1$ かつ Φ_1 が対角行列の場合,$u_k^* = u_{myo}$ が成り立つ.したがって,連続時間設定における最適ポートフォリオの Myopic 項は,$q = l = 1$ の場合の平均・分散ポートフォリオに相当することがわかる.そこで,本論文では,離散時間モデルにおいて $q = l = 1$ を仮定したものを Myopic ポートフォリオと呼び,次節において Myopic ポートフォリオと連続時間最適ポートフォリオのパフォーマンスを比較することにする.なお,u_{myo} についても,時点 t において観測されるスプレッドやその時点の富の水準 $W(t)$ に依存するので,時点とともに変化する動的なポートフォリオと考えることができるが,$u^*(t)$ はさらに満期までの期間にも動的に依存するという意味で,本論文では,連続時間最適ポートフォリオを動的ポートフォリオと呼ぶ.

3 共和分の検定とペアの抽出法

3.1 共和分の検定

本論文では,株式価格のペアの共和分性をみるために,Engle-Granger の共和分検定 (Engle and Granger (1987)) を適用することを考える.Engle-Granger の共和分検定は,以下の2段階によって構成される.

Engle-Granger の共和分検定: 1次の和分過程 $X_k \sim I(1)$, $Y_k \sim I(1)$ が与えられるとする.

Step 1: Y_k を X_k について回帰し,次式を満たす β, c を求める.

$$Y_k := \beta X_k + c + \eta_k \tag{25}$$

ただし,η_k は残差である.β, c の最小二乗 (OLS) 推定量を $\hat{\beta}$, $\hat{c}$ とし,S_k を以下のように定義する.

$$S_k := Y_k - \hat{\beta} X_k - \hat{c} \tag{26}$$

Step 2: $\Delta S_j := S_j - S_{j-1}$ とし,次式を満たす OLS 回帰パラメータを求める.

$$\Delta S_k = \delta S_{k-1} + \sum_{i=1}^{n} a_i \Delta S_{k-i} + \varepsilon_k \tag{27}$$

ただし,ε_k は残差である.このとき,$\delta = 0$ を帰無仮説として検定を行い,帰無仮説が棄却されれば,対立仮説 $\delta < 0$ を採用し,X_k と Y_k は共和分するものと結論する.

(27) 式において,$\delta = 0$ が棄却されなければ,原系列は単位根をもつと結論され,結果として S_k は非定常ということになる.本論文では,このような単位根の存在を検定するにあたり,Augmented Dickey-Fuller (ADF) 検定を用いる.

ADF 検定は,以下に定義する t_e を検定量として行う単位根検定の1つで,t_e が与えられた有意水準を満たす閾値を下回れば (片側 t 検定で負に有意),帰無仮説 $\delta = 0$ を棄却し,$\delta < 0$ を採択するものである.

$$t_e := \frac{\hat{\delta}}{\hat{s}_e} \tag{28}$$

ただし,$\hat{\delta}$ は,(27) 式における δ の OLS 推定量であり,$\hat{s}_e$ は標準誤差である.

3.2 共和分ペアの抽出

与えられた銘柄の系列に対してペアの共和分性を検定する場合，検定すべきペアの総数は，銘柄数の二乗に比例する．例えば，日経平均株価の対象銘柄である 225 銘柄に対して分析を行おうとすれば，構成可能なペアの総数は，

$$225 \times \frac{225-1}{2} = 25{,}200$$

である．さらに，Engle-Granger 共和分検定を行う際，説明変数と被説明変数を入れ替えることによっても，共和分ベクトルや統計量の値が異なることから，実際には，

$$25{,}200 \times 2 = 50{,}400$$

個のペアに対して検定を行わなければならないことになる．一方，理論的には，共和分ベクトルの数は，多変量時系列における変数の数より少ないことが知られているため（川崎，1992），本来，共和分ペアの数は高々 224 個以下となる．

ここでは，全てのペアについて共和分検定を行うのではなく，以下のようにスクリーニング手続きを実行したあとで，スクリーニングを通過したペアに対して Engle-Granger 共和分検定を実施し，ペアを抽出することにする．

スクリーニング手続き： 選択した業種に属する全てのペアに対して，Dickey-Fuller (DF) 統計量と相関係数を計算し，相関係数が 0.8 以下，あるいは，DF 統計量が与えられた閾値を下回ったペアを分析対象から取り除く．

ペアの抽出手続き： スクリーニング手続きを通過したペアのリストに対し，DF 統計量が小さいものから ADF 検定を適用する．なお，ADF 検定におけるラグの次数は，最大 10 までから AIC 規準によって最適なものを設定し，ADF 検定を通過したペアを採用する．

DF 統計量とは，(27) 式に対する ADF 検定において，$a_i = 0$，$^\forall i \in [0, n]$ とした統計量である．ここでは，異なるペアに同一の銘柄が含まれないようにするため，ペアの抽出手続きにおいて ADF 検定を通過したペアと同一銘柄を含むものはリストから除外するようにした．また，同一のペアであるが，説明変数，被説明変数を入れ換えた際にともに採用されてしまうような場合は，DF 統計量の小さい（負の有意性が高い）方のみを採用する．

4 実証分析1：動的ポートフォリオとMyopicポートフォリオの比較

ここでは，日経平均構成銘柄における以下の10業種に対して，前節で導入したペア抽出手続きを業種ごとに実行し，スプレッドポートフォリオを構築することを考える．

Foods (11), Oil & coal products (3), Electric machinery (29), Automotive (9), Precision instru-ments (6), Railway/Bus (7), Communications (6), Electric power (3), Gas (2), Services (8)

なお，ここで選択する10業種は，基本的には，食品，エネルギー，製造業，交通・輸送，およびサービスに属する業種である．これらの業種分類は，2009年6月時点のものであり，（ ）内の数字は，当該業種に含まれる銘柄数を表す．また，個別資産の資産価格データは，2004年1月から2009年10月までの日次データ（調整済み終値）を用いる．

4.1 ペア抽出手続きの適用

本節の分析においては，2004～2006年末までのデータに対して，前節で導入したペア抽出手続きを適用する．以下，自動車関係業種（Automotive）に対して，ペア抽出手続きを適用した結果を示す．なお，Automotiveに属する銘柄は，Fuji Heavy Industries Ltd., Hino Motors, Ltd., Honda Motor Co., Ltd., Isuzu Motors Ltd., Mazda Motor Corp., Mitsubishi Motors Corp., Nissan Motor Co., Ltd., Suzuki Motor Corp., Toyota Motor Corp.
であり，また，分析の対象となるペアの数は，

$$9 \times \frac{8}{2} \times 2 = 72$$

で与えられる．

図4-1は，分析対象となる72個のペアに対し，DF統計量と相関係数を計算し，相関係数を横軸，DF統計量を縦軸に表示したものである．また，点線は有意水準5%の閾値である．ペアの表示であるが，例えば△の記号は，Nissan

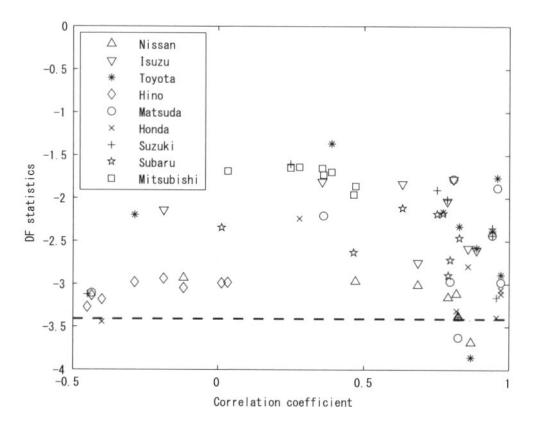

図 4-1 自動車関係業種における相関係数（横軸）と DF 統計量（縦軸）の関係

を被説明変数とする回帰の DF 統計量，および相関係数を表す．説明変数と被説明変数を入れ替えても相関係数の値は変わらないので，どの銘柄と対になるかをみるには，同じ x 座標をもつ別の銘柄の記号を探せばよい．この場合，同じ x 座標に，＊で与えられる Toyota を被説明変数とする 5％有意なペアが存在するので，これから Toyota-Nissan，Nissan-Toyota のペアがともに有意水準 5％を下回り，かつ，Toyota を被説明変数とする Toyota-Nissan の方が，DF 統計量の意味で有意性が高いことがわかる．また，図から，必ずしも相関の高いペアが共和分しているわけではないこともみてとれる．

以下は，Automotive において，スクリーニング手続きを通過したペアである．

　　　Toyota-Nissan［－3.8567］，　Matsuda-Nissan［－3.6239］．

ただし，括弧内の数値は DF 統計量を表す．DF 統計量の有意性が高いと考えられる Toyota-Nissan のペアに対し ADF 検定を行ったところ，$\delta = 0$ の帰無仮説は棄却されないので，最終的に Toyota-Nissan 共和分ペアとして採択された．なお，Matsuda-Nissan も共和分ペアの候補ではあるが，Nissan はすでに別のペアに含まれているため，ここでは除外した．図 4-2 は，学習期間である 2004～2006 年の期間に対し，Toyota の株式価格を Nissan の株式価格で回帰した際の，Toyota の株式価格と，回帰式に Nissan の株式価格を代入した値（予測値）

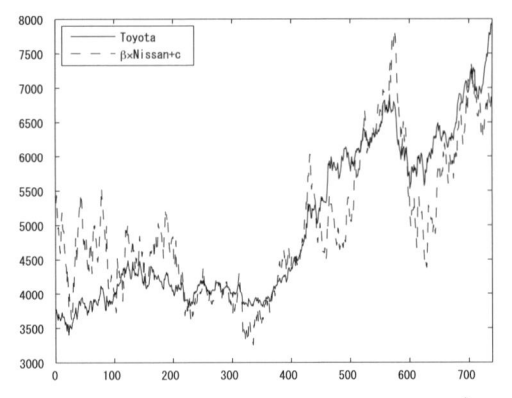

図 4-2 2004〜2006 年の期間における Toyota の株式価格と $\hat{\beta} \times $ Nissan $+ \hat{c}$ の関係

との関係を表す．ただし，回帰係数および定数項の推定値は，それぞれ，

$$\hat{\beta} = 9.25, \quad \hat{c} = -6,270$$

である．この図から，共和分するペアにおいては，2 つの系列は頻繁に交差し合うことがうかがえる．

次に，電気機器（Electric machinery）業種に対して同様の手続きを行う．なお，Electric machinery には，以下の 28 銘柄が属している．

Advantest Corp., Alps Electric Co., Ltd., Canon Inc., Casio Computer Co., Ltd., Clarion Co., Ltd., Denso Corp., Fanuc Ltd., Fuji Electric Holdings Co., Ltd., Fujitsu Ltd., GS Yuasa Corp., Hitachi, Ltd., Kyocera Corp., Panasonic Corp., Panasonic Electric Works Co., Ltd., Meidensha Corp., Minebea Co., Ltd., Mitsubishi Electric Corp., Mitsumi Electric Co., Ltd., NEC Corp., Oki Electric Industry Co., Ltd., Pioneer Corporation, Sanyo Electric Co., Ltd., Sharp Corp., Sony Corp., Taiyo Yuden Co., Ltd., TDK Corp., Tokyo Electron Ltd., Toshiba Corp., Yokogawa Electric Corp.

図 4-3 は，図 4-1 と同様の図である．ただし，Electric machinery に属す銘柄数が 28 と多いので，28 銘柄のうち最初の 9 銘柄と相関係数と DF 統計量の関係のみ表示している．当該業種については，812 のペアのうち 80 が有意水準 5%のスクリーニングを通過したため，さらに有意水準を 1%としてスクリーニ

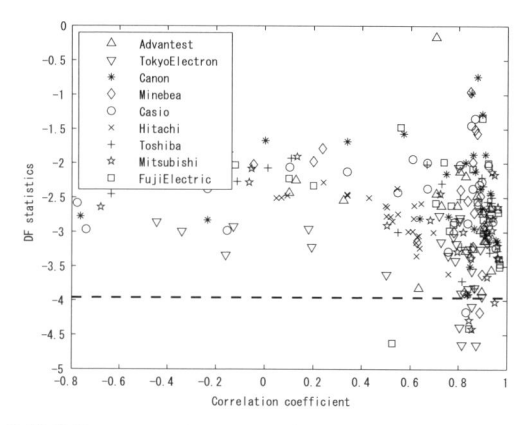

図 4-3 電気機器業種における相関係数（横軸）と DF 統計量（縦軸）の関係

ングを行った．その結果，以下の 21 のペアがスクリーニング手続きを通過した．（ただし，（　）内の数値は DF 統計量を示す）．

Tokyo Electron vs. Sharp [−4.6448]，
Tokyo Electron vs. Taiyo Yuden [−4.6429]，
TDK vs. Fuji Electric [−4.5072]，
TDK vs. Mitsubishi Electric [−4.5038]，
Mitsubishi Electric vs. Tokyo Electron [−4.4138]，
Tokyo Electron vs. Kyocera [−4.3860]，
TDK vs. Panasonic [−4.3709]，
TDK vs. Casio [−4.3479]，
Panasonic vs. Meidensha [−4.3201]，
TDK vs. Canon [−4.2871]，
Panasonic Electric Works vs. Sony [−4.2512]，
TDK vs. Toshiba [−4.2012]，
Minebea vs. Kyocera [−4.1729]，
Sharp vs. Taiyo Yuden [−4.1697]，
TDK vs. Panasonic Electric Works [−4.1248]，
TDK vs. Fanuc [−4.1230]，

表 4-1　2004〜2006 年の分析期間における共和分ペア

Japan Tobacco vs. Asahi Breweries（Foods）
Showa Shell Sekiyu vs. Nippon Oil（Oil & coal products）
Tokyo Electron vs. Sharp（Electric machinery）
TDK vs. Fuji Electric（Electric machinery）
Panasonic vs. Meidensha（Electric machinery）
Panasonic Electric Works vs. Sony（Electric machinery）
Minebea vs. Kyocera（Electric machinery）
Toyota vs. Nissan（Automotive）
Olympus vs. Nikon（Precision instruments）
Tokyu vs. Tobu（Railway/Bus）
KDDI vs. NTT（Communications）
Chubu Electric Power vs. Kansai Electric Power（Electric power）
CSK vs. Dentsu（Services）

　TDK vs. Denso [−4.0813],

　TDK vs. Fujitsu [−4.0599],

　Kyocera vs. Taiyo Yuden [−4.0518],

　Mitsubishi vs. Panasonic Electric Works [−4.0242],

　TDK vs. Meidensha [−4.0233].

これらのペアに対し，ADF 検定を実施したところ，以下の 5 つのペアが最終的に抽出された．

　Tokyo Electron vs. Sharp, TDK vs. Fuji Electric, Panasonic vs. Meidensha, Panasonic Electric Works vs. Sony, Minebea vs. Kyocera

さらに，同様の手続きを以下の業種に対しても行った．

　Foods, Oil & coal products, Precision instruments, Railway/Bus, Communications, Electric power, Gas, Services

表 4-1 は，以上の手続きによって抽出されたペアのリストである．

4.2　ポートフォリオ最適化シミュレーション

　次に，抽出したペアに対して第 2 節で導入したポートフォリオ最適化手法を適用し，動的ポートフォリオ，および Myopic ポートフォリオに対して，富の水準のパフォーマンスを比較する．ここでは，動的ポートフォリオのリバラン

ス間隔を日次とし，Myopic ポートフォリオのリバランス間隔もこれに合わせる．さらに，連続時間の OU 過程（17）と条件を一致させるため，Φ_1 を対角行列とし，各スプレッドは $AR(1)$ に従うとする．この際，$dt \equiv 1$（日）とおけば，$K = I - \Phi_1$ であり，$VAR(1)$ は OU 過程（17）を離散化したものと見なすことができる．また，各スプレッドにおける $\beta^{(i)}$ はペアの片方を被説明変数とする OLS 回帰係数によって与えられるとし，共分散行列 E を含めたこれらのパラメータは，学習期間 2004〜2006 年の日次データを用いて推定し，シミュレーション期間においては固定する．なお，Myopic ポートフォリオの場合，新たなデータが観測されるたびにスプレッドにおける OLS 回帰係数や共分散行列 E を更新する手法も適用できるが，本節においては，動的ポートフォリオとの比較のため，シミュレーション期間を通してこれらのパラメータは一定であるとする．

まず，シミュレーション期間を 2007 年（1 年間）に設定し，ペア数を変化させた際のポートフォリオのパフォーマンス変化を比較する．本シミュレーションでは，ポートフォリオを計算する際に必要なリスク回避係数は，Myopic ポートフォリオ（$=\gamma_{myo}$），および動的ポートフォリオ（$=\gamma_{opt}$）に対して，それぞれ以下のように設定した．

$$\gamma_{myo} = 1.0 \times 10^2, \qquad \gamma_{opt} = 1.0 \times 10^3$$

なお，動的ポートフォリオにおいては，リスク回避係数の他に満期 T を外生的に設定する必要がある．満期に関しては，評価期間（本シミュレーションでは 1 年）に一致させることも 1 つの考え方であるが，ここでは，評価期間より長い $T = 2$（年）に設定して比較を行う．なお，動的ポートフォリオにおけるこれらのパラメータの影響についての比較は，今後の課題として挙げたい．

図 4-4〜4-7 は，ペアの数を $m=2$ から $m=13$ に変化させた際の富 W_k の水準を，横軸を時点として表示したものである．ただし，実線は動的ポートフォリオ，点線は Myopic ポートフォリオの富の水準を表し，時点 0 における富は $W_0 = 1$ に固定している．なお，シミュレーションに用いたペアの組合せとしては，表 4-1 におけるペアを，上から順にポートフォリオに組み入れるようにしている．例えば，$m=5$ の場合は，表 4-1 の上から 5 つのペアを選択している．

図 4-8 は，ペアの数を変化させた際のシャープレシオ（年次）の推移を表す．

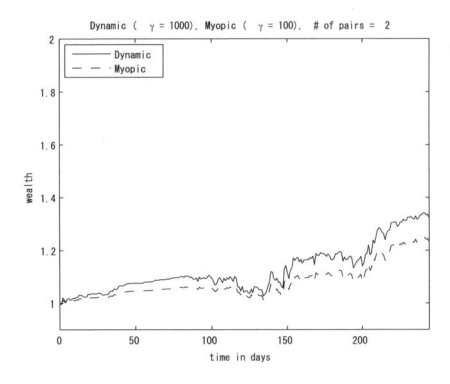

図 4-4 $m=2$ の場合の富の水準
実線：動的ポートフォリオ，点線：
Myopic ポートフォリオ．

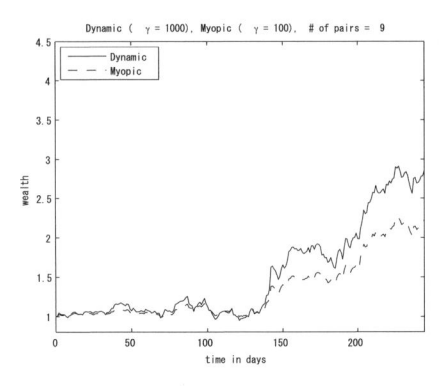

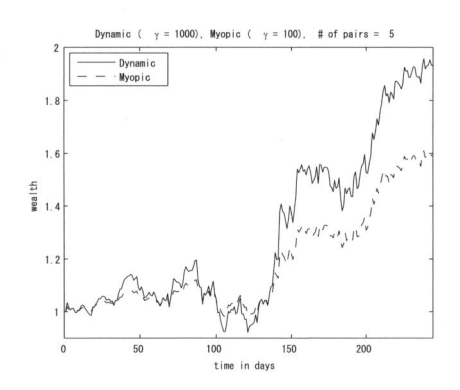

図 4-5 $m=5$ の場合の富の水準
実線：動的ポートフォリオ，点線：
Myopic ポートフォリオ．

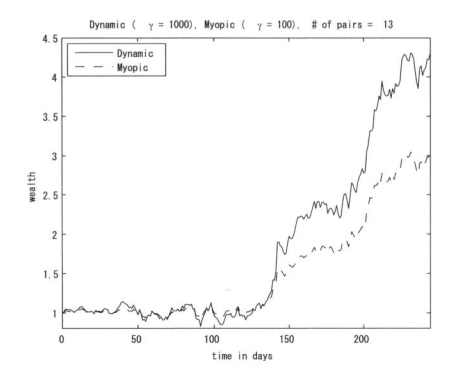

図 4-6 $m=9$ の場合の富の水準
実線：動的ポートフォリオ，点線：
Myopic ポートフォリオ．

図 4-7 $m=13$ の場合の富の水準
実線：動的ポートフォリオ，点線：
Myopic ポートフォリオ．

ただし，図の実線は動的ポートフォリオのシャープレシオ，点線は Myopic ポートフォリオのシャープレシオである．これから，動的ポートフォリオの方が富の水準では上回ったとしても，ポートフォリオの効率性を表すシャープレシオにおいては，Myopic ポートフォリオの方が動的ポートフォリオを上回るパフォーマンスを，このデータ期間では示している．ただし，いずれの場合も，ペア数を増加させた方がシャープレシオが向上することがわかる．

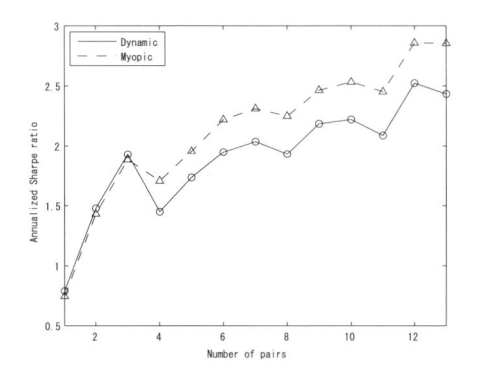

4 共和分性に基づく最適ペアトレード 143

図 4-8 ペア数と年次シャープレシオの関係
実線：動的ポートフォリオ，点線：Myopic ポートフォリオ．

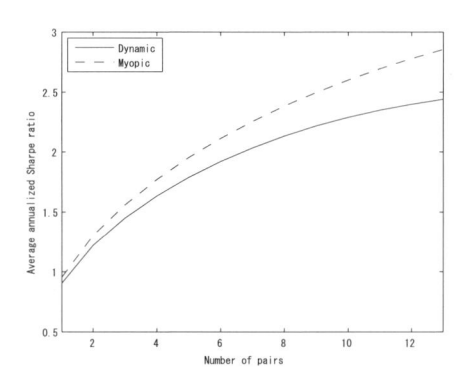

図 4-9 ペア数と年次シャープレシオの平均値
実線：動的ポートフォリオ，点線：Myopic ポートフォリオ．

図 4-8 は特定のペアの組合せに対する年次シャープレシオの値を表示したものであるが，例えば，13 個のペアから 2 つを選択する組合せは 78 通り存在する．図 4-9 は，このような全ての組合せに対してシャープレシオを計算し，$m=1$ から順にその平均値を表示したものである．このように，可能な組合せ全てに対するシャープレシオの平均についても，同様の傾向が観測される．

次に，シミュレーション期間を 2008 年として，同じペア（表 4-1 における 13 ペア）に対してどの程度の期間まで，ポートフォリオのパフォーマンスが継続するかを考察する．ただし，OLS 回帰係数や共分散行列等のパラメータにつ

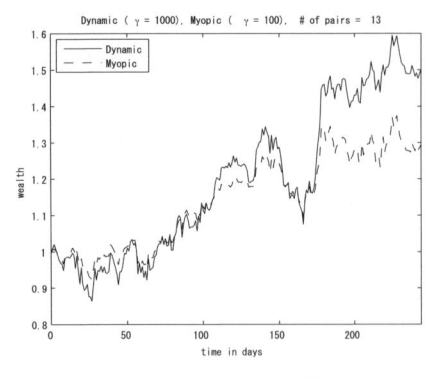

図 4-10 シミュレーション期間を 2008 年とした場合の富の水準
実線：動的ポートフォリオ，
点線：Myopic ポートフォリオ．

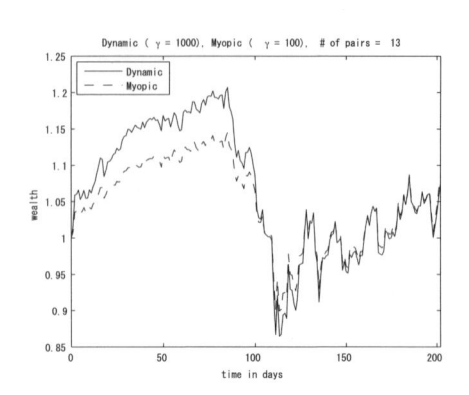

図 4-11 シミュレーション期間を 2009 年とした場合の富の水準
実線：動的ポートフォリオ，
点線：Myopic ポートフォリオ．

いては，学習期間を 1 年間スライドし，2005〜2007 年の 3 年間の日次データを用いてパラメータ推定を行う．その他，リバランス頻度等の条件は，図 4-7 で 2007 年をシミュレーション期間とした際と同様である．

図 4-10 は，上記設定の下，シミュレーション期間を 2008 年とした場合の動的ポートフォリオ，および Myopic ポートフォリオにおける富の水準を表示したものである．なお，本分析における年次シャープレシオは，それぞれ，以下のように与えられる．

$$\text{Sharp ratio}（動的）= 1.1533, \quad \text{Sharp ratio}（\text{Myopic}）= 1.0318$$
(29)

図 4-11 は，シミュレーション期間を 2009 年（ただし，パラメータ推定ウィンドウは 2006〜2008 年）として，同様にポートフォリオの富の水準を計算したものである．2007 年をシミュレーション期間とした図 4-7 も合わせると，2007 年から 2008 年にかけては，ポートフォリオが与える富の水準は順調に成長しているようにみえるが，2008 年の 150〜200 日目の間に大きな下落がみられる．これは，いわゆるリーマンショックが発生した期間と一致しているのであるが，どちらの場合も，下落は一時的なもので，すぐに元の水準を回復している．さらに，2009 年に入っても途中までは富の水準は増加傾向であるが，90 日目あたりから突然，富の水準が低下し，そのまま回復せずにいることがわかる．また，

特に後半以降は，富の水準の変動も激しい．
(注意： 本節の分析では，2004〜2006年の実績データから抽出したペアに対して，シミュレーション期間2007年においてはスプレッド・ポートフォリオが高いパフォーマンスを示していたものの，2008年以降は時間の経過とともにパフォーマンスの劣化がみられ，特に2009年の中盤以降はパフォーマンスが大幅に悪化することが観測された．パフォーマンス劣化の要因としては，抽出したペアの共和分関係継続性の問題が挙げられるが，これに対しては，例えば3ヶ月ごとにデータを更新してペアを再抽出し，ポートフォリオを構築し直すなどの対策が考えられる．このように，ペアの抽出も動的に行うことでパフォーマンスが向上することも期待されるが，次節で導入するような比例取引コストを考えた場合，ペアの入れ替えは単なる取引単位の調整よりも高い取引コストが想定される．したがって，取引コストについての分析をまずは行う必要がある．そこで，本論文では，動的にペアを入れ替える手法は今後の課題とし，次節において，固定したペアに対する取引コストの影響について分析することとした．)

5 実証分析2：パラメータ推定期間と取引コストの影響分析

本節では，データ期間を2007〜2009年として共和分するペアを再推定し，そのパフォーマンスについて評価する[2]．ここでは，取引コストやパラメータ推定期間の影響に関して詳細な分析を行うため，選択したペアにおける共和分関係の継続性の影響は極力取り除くことを考える．そのため，シミュレーション期間は，ペアの推定期間の最終年である2009年に設定する．一方，回帰係数や共分散行列等のパラメータ推定期間についてはシミュレーション期間より前とし，Myopicポートフォリオのみを用いて分析を行う．

(注意： 実務等での適用を考えた場合，ペア抽出も過去データに基づく必要があるため，シミュレーション期間をペア抽出期間に含めて分析を行うのは，一見，実用的ではない．一方，本分析では，取引コストとしてビッド・アスクスプレッドを考慮した場合，それ以外のパフォーマンス低下となる要因をあらか

---

[2] 本分析は，2009年10月末時点までのデータを用いているため，2009年におけるデータ観測日数は203日である．

じめ除外するため，少なくとも共和分関係に関しては継続していることが期待されるように，シミュレーション期間をペア抽出期間に含めて分析を行った．逆の言い方をすれば，仮に本分析から，取引コストがパフォーマンスに与える影響が大きく実用上問題があるとの見解が得られれば，ペアの抽出手法を改善したとしても実務運用には適切ではないとの示唆が得られることになる．なお，本論文では，取引コストの要因としてビッド・アスクスプレッドを想定した比例取引コストを考えているが，実際にはショート側に借株コストも発生する．このような借株コストとしては，分析期間におけるショートポジション総額の平均に一定比率を掛けたもの等が候補として考えられるが，ここではリバランス頻度の影響を直接受けるコストとして，比例取引コストのみを取り扱うことにする．）

5.1 準　　　備

まず，3節で導入したスクリーニング，およびペア抽出手続きを，2007～2009年のデータに対して適用し，新しいペアを抽出する．表4-2は，抽出したペアのリストである．基本的には，3節と同様の業種別でペアを抽出したが，ガ

表 4-2　新たな分析期間（2007～2009 年）における共和分ペア

Sapporo vs. Asahi Breweries (Foods)
Ajinomoto vs. Kikkoman (Foods)
Nippon Oil vs. Nippon Mining Holdings (Oil & coal products)
Advantest vs. Taiyo Yuden (Electric machinery)
TDK vs. Tokyo Electron (Electric machinery)
Canon vs. Kyocera (Electric machinery)
Minebea vs. Denso (Electric machinery)
Fanuc vs. Toshiba (Electric machinery)
Fuji Electric vs. Sony (Electric machinery)
Honda vs. Nissan (Automotive)
Matsuda vs. Fuji Heavy Industries (Automotive)
Konica Minolta Holdings vs. Nikon (Precision instruments)
West Japan Railway vs. East Japan Railway (Railway/Bus)
NTT Data vs. NTT (Communications)
Tokyo Gas vs. Chubu Electric Power (Gas/Electric power)
Yahoo vs. Konami (Services)

スと電力については，単一業種では銘柄が少なく，かつ，ガスも電力もともにエネルギー事業で関係が深いものと考えられるため，本分析では同一業種とみなしてペアの抽出を行った．

図 4-12 は，2007〜2008 年（2 年間）を必要パラメータの推定期間とし，2009 年の実績データに対して最適ポートフォリオを適用した際の，富の水準のシミュレーション結果である．図 4-11 では，後半，パフォーマンスが低下したままであったが，新しいペアでは富の水準が順調に増加していくのがわかる．一方，図 4-13 は，パラメータ推定期間をシミュレーション期間直前の 1 年間

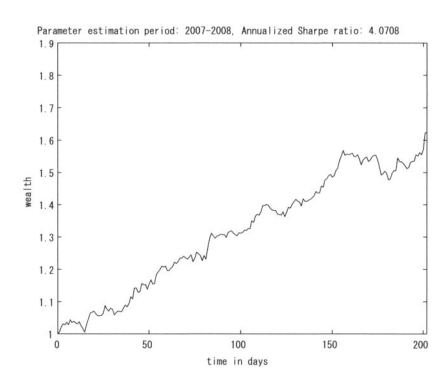

図 4.12 富の水準のシミュレーション結果（1）
推定期間：2007〜2008 年，シミュレーション期間：2009 年．

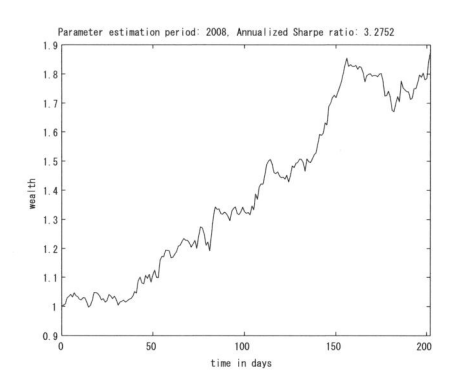

図 4.13 富の水準のシミュレーション結果（2）
推定期間：2008 年，シミュレーション期間：2009 年．

(2008年) とした際の，富の水準の推移を表す．最終的な富の水準は，パラメータ推定期間を2年間とした場合を上回るものの，全体的にばらつきも大きく，また年次シャープレシオも 3.28 と，図4-12 の 4.07 と比べて，若干，低下していることがわかる．

5.2 パラメータ推定ウィンドウを動かした場合

さらに，パラメータ推定期間を日数の経過とともに更新した際のスプレッド・ポートフォリオのパフォーマンス，および取引コストの影響について考察する．ここでは，推定パラメータの更新は一定間隔で行うことにし，パラメータ推定に用いるデータは，直近の1年間，もしくは2年間のものを用いることにする．例えば，パラメータの更新間隔を1日とすれば，毎日，新しいデータを含むデータ期間でパラメータを再計算することになる．一方，更新頻度をシミュレーション期間と同一にすれば，時点0で求めたパラメータを最後まで用いることになり，前小節のシミュレーション結果と一致する．

図 4-14〜4-15 は，このように更新間隔をずらしながらシミュレーションした際の，更新間隔に対するポートフォリオの年次シャープレシオを表す．ただし，パラメータの推定ウィンドウ（パラメータを計算するのに用いるデータ期間の長さ）は，図 4-14 で 1 年間，図 4-15 で 2 年間に固定している．また，横軸は，パラメータの更新間隔を示し，左端が更新間隔 1 日（毎日更新）であり，

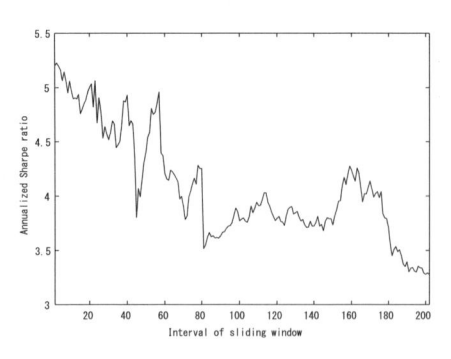

図 4.14 パラメータ更新間隔に対する年次シャープレシオの関係 (1) パラメータ推定ウィンドウ 1 年の場合．

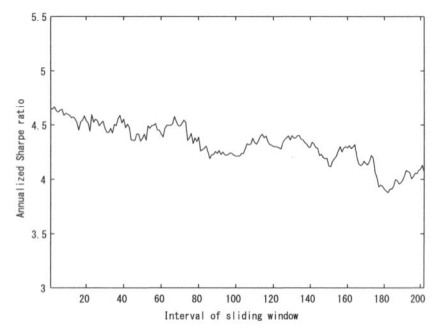

図 4.15 パラメータ更新間隔に対する年次シャープレシオの関係 (2) パラメータ推定ウィンドウ 2 年の場合．

右端はシミュレーション期間においてパラメータの更新が一度も行われないケースに対応する．いずれの場合も，パラメータの更新間隔が短い方が，シャープレシオが高くなる傾向にある．ただし，パラメータ推定ウィンドウを2年間とした場合は，改善の度合いは1年の場合ほどは高くはない．

一方，推定期間をずらさない前項の分析では，パラメータ推定ウィンドウが1年のケースは2年のケースよりもシャープレシオが低かったが，更新頻度を上げると結果が逆転するようになる．特にパラメータを毎日更新する場合は，パラメータ推定ウィンドウ1年の場合のシャープレシオが，2年のものを0.5

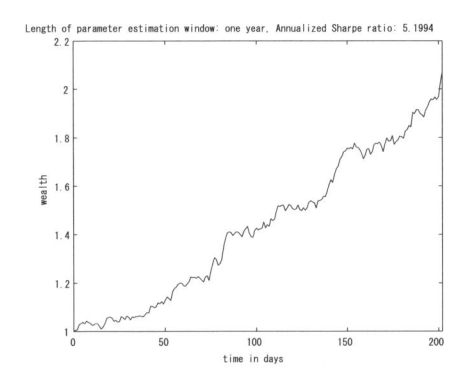

図 4.16 富の水準シミュレーション結果（1）
パラメータ更新間隔1日，パラメータ推定ウィンドウ1年の場合．

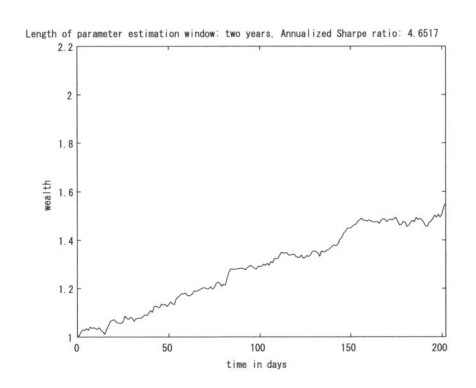

図 4.17 富の水準シミュレーション結果（2）
パラメータ更新間隔1日，パラメータ推定ウィンドウ2年の場合．

以上上回る結果となった．また，両者とも更新頻度が最も高いケースにおいて，シャープレシオが最大化されている．図4-16〜4-17は，このときの富の水準の推移を表す．ただし，図4-16は推定ウィンドウが1年，図4-17は推定ウィンドウが2年のケースであり，更新間隔はともに1日である．

5.3 取引コストの影響

最後に，取引コストの影響について分析を行う．ここでは，株式投資額を口座残高としてもつような株式口座を考えた場合に，取引によって変化した口座残高の差額の絶対値に比例して，取引コストが発生するものとする．すなわち，取引コスト率を ρ とした場合，取引コストは以下のように与えられる．

$$\rho \times |\text{取引後の株式口座残高} - \text{取引前の株式口座残高}| \tag{30}$$

例えば，$\rho=0.1\%$ の際に100円の株式の保有単位を100から120に増やした場合の取引コストは，

$$0.001 \times |(120-100) \cdot 100| = 2 \text{ (円)}$$

である．ここでは，このような取引コストを，比例取引コストと呼ぶ．

図4-18〜4-19は，取引コスト率を $\rho=0\%$ から $\rho=0.5\%$ まで増加させた際の，パラメータ更新間隔に対する年次シャープレシオの推移を表す．ただし，パラメータ推定ウィンドウは，図4-18が1年間，図4-19が2年間である．ともに一番上の実線が $\rho=0\%$ における年次シャープレシオであり，図4-14〜4-15が与える年次シャープレシオに一致する．

図4-18〜4-19において，比例取引コスト率が増加すると，シャープレシオは低下するが，その低下率は，パラメータ更新間隔の短い方が大きいことがわかる．例えば，ともにパラメータ更新間隔が1日のときが $\rho=0\%$ において最もシャープレシオが高いのであるが，$\rho=0.5\%$ の場合は，パラメータ更新間隔が1日の際にシャープレシオが最も低い．また，推定ウィンドウが2年のケースは，$\rho=0.5\%$ の際に，図の右端に相当する，パラメータの更新を一度も行わないケースが最も高いシャープレシオを与えている．

比例取引コストは，ビッド・アスクスプレッドと深い関係があるものと考えられる．例えば，ビッド・アスクスプレッドが1％の場合，真の価格がビッド価格とアスク価格の真ん中にあるとすれば，売買のたびに0.5％の取引コスト

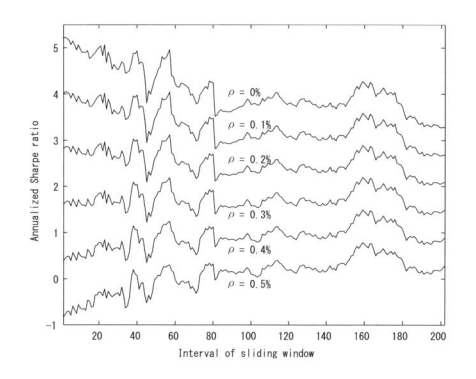

図 4.18 パラメータ更新間隔に対する年次
シャープレシオの関係

パラメータ推定ウィンドウ1年,上から $\rho=0$, 0.1, 0.2, 0.3, 0.4, 0.5 [%].

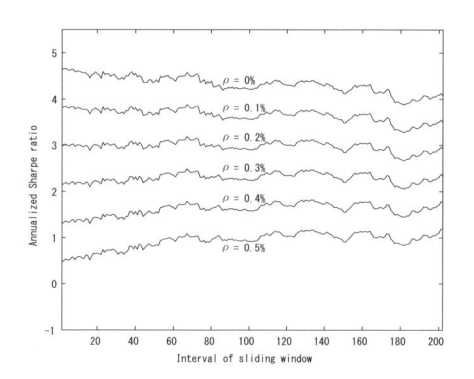

図 4.19 パラメータ更新間隔に対する年次
シャープレシオの関係

パラメータ推定ウィンドウ2年,上から $\rho=0$, 0.1, 0.2, 0.3, 0.4, 0.5 [%].

を支払っているのと同等である.分析で用いたデータは,売り価格と買い価格が区別されているわけではないので,実際には,このようなビッド・アスクスプレッドに起因する取引コストの影響は相殺されていると考えられるが,0.5%という取引コストの下でも,推定ウィンドウが2年のケースでは年次シャープレシオが1を超えるケースもあり,スプレッド・ポートフォリオにおける富が,ある程度の水準をこの例では維持している.

6 まとめと今後の課題

本論文では，共和分ペアによって与えられるスプレッドをモデル化した上で，複数スプレッドによって構成されるポートフォリオの最適化問題について検討した．まず，離散時間設定の下，VARモデルとして与えられるスプレッド過程に対し，各時点までに観測された情報に基づく条件付き平均・分散最適化問題を定式化し，1階の条件を適用することにより最適ポートフォリオを計算した．さらに，連続時間設定における動的最適ポートフォリオを計算し，離散時間設定における最適ポートフォリオとの比較を行った．また，スプレッド・ポートフォリオに対する取引コストの影響について，シャープレシオを用いて検証した．

シミュレーションにおいては，まず，学習期間における日次の株式価格データを用いて共和分ペアを抽出し，シミュレーション期間の実績データに対して，最適ポートフォリオのパフォーマンスを測定した．最適ポートフォリオについては，離散時間設定における1期間問題，および連続時間設定における動的最適化問題の2つの設定に対して計算したが，シミュレーションでは，顕著な差がみられなかった．

さらに，パラメータ推定期間の影響を見るために，一定の間隔で推定ウィンドウを動かしながらポートフォリオの必要パラメータを再計算し，分析を行った．この際，更新頻度の高い方が，シャープレシオに改善がみられたが，取引コストを考慮した分析では，必ずしも更新頻度が高い方がシャープレシオが改善されるとは限らず，逆に，取引コスト率を上げると，更新頻度が高い方がシャープレシオの劣化が顕著であるという結果が得られた．

今後の課題としては，共和分ベクトルを用いたポートフォリオの構築，およびより直近のデータを用いた分析が挙げられる．

〔参考文献〕

川崎能典，"Johansenの共和分検定について"，日本銀行金融研究所「金融研究」，

第 11 巻第 2 号, 99-120.

Campbell, J. and L. Viceira (2002), *Strategic Asset Allocation*, Oxford University Press.

Campbell, J., G. Chacko, J. Rodriguez, and L. Viceira (2004), "Strategic asset allocation in a continuous-time VAR model", *Journal of Economic Dynamics and Control*, **28** (1), 2195-2214.

Engle, R. F. and C. W. J. Granger (1987), "Co-Integration and Error Correction: Representation, Estima-tion, and Testing", *Econometrica*, **55** (2), 251-276.

Herzog, F., G. Dondi, H. Geering, and L. Schumann (2004), "Continuous-time multivariate strategic asset allocation", Working paper.

Johansen, S. (1991), "Estimation and hypothesis testing of cointegration vectors in Gaussian vector autoregressive models", *Econometrica*, **59** (6), 1551-1580.

Kim, S.-J., J. Primbs, and S. Boyd (2008), "Dynamic Spread Trading", *Submitted*.

Markowitz, H. M. (1952), "Portfolio Selection", *Journal of Finance*, **7** (1), 77-91.

Mudchanatongsuk, S., J. A. Primbs, and W. Wong (2008), "Optimal Pairs Trading: A Stochastic Control Approach", *Proceedings of the American Control Conference, Seattle*, 1035-1039.

Uhlenbeck, G. and L. Ornstein (1930), "On the theory of Brownian motion", *Physical Review*, **36** (5), 823-841.

Vidyamurthy, G. (2004), *Pairs Trading: Quantitative Methods and Analysis*, Wiley.

(山田雄二：筑波大学大学院ビジネス科学研究科)

(James A. Primbs：スタンフォード大学)

一 般 論 文

5 効用無差別価格を用いた事業価値評価

瀧野一洋

概要 本研究では企業の事業価値について，金融工学・数理ファイナンスの分野における派生証券価格評価のフレームワークを用いた評価を行う．本稿では，新規事業がもたらすキャッシュフローを1つの金融商品とみた場合の非完備性に注目する．このとき，非完備市場モデルで派生証券評価法として研究されている効用無差別価格を応用し，それを用いた1つの事業価値評価法を提案する．同様の評価法は宮原（2006）によって既に提案されているが，本稿では既存モデルとの違いについて議論する．さらに既存事業に対する資本コストや事業からのキャッシュフローの変動性の変化，意思決定者のリスクに対する態度が事業価値に与える影響についても分析する．

Keywords：事業価値評価，効用無差別価格，コーポレート・ファイナンス，正味現在価値法（NPV法），非完備市場モデル．

1 はじめに

事業を行うか行わないかの投資政策決定はコーポレート・ファイナンスにおける重要な課題である．近年では，事業を継続するか撤退するかなど柔軟性を取り入れた事業の価値評価を行うリアルオプション問題（Dixit and Pindyck (1994)）についても数多く研究されている．

新規事業の投資価値を測定する方法として伝統的に用いられている手法が，正味現在価値法（以下，NPV法）である（石島（2008），加藤（2006））．これは，ある事業を行うことで発生する将来の各時点でのキャッシュフローの割引現在価値（以下，DCF）を計算することで求められる．このとき，割引率をいかに設定するかが重要となるが，Sharpe (1964) は資本資産価格モデル（以下，CAPM）による割引率を提唱している．CAPMによると，適切な割引率として発行済株式の期待リターンを用いることとなる．ところが，市場で取引されて

いる株価における期待リターンは，現在の企業の経営状況に関する情報のみを所与とした期待を反映しており，これから取り組む事業に対する期待は十分に反映されていないと考えられる．一般的に，既存事業がもたらす収益率に対するリスクよりも新規事業の収益率に対するリスクの方が大きいと考えられるため，新規事業を含めた企業の全事業に対する期待リターン，つまり割引率はより大きく推計されなければならない．しかしながら，新規の事業価値を評価する際にCAPMを用いると，DCFが過大に見積もられ誤った投資政策が実行される可能性が出てくる．

割引率の選択に対しては，他のアプローチも考えられる．無裁定条件が成立し，事業がもたらすキャッシュフローが市場で取引されている証券によって複製される場合，将来の各時点のキャッシュフローの適正な価値はマルチンゲール確率測度の下での期待値を（評価時点まで）割り引いたものとなる（リスク中立評価法）．このときの割引率は無リスク金利である．しかしながら，この評価手法を適用するにはキャッシュフローが複製可能であるという条件が必要となる．Dixit and Pindyck（1994）にも述べられているように，既存の事業と関連のない新規事業がもたらす事業価値に対しては，これは成り立たないと考えられる．したがって，事業のキャッシュフローの評価は非完備市場モデルとみなされ，無裁定条件の下でのリスク中立評価法は利用できない．

非完備市場モデルでの金融派生証券の評価については，これまで数多く研究が行われてきた．その中でも代表的市場参加者の効用を用いた評価方法として効用無差別価格（Utility Indifference Price）がある（Hodges and Nuburger (1989)）．これは，市場で取引されている証券のポートフォリオに投資を行う市場参加者が，追加的に派生証券を取引した場合の最大期待効用水準と，そうしない場合の最大期待効用水準を一致させるように派生証券の価格を定める評価手法である．経済学の観点からは，派生証券の取引が（効用水準で）無差別となるため主体的均衡に基づいた評価方法であると考えられる．効用無差別価格アプローチは，応用数学および数理ファイナンスの分野において，さまざまな非完備市場モデルの派生証券の評価に応用されているが，特に投資家の効用関数を用いて事業価値あるいは投資価値の評価を行った先行研究として宮原 (2006)，Henderson and Hobson (2002)，Hugonnier and Morellec (2007)，

Misawa（2009）などがある．これらのうち後二者の先行研究は，本稿で指摘している通りキャッシュフローが持つ非完備性に注目して効用関数が用いられている．

　Henderson and Hobson（2002）はベキ効用に対して，キャッシュフローを原資産としてその定数倍をペイオフ関数とする派生証券の効用無差別価格を求めている．さらに，投資家の初期富や（相対的）リスク回避度の変化が無差別価格に与える影響についても分析を与えている．Hugonnier and Morellec（2007）は，事業の開始時点に柔軟性を加えた新規事業（投資オプション）の価値を評価するリアルオプション分析を行っている．投資タイミングに柔軟性を与えた場合，企業のキャッシュフローは次のようになる：投資を実行しない間は企業の投資資金は全て銀行預金などの安全資産で運用され，そこで発生するキャッシュフローを受け取り，いったん投資が実行されるとその事業からのキャッシュフローを得ることになる．従来のリアルオプション分析（今井（2004），Dixit and Pindyck（1994））では，適当な割引率で割り引いたキャッシュフローの総和で表される事業価値を最大化させる最適投資実行時点を決定する問題（投資価値最大化問題）が設定されるが，彼らの研究ではキャッシュフローからの効用を主観的割引率で割り引き，それらの総和を最大化させる最適投資時点を決定する問題（効用最大化問題）が考えられている．この最適化問題の解として，投資タイミングを決定すべく最適なキャッシュフロー水準が得られ，キャッシュフローがこの値を超えた時点が最適な投資実行時点となる．さらに，意思決定者のリスク回避度やキャッシュフローの変動性（ビジネスリスク）が投資決定に与える影響などが分析されている．特に，数値分析では次のような結果が得られている：意思決定者がよりリスク回避的になると，投資実行閾値が大きくなる．つまり，リスク回避的になるほど投資を引き延ばそうとする．また，ビジネスリスクが大きくなると投資実行閾値が大きくなる．つまり，ビジネスリスクが高まれば投資を引き延ばそうとする．

　Hugonnier and Morellec（2007）では，期待効用を最大化するように投資タイミングを決定する問題が解かれているが，解を求める際に事業からのキャッシュフロー過程におけるドリフト項やボラティリティ項などの係数に制約が必要となる（Proposition 2, Hugonnier and Morellec（2007））．これは実際の事

業をモデル化する上で確率過程の自由度が失われてしまうことを意味し，結局のところ実務への応用を難しいものにする．また，Hugonnier and Morellec (2007) のように効用関数を用いて最適停止問題を設定した場合，主観的割引率が値関数に組み込まれるため NPV 法に対して指摘されているような割引率選択における恣意性が存在してしまう．結局，彼らの効用関数を用いた評価ルールは，モデルの制約や割引率の恣意性といった問題を抱えていることになる．いま指摘された問題点は，事業の投資決定に柔軟性を取り入れたために発生したものである．よって，このような問題を避けるため本研究では事業にリアルオプションを取り入れない．

　宮原 (2006) の評価法は，[**ステップ 1**] 確率モデルによって表現される事業の将来キャッシュフローを確定的な割引率で割引くことにより，その NPV を求める．したがって，NPV はある確率モデルとして表現されたままである．[**ステップ 2**] その上で，この NPV の効用無差別価格を求め，これを事業価値とする（UNPV 法と呼ばれる）．さらに Miyahara (2009) において，リスク指標の観点から効用無差別価格の有効性について言及されており，このことは事業評価に同アプローチを用いることの妥当性を示唆するものである．しかしながら，効用無差別価格を用いた評価方法は効用関数を用いてるため，評価公式に投資家（投資価値を評価する主体）のリスク回避度が含まれる．したがって，同アプローチを実際に利用するにはリスク回避度を特定しなければならない問題が残る．これについては，Misawa (2009) がリスク回避度を明示しない形で宮原 (2006) の評価公式を導出しており，実務に応用する手法を提案している．しかしなお，宮原 (2006) の評価法においては，上述した，ステップ 1 における NPV と，ステップ 2 における効用無差別価格という 2 つのバリュエーションルールを適用している，という問題を内包している．しかしながら，宮原 (2006) では割引率の選択に対して，効用無差別価格との関連性が言及されていないため，2 つのバリュエーションが内包された宮原 (2006) の評価方法は妥当でないと考えられる．本稿はこの問題を避けるべく，効用無差別価格を用いた代替的な評価方法を提案する．具体的には，将来時点で発生するキャッシュフローをそれぞれ効用無差別価格アプローチで評価し，その総和と初期投資コストとを比較する評価手法となる．NPV 法の観点では，DCF の代わりに効用

無差別価格を用いた事業価値評価法となる．これが，宮原（2006）による評価手法の問題点を改善するための対処法である．

　本研究では，将来のキャッシュフローの現在価値をいかに測定するかという古典的な問題に対して効用無差別価格を応用した場合の事業価値について議論を行う．将来のある1時点で発生するキャッシュフローの評価（効用無差別価格の導出）という点ではHenderson and Hobson（2002）と同様の議論となるが，事業価値として定式化を行うのは本研究が初めてである．本稿で定式化される評価公式は，少なくとも上で指摘されたような割引率選択における恣意性を排除することができる．また，リアルオプションを考慮に入れていないため，モデルパラメータに対する制約なども回避することができる．本研究では，事業がもたらすキャッシュフローをもとに事業価値を評価するため，Henderson and Hobson（2002）やHugonnier and Morellec（2007）と同様の枠組みとなる．これら先行研究と同様に証券市場で取引されるリスク資産および新規事業のキャッシュフローの価値変動は幾何Brown運動に従うものと仮定する．このとき，Musiela and Zariphopoulou（2004）の効用無差別価格の導出方法が利用でき，明示的な評価式を得ることができる．本稿で提案する評価手法の特徴やインプリケーションを明らかにするために，数値計算を行う．特に，各パラメータを変化させたときの投資価値の変化を検証する感応度分析では，先行研究や一般的な投資決定プロセスと整合的な結果が得られる．例えば，意思決定者のリスク回避度やビジネスリスクが事業価値に与える影響については，Hugonnier and Morellec（2007）と同様の結果が得られた．Henderson and Hobson（2002）では近似解法を用いて効用無差別価格の導出が行われているが，得られた近似公式を利用するには用いるパラメータに制約がかかってしまう．このため，Musiela and Zariphopoulou（2004）による公式を利用した方が数値結果には有効であると考えられる．

　本稿の残りは次のような構成となる：第2節では評価する事業のキャッシュフローと証券市場モデルを与える．第3節では，宮原（2006）による投資価値評価法と本稿で提案する評価法を導入する．第4節では，本稿で提案する評価法で必要な効用無差別価格の導出を行う．第5節では，提案する投資価値評価手法を用いたいくつかの数値例を示す．まずは，宮原（2006）によって提案さ

れた評価手法と本稿の評価方法との相違点を数値例で確認し，次に本研究の評価ルールにおいてパラメータの変化が投資価値に与える影響を分析する．

2　モ　デ　ル

本節では，評価を行う新規事業のキャッシュフローおよびその企業の株価の変動を確率的にモデル化する．本稿では，$(\Omega, \mathcal{F}, P; \mathcal{F}_t)$ で表されるフィルター付確率空間上で考える．証券価格やキャッシュフローの不確実性は2次元標準 Brown 運動 $W = (W_1, W_2)$ によって表現されるものとし，フィルトレーション $\mathcal{F}_t$ は Brown 運動から生成されるものとする．すなわち，$\mathcal{F}_t = \sigma(W_s : 0 \leq s \leq t)$．

市場には金利を r とする無リスク資産 B と，この企業の株価 S が取引されているものとする．ただし，便宜上，無リスク金利は0とする．それぞれの価格変動過程は次のように表されるものとする．

$$dB(s) = 0$$
$$dS(s) = S(s)\{\mu_S ds + \sigma_S dW_1(s)\} \tag{1}$$

ただし，μ_S, σ_S は定数．一方で，この企業が新たに行う事業の将来のキャッシュフロー Y の変動過程は

$$dY(s) = Y(s)\sigma_Y \left(\rho dW_1(s) + \sqrt{1-\rho^2} dW_2(s)\right) \tag{2}$$

と表されると仮定する．ただし，σ_Y は定数で $\rho \in (-1, 1)$ は事業のキャッシュフローとこの企業が発行している株価の相関関係を表す定数である．ここで，キャッシュフロー Y の変動過程でドリフトをゼロとしているのは，競争均衡状態において利益水準が一定値に収束するという実証結果を反映しているためである（斉藤（2001），10章，12章）．すなわち，均衡状態ではキャッシュフローの変化率は0となることが期待されるようにモデル化されている．実際，(2) に対して

$$E\left[\frac{dY(s)}{Y(s)}\right] = 0, \quad s > 0$$

が成り立つ．とはいえ，現実的にキャッシュフローは一定でないため，(2) は

その不確実性を考慮に入れたモデルとなっている。同様のモデルは加藤（2006）の3章にも導入されている。一方で，キャッシュフローモデルYにドリフトを取り入れたとしても，本研究における評価ルールの導出には何ら影響しない。上記のモデルは連続時間モデルで表現されているが，次節で事業価値を評価する際は離散時点でのキャッシュフローを評価することになる。

効用無差別価格を導出するため，許容ポートフォリオ戦略を定義する。事業への投資価値を評価する主体（以下，投資家と呼ぶ）は，時点 s での富 $X(s)$ のうち $\pi(s)$ を株式に投資し，残りの金額は銀行預金へ預け入れるものとする。

定義1（許容ポートフォリオ戦略）： ポートフォリオ戦略 π が許容であるとは，
$$E\left[\int_0^T \pi(s)^2 ds\right] < \infty$$
を満たし，かつ次式で定義されるような自己資本調達的であるときをいう。
$$dX(s) = \frac{\pi(s)}{S(s)} dS(s) + \frac{X(s) - \pi(s)}{B(s)} dB(s) \tag{3}$$
さらに，許容ポートフォリオ戦略の集合を $\mathcal{A}$ で表す。

投資家の効用 U は，次式で表される指数効用で表されるものとする。
$$U(x) = -\frac{1}{\gamma} e^{-\gamma x} \qquad \gamma > 0, \quad x \in \mathbb{R} \tag{4}$$
ここに，γ は（絶対的）リスク回避度を表す。γ の値は投資家のリスクに対する態度を示すもので，この値が大きくなれば投資家はよりリスク回避的であるとみなす。

3 事 業 評 価

本節では2節で設定したモデルの下で，本稿が提案する新規事業の価値評価について，関連する研究との位置づけを明確にしながら概説を与える。最初に，宮原（2006）によって提案された評価手法を概観し，本研究が提案する代替的評価ルールを導入する。

伝統的な評価手法である正味現在価値法（以下，NPV 法）による事業評価方法は，新規事業の初期コストを I（>0）として，

$$V_{NPV} = \sum_{i=1}^{N} D(t_i) - I, \qquad N \in \mathbb{N} \tag{5}$$

の値が 0 より大きいとき，この事業を行うというものである．ただし $D(t_i)$ は時点 t_i で発生する将来キャッシュフロー Y の DCF であり，

$$D(t_i) := e^{-\mu t_i} E[Y(t_i)] \tag{6}$$

で与えられるとする．ただし，μ はリスク調整後の割引率とする．ファイナンス理論に関わる多くの文献では，DCF は

$$\frac{E[Y(t_i)]}{(1+\mu)^{t_i}}$$

で与えられるが，本稿では便宜上 (6) を用いる．

3.1 宮原（2006）による投資価値評価

(2) で表される事業の将来キャッシュフロー Y について，その現在時点 $t=0$ における確率的現在価値を $RNPV$ とし，次式

$$RNPV = \sum_{i=1}^{N} e^{-\mu t_i} Y(t_i) - I$$

で定義する[1]．ただし，事業の将来キャッシュフロー Y は連続時間モデルで表現されるものの，離散時点 $t_i, i \in \mathbb{N}$ において実現すると考える．ここで，割引率 μ にどの値を用いるのかという問題が残ることに注意する．宮原（2006）が提案する評価ルールによると，$RNPV$ に対する効用無差別価格 V_{UNPV} を用いて，事業を行うか行わないかの投資政策を決定する．

ここに，$RNPV$ に対する効用無差別価格 V_{UNPV} とは

$$U(X(0)) = E[U(X(0) + RNPV - V_{UNPV})] \tag{7}$$

の解として与えられるものである．ここで，$X(0)$ は無リスク資産と同社が発行する株式へのポートフォリオを構築するための初期費用であり，このポートフォリオは効用無差別価格を導出する際に参照されるものである．例えば，前節で導入した指数効用 (4) に対して，(7) を解くと，

$$V_{UNPV} = -\frac{1}{\gamma} \ln E[e^{-\gamma RNPV}] \tag{8}$$

となる．このようにして求められる $RNPV$ に対する効用無差別価格 V_{UNPV} を用

---
1) 期待値をとる前の DCF の総和とみなせる．

いて事業への投資政策を判断する．具体的には，$V_{UNPV}>0$ ならば新規事業への投資を採択し，そうでなければ見送る判断を下す．

(**注意**： (4) の指数効用に対して，(8) は次のように展開できる．

$$V_{UNPV} = -\frac{1}{\gamma}\ln E\left[e^{-\gamma RPV}\right] - I \qquad (9)$$

ここに，$RPV = \sum_{i=1}^{N} e^{-\mu t_i} Y(t_i)$ である．すなわち，宮原 (2006) の提案する評価手法は，全期間の（確率的な）割引キャッシュフローの合計 RPV の現在時点 $t=0$ における効用無差別価格と投資コスト I とを比較する評価手法であるとみなすことができる．)

3.2 本稿で提案する効用無差別価格を用いた事業価値評価法

本稿で提案する効用無差別価格を用いた事業価値評価についてその導入を与える．まず将来時点で発生するキャッシュフローのそれぞれの効用無差別価格の総和を求めた上で，初期コスト I を差し引いたものを投資価値とする．すなわち，将来時点 t_i で発生するキャッシュフローの現在時点 $t=0$ 時点での効用無差別価格を $p(0；t_i)$ とすると，本稿で提案する投資価値は

$$V_{UIP} = \sum_{i=1}^{N} p(0；t_i) - I \qquad (10)$$

で与えられる．ここで，本研究での評価方法では，各将来時点のキャッシュフローの現在価値を効用無差別価格で求めており，割引率にどの値を適用するかといった恣意性は排除されている．これが，宮原 (2006) の評価ルールと決定的に異なる点であり，本稿の評価方法で改善されたものである．この投資価値 V_{UIP} を用いて，$V_{UIP}>0$ のとき新規事業の採択を決定し，一方で $V_{UIP}<0$ のとき投資は見送る，というように事業の投資政策を決定する．次節では，V_{UIP} を求める上で必要となる $p(0；t_i)$ の導出について議論を行う．

4 効用無差別価格

本節では，各将来時点 t_i におけるキャッシュフロー $Y(t_i)$ の効用無差別価格 $p(0；t_i)$ を導出する（4.1 項）．この結果を利用して，4.2 項では本稿で提案する

5 効用無差別価格を用いた事業価値評価

評価手法の明示的な評価公式を与える.

4.1 効用無差別価格の導出

本項では (10) の $p(0;t_i)$ を求める. いま, $t<t_i$ として以下の 2 つの期待効用最大化問題を考える.

$$u(t,x) = \sup_{\pi \in \mathcal{A}} E\bigl[U(X(t_i))\bigm|X(t)=x\bigr]$$

$$v(t,x,y) = \sup_{\pi \in \mathcal{A}} E\bigl[U(X(t_i)+Y(t_i))\bigm|X(t)=x, Y(t)=y\bigr] \tag{11}$$

定義 2(効用無差別価格): 将来時点 t_i におけるキャッシュフロー $Y(t_i)$ の現在時点 $t=0$ での効用無差別価格 $p(0;t_i)$ は

$$u(0,x) = v(0, x-p(0;t_i), y) \tag{12}$$

を満たす値として与えられる.

したがって, 以下では効用無差別価格を陽に求めるために, $u(t,x)$ および $v(t,x,y)$ を明示的に表現することとする.

命題 1: (11) の $u(t,x)$ は,

$$u(t,x) = -\frac{1}{\gamma} e^{-\gamma x - \frac{1}{2}\theta_S^2 (t_i - t)}$$

で与えられる. ただし, (1) を記述するパラメータを用いて, $\theta_S := \mu_S/\sigma_S$ とした.

(証明) 値関数 u の HJB 方程式は

$$\begin{cases} u_t + \max_{\pi}\left[\pi \mu_S u_x + \frac{1}{2}\pi^2 \sigma_S^2 u_{xx}\right] = 0 \\ u(t_i, x) = -\dfrac{1}{\gamma} e^{-\gamma x} \end{cases} \tag{13}$$

一階の条件より, (13) の最大値は

$$\pi^* = -\frac{\theta_S}{\sigma_S} \frac{u_x}{u_{xx}}$$

で達成される. このとき, (13) より次の PDE を得る.

$$\begin{cases} u_t - \dfrac{1}{2}\theta_S^2 \dfrac{u_x^2}{u_{xx}} = 0 \\ u(t_i, x) = -\dfrac{1}{\gamma} e^{-\gamma x} \end{cases} \tag{14}$$

ここで,

$$u(t, x) = -\dfrac{1}{\gamma} e^{-\gamma x} K(t) \tag{15}$$

とおき,これを (14) に代入すると,

$$K'(t) = -\dfrac{1}{2}\theta_S^2 (t_i - t)$$

を得る.終点条件 $K(t_i) = 1$ の下でこれを解くと,

$$K(t) = \exp\left(-\dfrac{1}{2}\theta_S^2 (t_i - t)\right)$$

となり,これを (15) に代入して命題を得る. □

一方,$v(t, x, y)$ の明示的な解は,2節のモデル設定下で,Musiela and Zariphopoulou (2004) を利用して求めることができる.そのために,まず以下の定義を行う.

定義3: 同値マルチンゲール確率測度 Q を次式で定義する.

$$\dfrac{dQ}{dP} = \exp\left(-\int_0^{t_i} \theta_S dW_1(s) - \int_0^{t_i} \theta_S^2 ds\right)$$

いま $\tilde{W} = (\tilde{W}_1, \tilde{W}_2)$ を,それぞれ

$$\tilde{W}_1(t) = W_1(t) + \int_0^t \theta_S ds, \qquad \tilde{W}_2(t) = W_2(t)$$

で定義する.このとき Girsanov の定理より,$\tilde{W}$ は確率測度 Q の下で2次元標準 Brown 運動となる.また確率測度 Q の下で,キャッシュフロー Y の過程は

$$dY(s) = Y(s)\left\{-\rho \theta_S \sigma_Y ds + \sigma_Y \left(\rho d\tilde{W}_1(s) + \sqrt{1-\rho^2} d\tilde{W}_2(s)\right)\right\}$$

となる.この確率測度 Q の下での Y を用いて,$v(t, x, y)$ の明示解が与えられる.

命題2: (11) の $v(t, x, y)$ は,

$$v(t, x, y) = -\dfrac{1}{\gamma} e^{-\gamma x - \frac{1}{2}\theta_S^2 (t_i - t)} \left(E_t^Q \left[e^{-(1-\rho^2)\gamma Y(t_i)}\right]\right)^{\frac{1}{1-\rho^2}}$$

で与えられる．ここに，$E_t[\cdot] := E[\cdot | \mathcal{F}_t]$ である．

(証明) 値関数 v の HJB 方程式は

$$\begin{cases} v_t + \dfrac{1}{2}y^2\sigma_Y^2 v_{yy} + \max_\pi \left[\pi\mu_S v_x + \pi\rho\sigma_S\sigma_Y y v_{xy} + \dfrac{1}{2}\pi^2\sigma_S^2 v_{xx}\right] = 0 \\ v(T, x, y) = -\dfrac{1}{\gamma}e^{-\gamma(x+y)} \end{cases} \quad (16)$$

一階の条件より，(16) の最大値は

$$\pi^* = -\frac{\theta_S}{\sigma_S}\frac{v_x}{v_{xx}} - \frac{\rho\sigma_Y y}{\sigma_S}\frac{v_{xy}}{v_{xx}}$$

で達成される．このとき，(16) より次の PDE を得る．

$$\begin{cases} v_t + \dfrac{1}{2}y^2\sigma_Y^2 v_{yy} - \dfrac{1}{2}\theta_S^2\dfrac{v_x^2}{v_{xx}} - \rho\theta_S\sigma_Y y\dfrac{v_{xx}v_{xy}}{v_{xx}} - \dfrac{1}{2}\rho^2\sigma_Y^2 y^2\dfrac{v_{xy}^2}{v_{xx}} = 0 \\ v(T, x, y) = -\dfrac{1}{\gamma}e^{-\gamma(x+y)} \end{cases} \quad (17)$$

Musiela and Zariphopoulou (2004) より，v は関数 $F: [0, T] \times \mathbb{R}_+ \to \mathbb{R}$ に対して

$$v(t, x, y) = -\frac{1}{\gamma}e^{-\gamma x}F(t, y)^{\frac{1}{1-\rho^2}} \quad (18)$$

と書き換えられる．ただし，F は

$$\begin{cases} -F_t + \dfrac{1}{2}(1-\rho^2)\theta_S^2 F = -\rho\theta_S\sigma_Y y F_y + \dfrac{1}{2}\sigma_Y^2 y^2 F_{yy} \\ F(T, y) = e^{-(1-\rho^2)\gamma y} \end{cases}$$

の解である．Feynman-Kac の公式から F は，

$$F(t, y) = e^{-\frac{1}{2}(1-\rho^2)\theta_S^2(t_i-t)}E_t^Q\left[e^{-(1-\rho^2)\gamma Y(t_i)}\right]$$

と表される．これを (18) に代入して命題を得る． □

定義 2，命題 1，命題 2 より，将来時点 t_i におけるキャッシュフロー $Y(t_i)$ の効用無差別価格は以下のように与えられる．

命題 3： 時点 t_i におけるキャッシュフロー $Y(t_i)$ の効用無差別価格 $p(0; t_i)$ は

$$p(0; t_i) = -\frac{1}{\gamma(1-\rho^2)}\ln E_t^Q\left[\exp\left(-\gamma(1-\rho^2)Y(t_i)\right)\right]$$

で与えられる．

4.2 本稿で提案する効用無差別価格を用いた事業価値評価法（再考）

前項での結果を用いて，3.2項で導入した評価手法を再定義する．命題3の結果を (10) に代入することにより，本稿で提案する投資価値評価式は，次式のように与えられる．

$$V_{UIP} = \sum_{i=1}^{N} \left\{ -\frac{1}{\gamma(1-\rho^2)} \ln E^Q \left[\exp\left(-\gamma(1-\rho^2)Y(t_i)\right) \right] \right\} - I \quad (19)$$

（**注意**： 評価式 (19) の解釈を与えておく．対数関数 $f(x) = \ln x$ $(x>0)$ の凹性より，各 i に対して

$$\ln E^Q \left[\exp\left(-\gamma(1-\rho^2)Y(t_i)\right) \right] \geq E^Q \left[\ln \left(\exp\left(-\gamma(1-\rho^2)Y(t_i)\right) \right) \right]$$
$$= E^Q \left[-\gamma(1-\rho^2)Y(t_i) \right]$$

となる．よって，

$$-\frac{1}{\gamma(1-\rho^2)} \ln E^Q \left[\exp\left(-\gamma(1-\rho^2)Y(t_i)\right) \right] \leq E^Q[Y(t_i)], \quad i=1, 2, \cdots$$

を得る．これより，

$$V_{UIP} \leq \sum_{i=1}^{N} E^Q[Y(t_i)] - I$$

となる関係を得る．これは次のように解釈できる：新規事業のキャッシュフローに伴うリスクが取引可能な証券で完全に制御可能な場合は，その事業に対する投資価値は

$$\sum_{i=1}^{N} E^Q[Y(t_i)] - I$$

で与えられる[2]（証明は省略）．しかしながら，本稿のような非完備市場モデルの下では，制御不可能なリスクの分だけ投資価値は過小評価されることになる．この結果はリスク回避的な評価者の態度を表しているとも考えられる（補論参照のこと）．）

5 数　値　例

本節では，本研究で提案する新規事業の価値評価手法の特徴やインプリケー

---

2) 本稿では，無リスク金利を0としているため表現上，割引因子は明示されていない．

ションを，数値例を通じて明らかにする．最初に宮原（2006）で提案された評価方法について議論し，本稿で提案された評価手法によって得られる投資価値との比較を行う．次に，我々の評価アプローチが持つ特徴を数値例で確認をする．本節を通して，新規事業の期間は10年（$N=10$），初期投資コストIは1000とし，Monte-Carloシミュレーションの試行回数は1,000,000回とする．

5.1 評価方法の比較

本節では宮原（2006）によって与えられた評価法と，本稿で提案する評価法で与えられる投資価値を比較する．

比較の前に，宮原（2006）の評価法が持つ割引率選択問題を数値例を用いて確認する．図5-1は，評価法（8）による投資価値V_{UNPV}と割引率μの関係である．3つのリスク回避度$\gamma=0.01, 0.02, 0.03$に対して計算が行われている．その他のパラメータは，$Y(0)=500$，$\rho=0.75$，$\sigma_Y=0.4$を用いている．図5-1より，投資価値は割引率の減少関数であることがわかる．これは，資本コストの増加により投資価値が減少するという妥当な結果である．しかしながら，割引率の選び方によって投資価値の正負が左右され，投資決定に大きな影響を与えることがわかる．

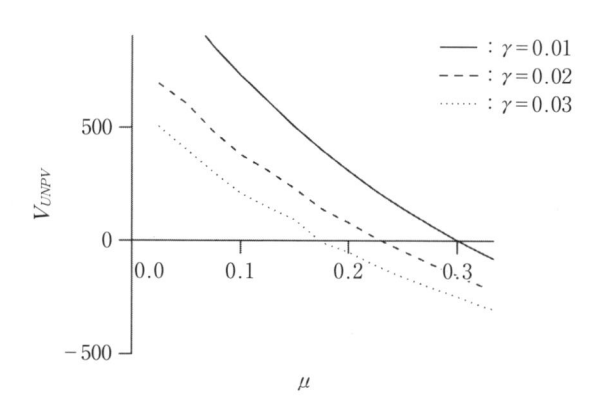

図5-1 宮原（2006）による投資価値V_{UNPV}と割引率μとの関係 投資家のリスク回避度γを変化させて調べた結果．

5.1.1 計算順序の違いによる比較

宮原 (2006) によって与えられた評価法と，本稿で提案する評価法で与えられる投資価値を比較する．ここでは，特別なパラメータの下での比較を行う．すなわち，$\mu = \mu_S = 0.0$ および $\rho = 0.0$ の場合である．これら以外のパラメータは次の通りである：$\sigma_S = 0.2$, $\sigma_Y = 0.4$, $\gamma = 0.01$．また，便宜上 $I = 0$ とする．このとき，確率測度 Q の下での確率過程 Y は

$$dY(t) = Y(t)\sigma_Y dW_2^*(t) = Y(t)\sigma_Y dW_2(t)$$

となり，測度 P の下での Y の過程と等しくなる．このとき，宮原 (2006) の評価法 (9) は

$$V_{UNPV}(0) = -\frac{1}{\gamma} \ln E\left[\exp\left(-\gamma \sum_{i=1}^{N} Y(t_i)\right)\right] - I$$

となる．一方で，本研究が提案する評価法 (19) は

$$V_{UIP} = \sum_{i=1}^{N} \left\{-\frac{1}{\gamma} \ln E\left[\exp\left(-\gamma Y(t_i)\right)\right]\right\} - I$$

となる．2つの評価公式を比較すると，将来キャッシュフローの総和の効用無差別価格を求めるものと，各将来キャッシュフローの効用無差別価格の総和を求めるもの，という相違になる．実際に計算した結果が，表5-1に記載されている．表5-1より，いずれの初期キャッシュフロー $Y(0)$ においても2つの評価手法は非常に近い値をとっていることがわかる．これは，計算の順序の違いは大きな差を与えないことを示している．

表 5-1 宮原 (2006) による評価法 V_{UNPV} と本研究が提案する評価法 V_{UIP} との比較

$Y(0)$	20	40	60	80	100
V_{UNPV}	178.62	331.73	469.59	596.02	714.13
信頼限界	178.51 ~178.72	331.54 ~331.92	469.31 ~469.88	595.63 ~596.42	713.60 ~714.66
V_{UIP}	178.65	331.78	469.57	596.17	714.16
信頼限界	178.35 ~178.96	331.27 ~332.29	468.89 ~470.24	595.35 ~596.99	713.22 ~715.11

$\mu = \mu_S = 0.0$, $\rho = 0.0$ とし，現在時点 $t = 0$ における新規事業キャッシュフロー $Y(0)$ を変化させたもの．表中の信頼区間は本研究のシミュレーション誤差を示しており，真の値がこの区間に入る確率が 95% である．

5.1.2 その他パラメータに対する比較

5.1.1の数値実験で用いた以外のパラメータで同実験を行う．なお，μ, μ_S, ρ 以外のパラメータは5.1.1と同じものを利用する．また，本小節では $\mu_S = 0.2$ とする．

ケース1（ρ の影響）: まず，$\mu = 0.0$, $\rho \neq 0.0$ の場合を考える．本ケースは，宮原（2006）において割引率に無リスク金利を用いた場合に対応する．このとき，宮原（2006）による評価公式および本研究での評価公式は，それぞれ

$$V_{UNPV}(0) = -\frac{1}{\gamma} \ln E\left[\exp\left(-\gamma \sum_{i=1}^{N} Y(t_i)\right)\right] - I,$$

$$V_{UIP} = \sum_{i=1}^{N} \left\{-\frac{1}{\gamma(1-\rho^2)} \ln E^Q\left[\exp\left(-\gamma(1-\rho^2) Y(t_i)\right)\right]\right\} - I$$

となる．表5-2は $\rho = 0.5$ として数値実験を行った結果をまとめたものである．表5-2より，本研究と先行研究との評価額には数値計算誤差以上の差が生じることが確認できる．

ケース2（割引率 μ の影響）: 次に，$\mu \neq 0.0$, $\rho = 0.0$ の場合を考える．このとき，宮原（2006）による評価公式および本研究での評価公式は，それぞれ

$$V_{UNPV}(0) = -\frac{1}{\gamma} \ln E\left[\exp\left(-\gamma \sum_{i=1}^{N} e^{-\mu t_i} Y(t_i)\right)\right] - I,$$

$$V_{UIP} = \sum_{i=1}^{N} \left\{-\frac{1}{\gamma} \ln E^Q\left[\exp\left(-\gamma Y(t_i)\right)\right]\right\} - I$$

となる．表5-3は $\mu = 0.2$（$=\mu_S$）として数値実験を行った結果をまとめたもの

表5-2 宮原（2006）による評価法 V_{UNPV} と本研究が提案する評価法 V_{UIP} との比較

$Y(0)$	20	40	60	80	100
V_{UNPV}	178.64	331.77	469.43	596.19	714.09
信頼限界	178.53 ～178.74	331.58 ～331.97	469.14 ～469.71	595.80 ～596.58	713.56 ～714.62
V_{UIP}	182.79	343.37	489.93	626.05	754.01
信頼限界	182.46 ～183.12	342.81 ～343.92	489.19 ～490.67	625.15 ～626.95	752.97 ～755.06

$\mu = \mu_S = 0.0$, $\rho = 0.5$ とし，現在時点 $t = 0$ における新規事業キャッシュフロー $Y(0)$ を変化させたもの．表中の信頼区間は本研究のシミュレーション誤差を示しており，真の値がこの区間に入る確率が95%である．

表 5-3 宮原（2006）による評価法 V_{UNPV} と本研究が提案する評価法 V_{UIP} との比較

$Y(0)$	20	40	60	80	100
V_{UNPV}	75.66	147.16	215.33	280.59	343.45
信頼限界	75.62 ～75.70	147.08 ～147.23	215.22 ～215.44	280.44 ～280.73	343.27 ～343.62
V_{UIP}	178.65	331.78	469.57	596.17	714.16
信頼限界	178.35 ～178.96	178.35 ～178.96	468.89 ～470.24	595.35 ～596.99	713.22 ～715.11

$\mu=\mu_S=0.2$, $\rho=0.0$ とし，現在時点 $t=0$ における新規事業キャッシュフロー $Y(0)$ を変化させたもの．表中の信頼区間は本研究のシミュレーション誤差を示しており，真の値がこの区間に入る確率が95%である．

である．本ケースは宮原（2006）において，割引率に株式のリターンを用いた場合の評価に対応している[3]．表5-3より，ケース1と同様に本研究と先行研究との評価額には数値計算誤差以上の差が生じることが確認できる．

5.1.3 先行研究との比較の結果

5.1.2では，μ, μ_S と ρ について5.1.1で使用したものと異なったパラメータを用いて数値実験を行った．このとき，宮原（2006）と本研究の評価法とでは評価に用いる確率測度が異なり，また5.1.1とでは割引率も異なっている（5.1.2：ケース2）．表5-2，5-3より，5.1.1と異なったパラメータの下では，本研究で提案する評価法と宮原（2006）による評価法との間に差が生じることがわかる．表中の信頼限界からも，これらの差がシミュレーションに伴う数値誤差でないことも明らかである．つまり，これらの結果を考慮に入れると，期待値を計算する際の確率測度と割引率の選択によって先行研究（宮原（2006））と差異が生じることが明らかとなる．

5.2 各パラメータの影響

本項では，本稿で提案する方法によって与えられる投資価値が，各パラメータによってどのように影響を受けるかを数値例を用いて検証する．

---

[3] コーポレート・ファイナンスに関する多くの文献によれば，（現実的にあり得ないが）事業に必要な資金のすべてを株式発行を通して調達している場合に，株式のリターンを割引率として用いることが推奨されている．なお，株式のリターンはCAPMなどにより推計することが可能である．

図 5-2 は投資価値を評価する主体のリスク回避度 γ が，提案する投資価値 V_{UIP} に与える影響を示している．使用するパラメータは，$\mu_S=0.1$, $\sigma_S=0.2$, $\sigma_Y=0.4$, $\rho=0.75$ である．図 5-2 より，リスク回避度の高まりは投資価値曲線を下方にシフトさせる．つまり，評価主体がよりリスク回避的になると投資価値は低く見積もられ，投資実行が見送られる可能性が大きくなると解釈できる．

図 5-3 は自社株の期待収益率 μ_S が投資価値 V_{UIP} に与える影響を示している．使用するパラメータは，$\sigma_S=0.2$, $\sigma_Y=0.4$, $\rho=0.75$, $\gamma=0.01$ である．図 5-3

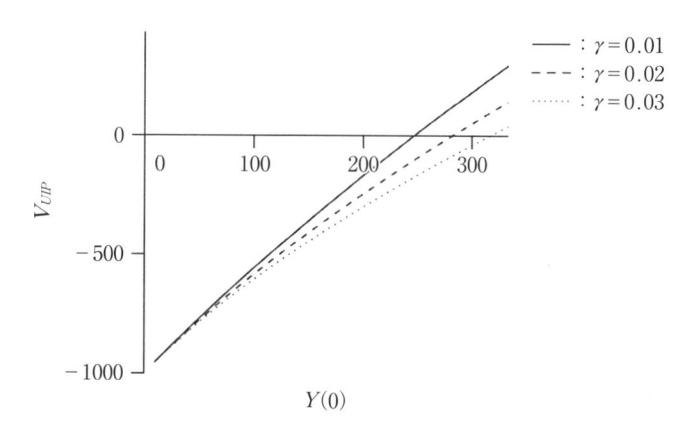

図 5-2 評価主体のリスク回避度 γ が投資価値 V_{UIP} に与える影響
横軸は初期キャッシュフロー $Y(0)$，縦軸は投資価値 V_{UIP}．

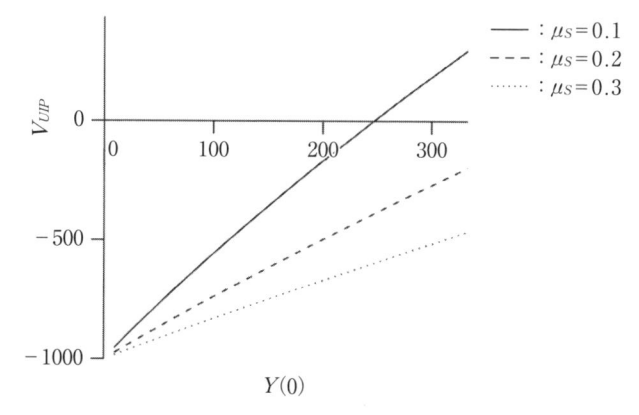

図 5-3 自社株の期待収益率 μ_S が投資価値 V_{UIP} に与える影響
横軸は初期キャッシュフロー $Y(0)$，縦軸は投資価値 V_{UIP}．

より，期待収益率の高まりは投資価値曲線を下方にシフトさせる．これは，市場が要求する資本コストの高まりを反映し，投資価値が低く見積もられると解釈できる．

図5-4は新規事業のキャッシュフローの収益率のボラティリティ（変動性）σ_Yが投資価値 V_{UIP} に与える影響を示している．使用するパラメータは，$\mu_S = 0.1$，$\sigma_S = 0.2$，$\rho = 0.75$，$\gamma = 0.01$ である．図5-4より，ボラティリティが大きくなると投資価値曲線は下方にシフトする．つまり，ボラティリティが大きくなると投資価値は低く見積もられることがわかる．これは，リスク回避的な投資家がボラティリティの増大により将来のキャッシュフローの変動性の高まりを悪く評価したものと解釈できる．

図5-5は既存事業（自社株価 S）と新規事業キャッシュフロー Y との相関 ρ が投資価値 V_{UIP} に与える影響を示している．使用するパラメータは，$\mu_S = 0.1$，$\sigma_S = 0.2$，$\sigma_Y = 0.4$，$\gamma = 0.01$ である．図5-5より，相関関係が大きくなると投資価値曲線は下方にシフトする．つまり，新規事業の収益が既存事業とより強い関連性を持つと，既存事業の収益が悪化するとき新規事業の収益も同じ動きをとる可能性が高まる．リスク回避的な評価者は，これを懸念して投資価値を低く評価したものと解釈できる．

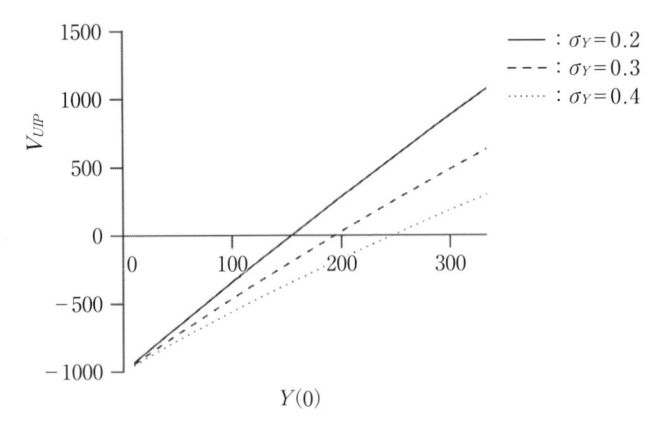

図 5-4 キャッシュフローの収益率のボラティリティ σ_Y が投資価値 V_{UIP} に与える影響
横軸は初期キャッシュフロー $Y(0)$，縦軸は投資価値 V_{UIP}．

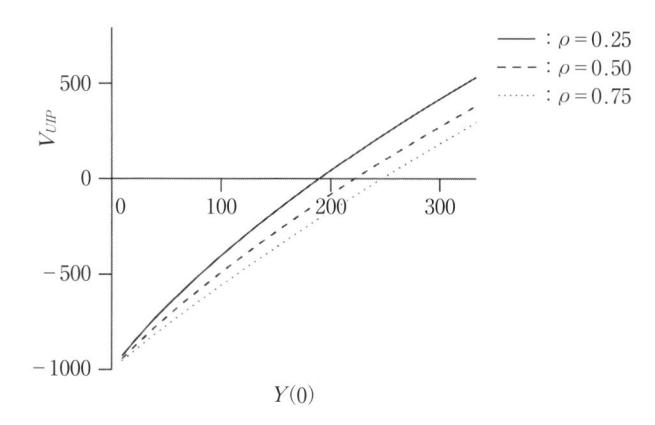

図 5-5 既存事業と新規事業キャッシュフローとの相関 ρ が投資価値 V_{UIP} に与える影響
横軸は初期キャッシュフロー $Y(0)$, 縦軸は投資価値 V_{UIP}.

6 ま と め

本研究では, 効用無差別価格アプローチを用いた事業評価法について議論を行った. 同様の評価法は宮原 (2006) によって既に提案されているが, 本稿では彼らの評価法を用いるにあたって注意すべき点について整理し, それを改善する評価手法を提案した. 本稿の評価法では, 割引率にどの値を用いるかなどの評価者の恣意性が排除されている. 数値シミュレーションを用いて宮原 (2006) と本研究の評価手法を比較すると, ある特定のパラメータの下では投資価値はきわめて近い値をとり得ることがわかる. それ以外のパラメータの下では, 宮原 (2006) の評価法に CAPM を適用させて投資価値を計算した. このとき, 本稿の評価方法による投資価値と多少の差が見られるが, 新規事業への投資を採択するかしないかの投資決定問題においては同様の結果を与えることが明らかになった. これは, 本研究の代替的評価法がリスクを考慮に入れたものであることを示唆しており, このことは効用無差別価格を用いた事業価値評価に対して本稿でのアプローチが妥当であることを示す結果である. 本稿の評価法と宮原 (2006) の評価法とを比較すると, ある特定のパラメータの下では,

将来キャッシュフローの現在価値の総和の効用無差別価格を求めるものと，各将来キャッシュフローの効用無差別価格の総和を求めるもの，という計算順序だけの違いとなる．実際に計算した結果は，両者は互いに近い値を取り得ることがわかった．これは，いま述べたような計算順序の違いが計算結果にはさほど影響しないことを示している．一方で一般のパラメータの下では，宮原 (2006) と本研究との評価法による値には数値計算誤差を超える差が生じている．最後に数値例を通じての感応度分析では，先行研究および一般的な投資決定プロセスと整合的な結果が得られた．

本研究では評価対象となる事業に柔軟性，すなわちリアルオプションは取り扱っていない．新規事業に参入や撤退などの柔軟性を付加した場合，将来のキャッシュフローの発生が変わってくる．たとえば将来のある時点で事業から撤退した場合，その時点からのキャッシュフローは 0 となる．このような柔軟性を本稿で提案した評価法に取り入れる場合は，キャッシュフローについての適当なペイオフ関数を設定し，それを評価することで可能となる．金融工学，数理ファイナンスの観点からは経路依存型の条件付請求権の評価という問題に帰着されるであろう．このとき，キャッシュフローを原資産とする派生証券を評価することになるため，今井 (2004) で指摘されているような NPV 法にリアルオプションを考慮に入れた際の割引率選択の問題も抵触することはない．実際の分析は今後の研究課題とする．

補論 (4.2 項「注意」について)

リスク中立な投資家の効用関数は，富 x に対して線形な関数で表される．たとえば，

$$u(x) = ax + b$$

と表される．ここに，$a, b > 0$ とする．このとき，(絶対的) リスク回避度 RAC は

$$RAC = -\frac{u''(x)}{u'(x)} = 0$$

となる．一方で本稿で取り扱っているようにリスク回避的な投資家の効用関数

は，次のような指数型の関数

$$u(x) = -\frac{1}{\gamma} e^{-\gamma x}$$

で表されるため，リスク回避度は γ となる．したがって，γ を限りなく 0 に近づけるとき，リスク回避的な効用はリスク中立的な効用に近似される．いま，

$$\lim_{\gamma \to +0} V_{UIP} = \sum_{i=1}^{N} E^Q[Y(t_i)] - I$$

であるので，投資家がリスク回避的 ($\gamma > 0$) である以上，常に

$$V_{UIP} \leq \sum_{i=1}^{N} E^Q[Y(t_i)] - I$$

が成立する．

〔参考文献〕

石島　博 (2008)，『バリュエーション・マップ』，東洋経済新報社．

今井潤一 (2004)，『リアル・オプション 投資プロジェクト評価の工学的アプローチ』，中央経済社．

加藤英明監訳 (2006)『金融経済学ハンドブック1　コーポレートファイナンス』，丸善．

斉藤静樹監訳 (2001)，『企業分析入門 (第2版)』，東京大学出版会．

宮原孝夫 (2006)，「期待効用理論に基づくプロジェクトの価値評価法」，*Discussion Papers in Economics, Nagoya City University*, **446**, 1-21．

Dixit, A. K. and R. S. Pindyck (1994), *Investment Under Uncertainty*, Princeton University Press.

Henderson, V., and D. Hobson (2002), "Real Options with Constant Relative Risk Aversion", *Journal of Economic Dynamics & Control*, **27**, 329-355.

Hodges, S. D. and A. Neuberger (1989), "Optimal Replication of Contingent Claim under Transaction Costs", *Review of Futures Markets*, **8**, 222-239.

Hugonnier, J., and E. Morellec (2007), "Real Options and Risk Aversion", *Working Paper*. (www.econbiz.de/archiv1/2008/50190_real_options_risk.pdf)

Misawa, T. (2010), "Simplification of Utility Indifference Net Present Value Method", *OIKONOMIKA*, **46** (forcecoming).

Miyahara, Y. (2009), "Value Measures for Project Evaluation", *Discussion Papers in Economics, Nagoya City University*, **496**, 1-15.

Musiela, M., and T. Zariphopoulou (2004), "An Example of Indifference Prices under Exponential Preferences", *Finance and Stochastics*, **8**, 229-239.

Sharpe, W. F. (1964), "Capital Asset Prices: A Theory of Market Equilibrium under Conditions of Risk", *Journal of Finance*, **19**, 425-442.

(名古屋商科大学商学部)

6 投資法人債の信用リスク評価について

安藤雅和・津田博史・田野倉葉子・佐藤整尚・北川源四郎

概要 本研究は，津田 (2006) により提案された社債価格評価モデル SCBCSM (Straight Coupon Bond Cross-Sectional Market) を用いて，投資法人が資金調達のために発行した投資法人債の価格評価モデルを推定することが目的である．このモデルは，債券の市場価格から倒産確率などの信用リスク情報を得るアプローチをとっており，銘柄間の価格変動構造を通して，インプライドな倒産確率と回収率を同時に推定するものである．この回収率について，本研究では，現在投資法人が保有する物件のキャップレートおよび時価評価額を推定し，そこから回収率モデルの推定を試みた．一般に，不動産は流動性が低く，取引価格が一般に公表されることがないため，物件の時価評価は困難であるが，投資法人債を発行する投資法人は，担保資産である保有物件に関する情報（物件の取得価格，NOI 等）を積極的に開示していることから，これらの情報をもとに回収率の推定を試みた．そして，投資法人債の市場価格データから，格付けごとの倒産確率の期間構造，および価格モデルの有効性など，新しい知見が得られた．

Keywords：投資法人債，J-REIT，社債価格評価モデル，信用リスク，倒産確率，回収率．

1 はじめに

2007 年の夏ごろから顕在化したサブプライム住宅ローン問題に端を発する世界規模の金融恐慌により，上場企業の倒産が相次ぎ，2008 年 9 月のリーマン・ブラザーズ社の経営破たんを皮切りに，金融商品の信用リスク (reditrisk) が地球規模で高まった．日本においても，不動産業界の企業倒産が多く，景気の悪化，新規分譲マンションの販売不振，資金調達環境の悪化等により，不動産販売の大手企業が相次いで倒産しており，土地に対する需要の減退，オフィス

ビル等における空室率の上昇，賃料の下落等による収益力の低下が影響し，地価の下落へと繋がった．その後，ようやく景気回復の兆しがみられた 2011 年 3 月に東日本大震災が発生したことで，再び不動産業界に大きな試練をもたらしている．

　この地価の下落は，バブル経済の崩壊後の 1990 年代半ば以降においても起こっており，不動産を所有したままでの資金調達の難しさから，当時，企業の信用力とは無関係に資産の生み出すキャッシュフローに着目した資金調達手段が取られるようになった．いわゆる，アセットファイナンスである．具体的には，オフバランスが目的の「流動化型」と，投資法人を設立して投資証券を発行し，投資家に販売することで運用不動産を購入するための資金調達を行う「運用型」がある．この後者の，不動産を主な運用対象とする投資法人あるいは投資信託のことを REIT と呼んでいる．J-REIT は，米国の不動産投資信託（Real Estate Investment Trust）の日本版として，2000 年 11 月の「投資信託及び投資法人に関する法律」（以下「投信法」と略す）の改正によりスタートした，不動産を主な運用対象とする投資法人（投資信託）のことである．投資法人は，投資家から資金を集めて不動産等を購入し，そこから得られる賃料・売却益と投資家に配当として分配していく法人であり，資金調達の手段として，金融機関からの借入金や株式会社の株式に相当する投資証券の発行以外に，社債に相当する投資法人債の発行も行われており，その市場価格には信用リスクが反映されている．

　本研究では，津田（2006）により提案された社債価格評価モデル SCBCSM (Straight Coupon Bond Cross-Sectional Market) を用いて投資法人債の価格評価モデルの推定を試みる．このモデルは，社債の市場価格から倒産確率などの信用リスク情報を得るアプローチをとっており，銘柄間の価格変動構造を通して，インプライドな倒産確率と回収率を同時に推定するものである．回収率については，担保資産である保有物件に関する情報が一般に公開されているので，それらをもとにした新たな回収率モデルを提案することにする．そして，投資法人債の市場価格データに適用して，格付けごとの倒産確率の期間構造および価格モデルの有効性を示す．

2　J-REIT と投資法人債

　我が国の J-REIT 市場は，2001 年 9 月 10 日に東京証券取引所へ 2 銘柄（日本ビルファンド投資法人，ジャパンリアルエステイト投資法人）が上場したのを皮切りに，日本経済の回復とともに発展し，2007 年には上場銘柄が 42 (JASDAQ 証券取引所を含む) になった．時価総額も当初の約 2500 億円から 6 兆円を超える規模にまで発展した．市場の拡大により，不動産投資における流動性が高まり，市場の透明性や少額の投資が可能となった．取り扱う不動産は，オフィス，商業施設，住宅のみならず，物流施設，ホテル，産業用不動産など多様化しており，投資家サイドで数種の REIT を組み入れるなどリスク分散が図れるようになってきた．しかし，2007 年秋ごろから米国のサブプライム住宅ローン問題に端を発する世界規模の金融恐慌がはじまり，不動産投資市場においても，それまでマーケットを押し上げていた海外資金の流入が滞るようになってきた．それに伴い，投資口価格が低迷し，新規上場を見合わせたり投資口の追加発行が困難な状況となった．金融機関からの負債の調達も難しくなり，借入金の返済資金として，スポンサーが劣後投資法人債を引き受けるケースも見られた．2008 年 9 月のリーマンブラザーズ社の経営破たん後に，ニューシティ・レジデンス投資法人が上場廃止になったのを皮切りに，投資法人の合併が 2010 年あたりからみられるようになった．

　J-REIT は不動産投資信託と呼ばれるが，従来の契約型投資信託とは異なり，上場しているすべての銘柄が投資法人（会社型投資信託）の形態をとっている．投資法人は，投信法に基づき投資家から資金を集めて運用する法人のことであり，実際の資産運用に係る業務は外注することが義務づけられている．また，法人税が免除され，得た利益のほとんどが配当に充てられることから，投資家にとっては二重課税の回避につながっているといえる．そして，金融機関からの借入金を不動産の購入等に利用することからエクイティ利回りの上昇につながりレバレッジ効果が期待されることも特徴として挙げられる．

　投資法人の資金調達手段としては，投資家に投資口（投資証券，株式に相当する）や投資法人債（社債に相当する）を発行している．投資法人債を発行し

ている法人は，2011年4月の時点で35法人中21法人あり，発行から満期までの期間は3年から5年が主流である．株式会社の社債（利付債）に相当し，年2回の利払いがある．

3 投資法人債価格モデル

債券は，満期まで事前に定めた利息（クーポン）を受け取り，償還時点で元本（額面金額100円）を受け取る債務証書のことであり，割引債と利付債の2種類に分かれる．

いま，信用リスクがない（デフォルトしない）場合の債券のキャッシュ・フローを考える．現時点を t とし，第 i 債券のキャッシュ・フローの発生する時点を

$$(t<)t_{i1}<t_{i2}<\cdots<t_{i,M(i)} \tag{1}$$

とする．$M(i)$ は第 i 債券の満期を表す．各キャッシュ・フローの発生時点を現時点 t からみた期間として

$$s_{ij}=t_{ij}-t \quad (j=0,\cdots,M(i)),\ t_{i0}=t,\ s_{i0}=0 \tag{2}$$

で表すことにする．このとき，$t_{i,M(i)}=t+s_{i,M(i)}$ は第 i 債券の満期時点となり，$s_{i,M(i)}$ は現時点 t からみた償還期間となる．

年2回クーポン c が支払われる利付債の場合，各キャッシュ・フローは

$$\begin{aligned}&C_i(s_{i1})=C_i(s_{i2})=\cdots=C_i(s_{i,M(i)-1})=0.5c,\\&C_i(s_{i,M(i)})=100+0.5c\end{aligned} \tag{3}$$

となる．債券価格は，将来時点で発生する各キャッシュ・フロー $C_i(s_{ij})$ をその期間に対応した割引率で割り引いた現在価値の合計によって評価する．

3.1 期待キャッシュ・フローと期待損失額

投資法人債は，社債と同様に，信用リスク（デフォルトの可能性）があることにより，将来に発生するキャッシュ・フローは不確実である．そこで，信用リスクを内包する債券のキャッシュ・フローを考えることにする．第 i 債券のキャッシュ・フロー $G_i(s_{ij})$ を信用リスクがない確定的なキャッシュ・フロー

$C_i(s_{ij})$ と信用リスクの変化により減価する損失額 $L_i(s_{ij})$ の部分に分けると

$$G_i(s_{ij}) = C_i(s_{ij}) - L_i(s_{ij}) \tag{4}$$

と表され，損失額 $L_i(s_{ij})$ が不確実であることから，期待キャッシュ・フロー $E(G_i(s_{ij}))$ は，期待損失額 $E(L_i(s_{ij}))$ を用いて，

$$E(G_i(s_{ij})) = C_i(s_{ij}) - E(L_i(s_{ij})) \tag{5}$$

と表される．そこで，期待キャッシュ・フローを求めるには期待損失額 $E(L_i(s_{ij}))$ を定式化する必要がある．

第 i 債券の現時点 t からみた将来の第 j キャッシュ・フロー発生時点 $(t+s_{ij})$ までに倒産する確率（累積倒産確率）は時点 t における第 i 債券の発行投資法人の格付け k に依存するとして，

$$h_i(s_{ij}:k) \quad (k=1,\cdots,K) \tag{6}$$

とする．ただし，K はデフォルトした状態とする．倒産時の元本の回収は，$t+s_{i,j-1}$ と $t+s_{ij}$ の間で起きた場合は $t+s_{ij}$ 時に行われるものとする．デフォルト時の回収率 $\gamma(k(i))$ $(0 \leq \gamma(k(i)) \leq 1)$ は，格付けに依存するものとする．

デフォルトが起きる期間を τ とすると，k 格付けの第 i 投資法人債のキャッシュ・フローの期待値 $E(G_i(s_{ij}))$ は

$$E(G_i(s_{ij})) = E[C_i(s_{ij})1_{\{s_{ij}<\tau\}} + 100\gamma(k(i))1_{\{s_{i,j-1}<\tau<s_{i,j}\}}] \tag{7}$$

となる．1_A は定義関数を表す．倒産確率 $h_i(s_{ij})$ を用いると

$$\begin{aligned} E(G_i(s_{ij})) &= \overline{G}_i(s_{ij}) \\ &= C_i(s_{ij})[1-h_i(s_{ij})] + 100\gamma(k(i))[h_i(s_{ij})-h_i(s_{i,j-1})] \\ &= C_i(s_{ij}) - \{C(s_{ij})h_i(s_{ij}) - 100\gamma(k(i))[h_i(s_{ij})-h_i(s_{i,j-1})]\} \end{aligned} \tag{8}$$

となり，期待損失額 $E(L_i(s_{ij}))$ は

$$\overline{L} = E(L_i(s_{ij})) = C_i(s_{ij})h_i(s_{ij}) - 100\gamma(k(i))[h_i(s_{ij})-h_i(s_{i,j-1})] \tag{9}$$

と表される．$\overline{L}_i(s_{ij})$ は，信用リスクのない債券価格から信用リスクに伴って減価する損失部分の期待損失額である．

3.2 確率的損失額と倒産確率関数

N 銘柄すべてのキャッシュ・フローの発生期間を

$$s_{a1} < s_{a2} < \cdots < a_{aM}, \quad s_{aM} = \max\{s_{1,M(1)},\cdots,s_{N,M(N)}\} \tag{10}$$

で表し，第 i 債券の $t+s_{am}$ 時点で発生するキャッシュ・フロー $G_i(s_{am})$ は

$$G_i(s_{am}) = \begin{cases} G_i(s_{ij}) & \text{if } s_{am} = s_{ij} \\ 0 & \text{otherwise} \end{cases} \tag{11}$$

となる．投資法人債を発行する投資法人の倒産生起プロセス，回収プロセス，割引率プロセスはそれぞれ独立とし，分析対象の N 銘柄すべてのキャッシュ・フロー発生時点を考慮して，キャッシュ・フロー関数 $G_i(s)$，割引率 $D(s)$ を $0 \le s \le s_{aM}$ で定義された関数とする．したがって，信用リスクのある第 i 債券の t 時点の市場価格 $P_i(0)$ は

$$P_i(0) = \sum_{m=1}^{M} G_i(s_{am}) D(s_{am}) = \boldsymbol{G}_i' \boldsymbol{D} \tag{12}$$

と表される．ここで，

$$\boldsymbol{G}_i = (G_i(s_{a1}), \cdots, G_i(s_{aM}))', \qquad \boldsymbol{D} = (D(s_{a1}), \cdots, D(s_{aM}))' \tag{13}$$

である．キャッシュ・フローは，

$$\begin{aligned}\boldsymbol{G}_i &= \overline{\boldsymbol{G}}_i + (\boldsymbol{G}_i - \overline{\boldsymbol{G}}_i) \\ &= (\boldsymbol{C}_i - \overline{\boldsymbol{L}}_i) + \{(\boldsymbol{C}_i - \boldsymbol{L}_i) - (\boldsymbol{C}_i - \overline{\boldsymbol{L}}_i)\} \\ &= (\boldsymbol{C}_i - \overline{\boldsymbol{L}}_i) - (\boldsymbol{L}_i - \overline{\boldsymbol{L}}_i) \end{aligned} \tag{14}$$

である．ただし，

$$\begin{aligned}&\boldsymbol{C}_i = (C_i(s_{a1}), \cdots, C_i(s_{aM}))', \qquad \boldsymbol{L}_i = (L_i(s_{a1}), \cdots, L_i(s_{aM}))', \\ &\overline{\boldsymbol{L}}_i = (\overline{L}_i(s_{a1}), \cdots, \overline{L}_i(s_{aM}))'\end{aligned} \tag{15}$$

よって，(12) 式から信用リスクのある第 i 債券の t 時点での市場価格 $P_i(0)$ は

$$\begin{aligned}P_i(0) &= \boldsymbol{G}_i' \boldsymbol{D} \\ &= (\boldsymbol{C}_i - \overline{\boldsymbol{L}}_i)' \boldsymbol{D} + \nu_i \end{aligned} \tag{16}$$

と表される．ここで，$\nu_i = -(\boldsymbol{L}_i - \overline{\boldsymbol{L}}_i)' \boldsymbol{D}$ である．ν_i は損失額 $L_i(s)$ の t 時点で評価した期待損失額 $\overline{L}_i(s)$ からの乖離部分となる．

倒産確率のモデル化については，格付けの違いにより倒産確率が異なると考えられるため，格付けなどの属性 z_{ik} を考慮した関数として，以下の p 次の多項式モデルを考える．

$$\begin{aligned}h_i(s) &= \zeta_1(z_i) s + \cdots + \zeta_p(z_i) s^p \qquad (i=1, \cdots, N) \\ \zeta_l(z_i) &= \zeta_{l1} z_{i1} + \cdots + \zeta_{lq} z_{iq} \qquad (l=1, \cdots, p).\end{aligned} \tag{17}$$

なお，未知パラメータ $\zeta_{l1}, \cdots, \zeta_{lq}$ は，銘柄すべてに対して共通である．

3.3 確率的割引関数

次に，(16) 式のモデルにおける割引関数 $D(s)$ を定式化する必要がある．Kariya and Tsuda (1994) および津田 (2006) と同様に，割引率を確率変数として扱うことにする．割引率は，将来のキャッシュ・フローに対応して M 個存在することから，債券価格と1対1対応しておらず，割引関数の確率プロセスを考える必要がある．それは，第 i 債券の t 時点での価格変動構造を推定することになり，割引率を期間の関数とした割引関数モデルが必要となる．そこで，第 i 債券の t 時点の市場価格 $P_i(0)$ は，

$$\begin{aligned}
P_i(0) &= \boldsymbol{G}_i{'}\boldsymbol{D} \\
&= (\boldsymbol{C}_i - \overline{\boldsymbol{L}}_i)'\boldsymbol{D} + \nu_i \\
&= (\boldsymbol{C}_i - \overline{\boldsymbol{L}}_i)'(\overline{\boldsymbol{D}} + \boldsymbol{\Delta}) + \nu_i \\
&= (\boldsymbol{C}_i - \overline{\boldsymbol{L}}_i)'\overline{\boldsymbol{D}} + \varepsilon_i
\end{aligned} \tag{18}$$

と表される．ここで，$\varepsilon_i = (\boldsymbol{C}_i - \overline{\boldsymbol{L}}_i)'\boldsymbol{\Delta} + \nu_i$，$\boldsymbol{\Delta} = \boldsymbol{D} - \overline{\boldsymbol{D}}$．

平均割引関数 $\overline{D}(s)$ として，本稿では，津田 (2006) で提案された指数関数タイプを用いることにする．

$$\overline{D}(s) = \exp(-\kappa s) \tag{19}$$

ここで，平均割引関数の定義域を $[0, \infty)$ から $[0, 1)$ に変更するために，s の代わりに，

$$s = -\frac{1}{\alpha}\log(1 - s^*) \tag{20}$$

とおく．

$$\overline{D}(s) = \overline{D}\left[-\frac{1}{\alpha}\log(1 - s^*)\right] \equiv \overline{\Theta}(s^*) \tag{21}$$

から

$$\overline{\Theta}(s^*) = (1 - s^*)^{\frac{\kappa}{\alpha}}, \qquad 0 \leq s^* < 1$$

となる．多項式近似により

$$\overline{\Theta}(s^*) = 1 + \sum_{j=1}^{p} \delta_j s^{*j} \tag{22}$$

とする．ここで，未知パラメータ δ_j は，すべての銘柄に対して共通である．

4 投資法人債価格モデルのパラメータ推定

4.1 平均割引関数の推定

はじめに(18)式のモデルを求めるために,信用リスクがなく将来に発生するキャッシュ・フローが確定的である債券の価格データから,(22)式の平均割引関数 $\overline{\Theta}(s^*)$ を求める必要がある.(18)式の将来に発生するキャッシュ・フローが確定的であるとき,債券価格モデルは,

$$y = X\beta + \eta \tag{23}$$

と表される.ここで,

$$y = (y_1, \cdots, y_N)', \qquad y_i = P_i(0) - \sum_{m=1}^{M} C_i(s_{am}),$$
$$\beta = (\delta_1, \cdots, \delta_p)',$$
$$X = (x_1, \cdots, x_N)', \qquad x_i = (x_{i1}, \cdots, x_{ip})',$$
$$x_{ir} = \sum_{m=1}^{M} s_{am}^{*r} C_i(s_{am}^*), \qquad \eta = (\eta_1, \cdots, \eta_N)'$$

である.最小2乗法により回帰推定値 $\hat{\beta} = (\hat{\delta}_1, \cdots, \hat{\delta}_p)$ を得ることで,平均割引関数 $\overline{\Theta}(s^*)$ が求められる.

4.2 倒産確率関数と回収率の推定

次に,信用リスクがある投資法人債の価格データから未知パラメータ(ζ_{l1}, $\zeta_{l2}, \cdots, \zeta_{lq}$)を推定するために,次のモデルを考える.

$$y^* = X^*\beta^* + \varepsilon^* \tag{24}$$

ここで,

$$y^* = (y_1^*, \cdots, y_N^*)', \qquad y_i^* = P_i(0) - \sum_{m=1}^{M} C_i(s_{am})\overline{D}(s_{am}),$$
$$\beta^* = (\zeta_1', \cdots, \zeta_p')', \qquad \zeta_l = (\zeta_{l1}, \cdots, \zeta_{lq})',$$
$$X^* = (x_1^*, \cdots x_N^*)', \quad x_i^* = (x_{i1}^*, \cdots, x_{ip}^*)', \quad x_{ir}^* = (x_{i1r}^*, \cdots, x_{iqr}^*)',$$
$$x_{ilr}^* = -\sum_{m=1}^{M} z_{iv}\left[C_i(s_{am})s_{am}^r - 100\gamma(k(i))\{s_{am}^r - s_{am-1}^r\}\right]\overline{D}(s_{am}),$$
$$\varepsilon = (\varepsilon_1, \cdots, \varepsilon_N)'$$

である．平均割引関数 $\overline{D}(s_{am})$ に関して，将来の同時点で発生するキャッシュ・フローを割引く割引率は同一という無裁定条件を仮定することにより，(22) 式で求めた平均割引関数 $\overline{D}(s) \equiv \overline{\Theta}(s^*)$ を用いることができる．

回収率について，投資法人債の場合，発行元である投資法人の所有資産の時価評価および開示が詳細になされており，その評価額に近い価格で売却できると考えられるため，ここでは，所有物件の取得価格と決算期ごとの減価償却前賃貸事業利益額（NOI）から，回収率を推定することにする．

具体的には，所有物件の取得価格と取得後の最初の決算期のNOIから不動産物件の利回り（キャップレート）を求め（年率換算），

$$\text{キャップレート} = NOI / \text{取得価格}$$

一定期間ごと（3ヶ月）の平均キャップレートを計算する．各物件のNOIを平均キャップレートで割ることで所有物件の決算時の時価が求められ，

$$\text{所有物件の時価} = NOI / \text{平均キャップレート}$$

所有物件の時価総額が算出される．この時価総額を負債総額で割った値を回収率として用いることにする．

5 実証分析

次に，わが国の市場にモデルを適用した場合の実証分析結果を示す．投資法人は，2011年4月現在，東京証券取引所に上場している法人が35あり，そのうち投資法人債を発行している法人が21ある．法人ごとに満期までの期間が異なる債券を複数発行しているため，分析対象となる銘柄数は58となる．表6-1は各投資法人が発行した投資法人債の一覧（2009年4月30日現在）である．分析では2007年1月から2009年4月までに市場で取引があった債券で，満期が10年未満のものを対象とした（銘柄数51）．平均割引関数を推定する際に用いる長期国債については，分析対象となる投資法人債の満期が最長で20年物まであるが，大半が10年未満であることから，10年債の89銘柄の国債の市場価格を用いることにした．市場での取引価格データは，2007年1月から2009年4月までは，Bloomberg L.P. より入手したものを使用した．2009年5月以降は日本証券業協会の売買参考統計値を用いた．

表 6-1 投資法人債の一覧表

	投資法人	回	発行額（億）	利率（%）	満期	償還日	利払日	（年2回）
1	グローバル・ワン不動産投資法人	1	250	1.08	5	2010/10/21	4/21	10/21
2	グローバル・ワン不動産投資法人	2	100	1.51	7	2012/10/19	4/21	10/21
3	ケネディクス不動産投資法人	1	90	1.74	5	2012/3/15	3/15	9/15
4	ケネディクス不動産投資法人	2	30	2.37	10	2017/3/15	3/15	9/15
5	ジャパンリアルエステイト投資法人	3	100	0.98	7	2010/4/30	4/30	10/30
6	ジャパンリアルエステイト投資法人	4	100	2.56	20	2025/9/29	3/29	9/29
7	ジャパンリアルエステイト投資法人	5	100	1.67	5	2012/6/18	6/18	12/18
8	ジャパンリアルエステイト投資法人	6	150	1.91	7	2014/6/18	6/18	12/18
9	東急リアル・エステート投資法人	1	50	1.65	5	2012/10/24	4/24	10/24
10	東急リアル・エステート投資法人	2	50	1.89	7	2014/10/24	4/24	10/24
11	日本アコモデーションファンド投資法人	1	100	1.7	7	2014/11/15	5/15	11/15
12	日本コマーシャル投資法人	1	100	1.52	3	2010/4/13	4/13	10/13
13	日本コマーシャル投資法人	2	170	1.96	5	2012/4/13	4/13	10/13
14	日本ビルファンド投資法人	3	100	2	15	2018/6/12	6/12	12/12
15	日本ビルファンド投資法人	4	100	1.04	5	2009/9/22	3/22	9/22
16	日本ビルファンド投資法人	5	100	1.6	7	2011/9/22	3/22	9/22
17	日本ビルファンド投資法人	6	100	0.8	5	2010/3/9	3/9	9/9
18	日本ビルファンド投資法人	7	100	1.85	10	2015/11/9	5/9	11/9
19	日本ビルファンド投資法人	8	100	1.48	5	2012/3/7	3/7	9/7
20	日本ビルファンド投資法人	9	100	1.74	7	2014/5/23	5/24	11/24
21	日本ビルファンド投資法人	10	100	2.04	10	2017/5/24	5/24	11/24
22	日本プライムリアルティ投資法人	2	70	1.38	6	2010/2/12	2/12	8/12
23	日本プライムリアルティ投資法人	3	50	2.32	10	2014/2/12	2/12	8/12
24	日本プライムリアルティ投資法人	4	100	0.92	5	2009/11/4	5/4	11/4
25	日本プライムリアルティ投資法人	5	50	1.44	7	2011/11/4	5/4	11/4
26	日本プライムリアルティ投資法人	6	50	2	10	2026/12/14	6/14	12/14
27	日本プライムリアルティ投資法人	7	45	2.9	20	2026/12/14	6/14	12/14
28	日本プライムリアルティ投資法人	8	90	1.85	5	2012/7/23	1/23	7/23

29	日本プライムリアルティ投資法人	9		2.1	7	2014/7/23	1/23	7/23
30	日本プライムリアルティ投資法人	10		1.71	3	2011/5/30	5/30	11/30
31	日本リテールファンド投資法人	1	200	0.74	5	2010/2/9	2/9	8/9
32	日本リテールファンド投資法人	2	150	1.73	10	2015/2/9	2/9	8/9
33	日本リテールファンド投資法人	3	100	2.02	10	2016/2/22	2/22	8/22
34	日本リテールファンド投資法人	4	200	1.6	5	2011/12/22	6/22	12/22
35	日本リテールファンド投資法人	5	200	1.6	5	2012/5/23	5/23	11/23
36	日本リテールファンド投資法人	6	150	2.17	10	2017/5/23	5/23	11/23
37	日本レジデンシャル投資法人	1	100	0.74	5	2010/7/20	1/20	7/20
38	日本レジデンシャル投資法人	2	100	0.84	5	2010/9/24	3/24	9/24
39	日本レジデンシャル投資法人	3	100	1.28	7	2012/9/24	3/24	9/24
40	日本レジデンシャル投資法人	4	150	1.5	5	2012/2/18	2/20	8/20
41	日本レジデンシャル投資法人	6	120	1.54	3	2009/10/23	4/25	10/25
42	日本レジデンシャル投資法人	7	120	1.84	5	2012/2/9	2/9	8/9
43	日本レジデンシャル投資法人	8	60	変動 (1.10)	2	2009/9/11	3/13	9/13
44	日本レジデンシャル投資法人	9	100	変動 (1.22)	4	2011/9/13	3/13	9/13
45	日本レジデンシャル投資法人	10	50	1.9	5	2012/9/13	3/13	9/13
46	野村不動産オフィスファンド投資法人	1	50	1.85	10	2015/3/16	3/16	9/16
47	野村不動産オフィスファンド投資法人	2	50	2.47	15	2020/3/16	3/16	9/16
48	野村不動産オフィスファンド投資法人	3	100	1.19	5	2010/11/29	5/28	11/28
49	野村不動産オフィスファンド投資法人	4	100	2.05	5	2015/11/30	5/28	11/28
50	野村不動産オフィスファンド投資法人	5	50	1.61	5	2012/3/19	3/19	9/19
51	野村不動産オフィスファンド投資法人	6	50	2.21	10	2017/3/17	3/19	9/19
52	野村不動産オフィスファンド投資法人	7	45	2.9	21	2028/3/17	3/19	9/19
53	プレミア投資法人	1	150	0.94	5	2010/9/8	3/8	9/8
54	プレミア投資法人	2	100	1.41	7	2012/9/7	3/8	9/8
55	森ヒルズリート投資法人	1	70	1.56	5	2012/11/29	5/29	11/29
56	森ヒルズリート投資法人	2	30	1.77	7	2014/11/28	5/29	11/29
57	ニューシティ・レジデンス投資法人	2	120	1.79	5	2012/4/12	4/12	10/12
58	ニューシティ・レジデンス投資法人	3	50	2.15	7	2014/4/11	4/12	10/12

図6-1 は 2007 年 6 月から 2011 年 4 月までの主な投資法人債の市場価格の推移を表している．グローバル・ワン不動産投資法人は，2007 年 6 月時点で 2 銘柄を発行しており，そのうちの第 1 回無担保投資法人債（5 年債，償還日 2010/10/21）の市場価格を表示している．以下，ジャパンリアルエステイト投資法人（第 5 回無担保投資法人債，5 年債，償還日 2012/6/18），ケネディクス不動産投資法人（第 1 回無担保投資法人債，5 年債，償還日 2012/3/15），日本リテールファンド投資法人（第 4 回無担保投資法人債，5 年債，償還日 2011/12/22），ニューシティ・レジデンス投資法人（第 2 回無担保投資法人債，5 年債，償還日 2012/4/12），野村不動産オフィスファンド投資法人（第 3 回無担保投資法人債，5 年債，償還日 2010/11/29）である．

2007 年の 7 月頃にサブプライム住宅ローン問題が大きく取り上げられ，金融市場への影響が出始めたころ，投資法人債の市場価格は 2008 年第 1 四半期までは上昇傾向で推移していたものの，その後は徐々に信用リスクが大きくなり，法人によっては大きく下落するものもあった．ニューシティ・レジデンス投資法人は下落が続き，2008 年 9 月のリーマン・ブラザーズの経営破たんによる，いわゆる，リーマン・ショック後に，投資法人としては初めて，2008 年 10 月に会社更生法を申請して，11 月には上場廃止となった．

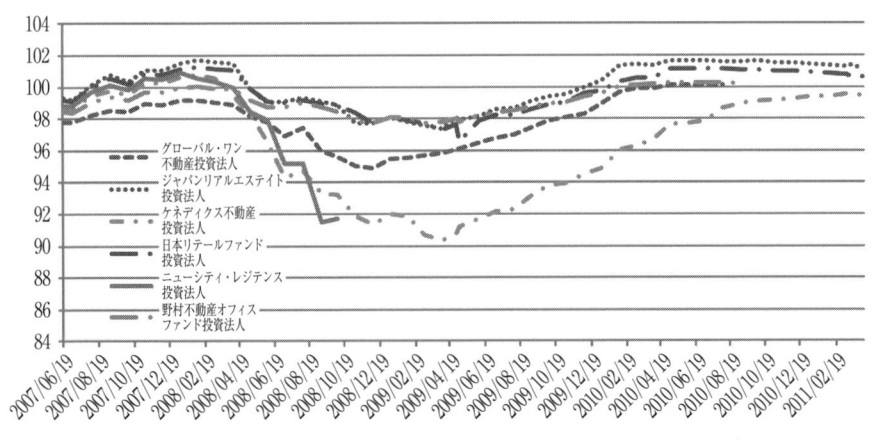

図 6-1　投資法人債の市場価格の推移（2007/6〜2011/4）
（Bloomberg L.P. と日本証券業協会のデータをもとに著者が作成.）

その後，2009年夏ごろから徐々に価格が上昇し始め，サブプライム問題発覚前の状況に近付きつつある．

次に，将来に発生するキャッシュ・フローが確定的である国債の市場価格から，平均割引関数 $\overline{D}(s) \equiv \overline{\Theta}(s^*)$ を求めることにする．ここでは，(22) 式の多項式を仮定する．

$$\overline{\Theta}_t(s_t^*) = 1 + \delta_1 s_t^* + \delta_2 s_t^{*2} + \cdots + \delta_p s_t^{*p} \tag{25}$$

(25) 式の未知パラメータ $\delta_1, \delta_2, \cdots, \delta_p$ に関しては，(23) 式を用いて，10年債の国債の市場価格データから推定した．ただし，モデルの次数の決定については，AIC 基準と推定された平均割引関数が単調減少関数であるという条件を満たすものとした．表6-2は次数を3次から9次まで変化させたときの AIC 値の結果である．

これによりモデルは3次の多項式

$$\overline{\Theta}_t(s_t^*) = 1 + \sum_{j=1}^{3} \delta_j s_t^{*j} \tag{26}$$

を選択した．期間 s の (20) 式により s^* に変換する際の α 値は，平均割引率が1を超えないように $0.1 \leq \alpha \leq 1.0$ の間とした．

次に，倒産確率関数 $h_{it}(s_t)$ の定式化については，2次の多項式を仮定した結果を示す．

$$\begin{aligned} h_{it}(s_t) &= \zeta_{1t}(z_{it})s_t + \zeta_{2t}(z_{it})s_t^2 \quad (i=1,\cdots,N_t), \\ \zeta_{lt}(z_{it}) &= \zeta_{l1t}z_{i1t} + \cdots + \zeta_{l4t}z_{i4t} \quad (l=1,2) \end{aligned} \tag{27}$$

投資法人債の格付けに関しては，格付け会社（R&I, JCR, S&P）の中で，最

表6-2　平均割引関数のモデル選択

次数	2007/1/31 AIC	単調減少	2008/1/31 AIC	単調減少	2009/1/30 AIC	単調減少	2009/4/30 AIC	単調減少	2011/1/31 AIC	単調減少	2011/4/28 AIC	単調減少
3	22.26	○	63.42	○	103.07	○	63.37	○	9.93	○	3.63	○
4	-19.63	×	9.21	×	63.92	○	56.80	○	-2.84	○	-2.66	○
5	-20.61	○	-8.72	○	55.25	○	54.34	○	-19.41	○	-13.37	○
6	-18.73	×	-13.79	×	57.06	○	50.75	×	-18.33	×	-17.72	×
7	-27.24	×	-11.87	×	48.12	○	48.05	×	-16.34	×	-16.84	×
8	-42.54	×	-14.49	×	23.30	○	22.16	○	-22.09	×	-20.50	×
9	18.61	×	-22.41	×	-3.25	○	11.25	×	-24.07	○	-18.63	×

も低い格付けを付けた会社の格付けを当該債券の格付けとした．これにより，格付けの種類は 4 種類（AA−, A+, A, BB−）となり，z_{imt} は第 i 債券が m 番目の格付けに該当する場合を 1，しない場合を 0 とした．

5.1 モデルの推定

次に，(26) 式で示した平均割引率関数のモデル推定を行った結果を示す．図 6-2 は，10 年国債の市場価格から求めた平均割引率の期間構造で，表 6-3 が，割引関数の未知パラメータの推定値である．リーマンショック前（2008 年 9 月まで）に比べ，リーマンショック後の平均割引率関数が高めに推移していることから，リーマンショックにより落ちこんだ債券価格が上昇傾向にあることと整合している．それは，パラメータの推定結果から，平均割引関数の 1 次の項がリーマンショック後から増加傾向にあることからも読み取れる．

次に，平均キャップレートから決算時の物件の時価を求め，投資法人の負債額から回収率を推定することにする．平均キャップレートは物件の取得時の価格と当該年度の NOI から 1 件あたりのキャップレートを求め，それを 3 ヶ月ごとに平均したものを用いることにする．決算期時の NOI を平均キャップレートで割ることで，各時点の時価を求めることができる．次々頁の表 6-4 は，総時価評価額を負債額で割ることで回収率を求めた結果である．総時価評価額が負債額を数倍上回ることから，優良物件を抱える投資法人がデフォルトしても，100% 回収できると考えられる．実際，2008 年 10 月に倒産したニューシティ・レジデンス投資法人は，決済や借入金の返済のための資金調達ができなくなった[1] ことが倒産の原因とみられており，回収率の問題ではなく，資金調達の問題に信用リスクが反映されていると考えられる．

表 6-5 は，前述の回収率の推定値を用いて倒産確率関数のパラメータ推定を行った結果である．表の上段には推定値が下段には t 値が示されている．格付けが低くなるに従い，係数の値が大きくなる傾向がみられる．t 値の絶対値も 1 次項の方が大きいことも確認できる．図 6-3 は，倒産確率関数の未知パラメータの推定値（1 次項（左図）と 2 次項（右図））を図示したものである．上位 3

---

[1] 日経不動産マーケット情報 2008 年 10 月 9 日，帝国データバンク「2008 年上場企業倒産の動向調査」2009 年 1 月 13 日

6 投資法人債の信用リスク評価について　*193*

図 6-2　割引率の期間構造

① 2007/1/31
② 2007/4/27
③ 2007/7/31
④ 2007/10/31
⑤ 2008/1/31
⑥ 2008/4/30
⑦ 2008/7/31
⑧ 2008/10/31
⑨ 2009/1/30
⑩ 2009/4/30
⑪ 2009/7/30
⑫ 2009/10/30
⑬ 2010/1/29
⑭ 2010/4/30
⑮ 2010/7/30
⑯ 2010/10/29
⑰ 2011/1/31
⑱ 2011/4/28

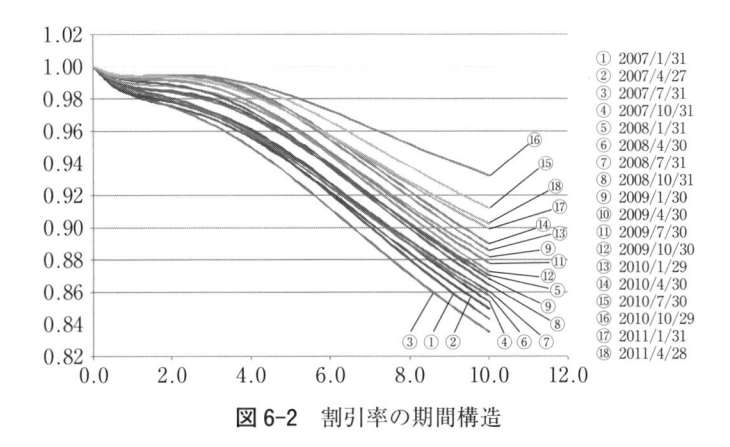

表 6-3　平均割引率関数の回帰係数の推定値

	δ_1	δ_2	δ_3
2007/1/31	-0.149	0.426	-0.536
2007/4/27	-0.160	0.429	-0.514
2007/7/31	-0.140	0.347	-0.470
2007/10/31	-0.161	0.469	-0.552
2008/1/31	-0.125	0.390	-0.484
2008/4/30	-0.125	0.326	-0.431
2008/7/31	-0.116	0.309	-0.418
2008/10/31	-0.131	0.436	-0.538
2009/1/30	-0.114	0.389	-0.481
2009/4/30	-0.096	0.341	-0.470
2009/7/30	-0.095	0.368	-0.487
2009/10/30	-0.094	0.374	-0.504
2010/1/29	-0.094	0.401	-0.515
2010/4/30	-0.096	0.412	-0.517
2010/7/30	-0.087	0.356	-0.432
2010/10/29	-0.070	0.268	-0.322
2011/1/31	-0.076	0.304	-0.405
2011/4/28	-0.069	0.272	-0.374

表 6-4　回収率の推定結果

格付け	2007/4/27	2007/7/31	2007/10/31	2008/4/30
AA−	3.35	2.10	3.64	4.28
AA−	6.13	3.38	5.85	4.91
AA−	3.13	2.02	3.49	3.59
A+	4.42	2.71	4.68	4.85
A+	9.28	3.04	5.27	4.35
A+	5.93	2.86	5.07	4.87
A+	5.21	2.54	4.40	3.56
A+	5.04	2.71	4.69	4.45
A	5.51	2.78	4.82	4.61
A	5.97	3.04	5.27	4.60
A	4.76	2.30	4.24	3.59
BB−	2.55	1.56	2.69	2.44
BB−	3.17	1.53	3.42	3.39
NCR 投資法人*	3.77	2.07	3.58	3.55

格付け	2008/7/31	2008/10/31	2009/4/30	
AA−	3.36	6.52	6.91	
AA−	4.25	8.25	6.92	
AA−	2.76	5.36	4.13	
A+	3.80	7.38	6.77	
A+	3.45	6.69	5.48	
A+	3.62	7.39	7.39	
A+	2.82	5.48	5.51	
A+	3.78	7.34	6.30	
A	3.72	7.22	5.95	
A	3.57	6.93	7.06	
A	2.66	5.99	5.99	
BB−	1.88	3.66	3.63	
BB−	2.52	5.34	5.34	
NCR 投資法人*	2.79	5.41	—	

*：ニューシティ・レジデンス投資法人.

6 投資法人債の信用リスク評価について　195

表6-5　倒産確率関数の回帰係数の推定値（上段）と t 値（下段）

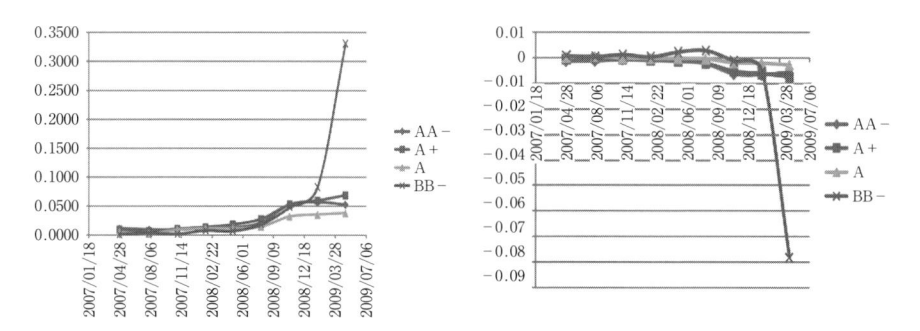

期間	ζ_1				ζ_2			
	AA−	A+	A	BB−	AA−	A+	A	BB−
2007/4/27	0.0111	0.0095	0.0055	0.0010	−0.0014	−0.0004	0.0003	0.0009
	1.5156	3.2501	1.7299	0.1299	−1.1959	−0.9939	0.7281	0.5149
2007/7/31	0.0094	0.0061	0.0022	0.0033	−0.0013	−0.0001	0.0007	0.0005
	1.3600	1.9195	0.6639	0.4487	−1.0862	−0.1449	1.3746	0.2987
2007/10/31	0.0087	0.0106	0.0096	0.0018	−0.0008	−0.0006	−0.0001	0.0014
	1.2653	4.0220	3.1786	0.2345	−0.6322	−1.5463	−0.1910	0.7517
2008/1/31	0.0119	0.0136	0.0116	0.0077	−0.0009	−0.0010	−0.0002	0.0005
	1.6087	4.8071	3.5669	0.9392	−0.7054	−2.2120	−0.3677	0.2295
2008/4/30	0.0129	0.0181	0.0120	0.0068	−0.0007	−0.0013	−0.0003	0.0024
	1.3254	4.9830	2.7732	0.6051	−0.4028	−2.2457	−0.3889	0.7906
2008/7/31	0.0212	0.0274	0.0148	0.0180	−0.0023	−0.0022	−0.0004	0.0030
	1.6420	5.1227	2.5060	1.2022	−0.9137	−2.4941	−0.4018	0.6910
2008/10/31	0.0528	0.0526	0.0322	0.0477	−0.0064	−0.0052	−0.0019	−0.0011
	2.7992	11.4698	4.2490	2.0671	−1.7093	−7.0886	−1.5282	−0.1590
2009/1/30	0.0569	0.0593	0.0354	0.0833	−0.0066	−0.0061	−0.0020	−0.0051
	2.9344	12.5177	4.4707	3.2171	−1.6553	−7.6561	−1.5566	−0.6037
2009/4/30	0.0528	0.0686	0.0379	0.3310	−0.0057	−0.0074	−0.0028	−0.0782
	1.3549	7.2834	2.3173	6.1700	−0.6919	−4.6167	−0.9921	−4.1503

図6-3　倒産確率関数の回帰係数（1次項（左図）・2次項（右図））

つの格付けは，1次・2次の項で同じような値をとり，最下位のBB-が不均一なふるまいをしていることがわかる．

次に，推定した倒産確率関数をもとに，倒産確率の期間構造を表す．図6-4（2007/4/27）の左図は格付けごとの期間に対する累積倒産確率を表し，信用リスクが顕在化する前では格付けによる違いはあまりみられないが，右図のハザード率（半期ごとの倒産確率）をみると，BB-は増加傾向でA, A+, AA-は

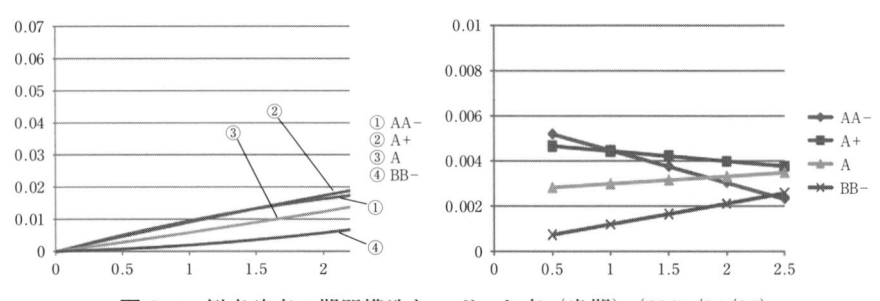

図6-4 倒産確率の期間構造とハザード率（半期）（2007/04/27）

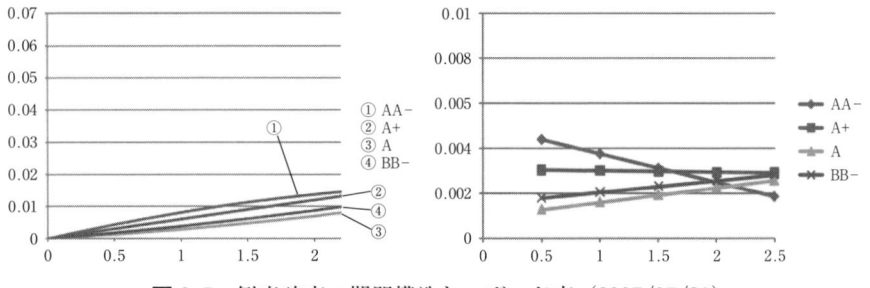

図6-5 倒産確率の期間構造とハザード率（2007/07/31）

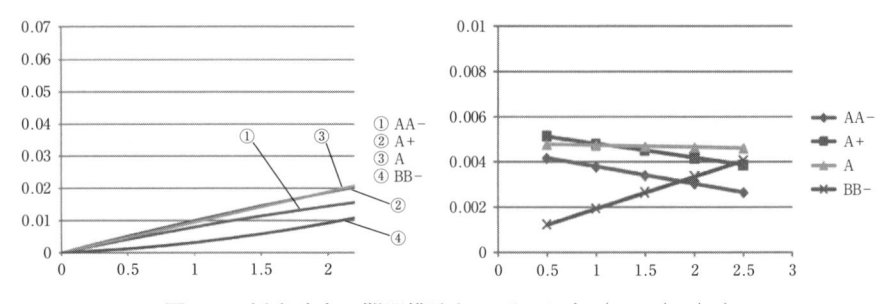

図6-6 倒産確率の期間構造とハザード率（2007/10/31）

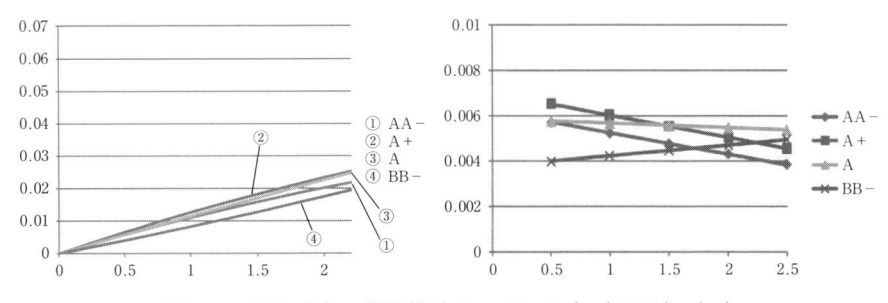

6 投資法人債の信用リスク評価について

図6-7 倒産確率の期間構造とハザード率（2008/01/31）

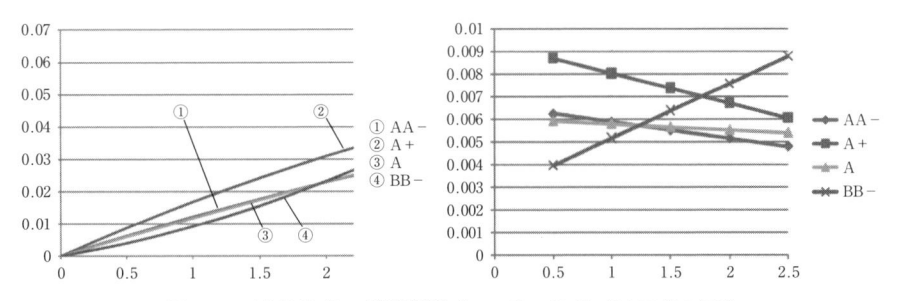

図6-8 倒産確率の期間構造とハザード率（2008/04/30）

減少傾向であることがわかる．2007/7/31（図6-5）から2008/4/30（図6-8）ごろまで，同様の傾向が確認される．

次頁図6-9（2008/7/31）では，累積倒産確率が全般的に増加傾向になり，ハザード率はBB−の増加率が大きくなる．特に，サブプライム住宅ローン問題が大きく取り上げられ，リーマンブラザーズ社の経営破綻に至った後の図6-10（2008/10/31）では，インプライド倒産確率の上昇が顕著にみられる．

この傾向は図6-11（2009/1/30）にもみられ，図6-12（2009/4/30）では，BB−のインプライド倒産確率が大きく上昇しており，ハザード率も高格付けの商品において増加傾向にあることがわかる．

投資法人債価格モデルとしての有用性をみるために，以下に定義する価格推定残差の標準偏差を求めた．

$$v_t = \left(\frac{1}{N_t}\sum_{i=1}^{N_t}\left(P_{it}(0) - E(P_{it}(0))\right)^2\right)^{\frac{1}{2}} \tag{28}$$

図 6-9　倒産確率の期間構造とハザード率（2008/07/31）

図 6-10　倒産確率の期間構造とハザード率（2008/10/31）

図 6-11　倒産確率の期間構造とハザード率（2009/1/30）

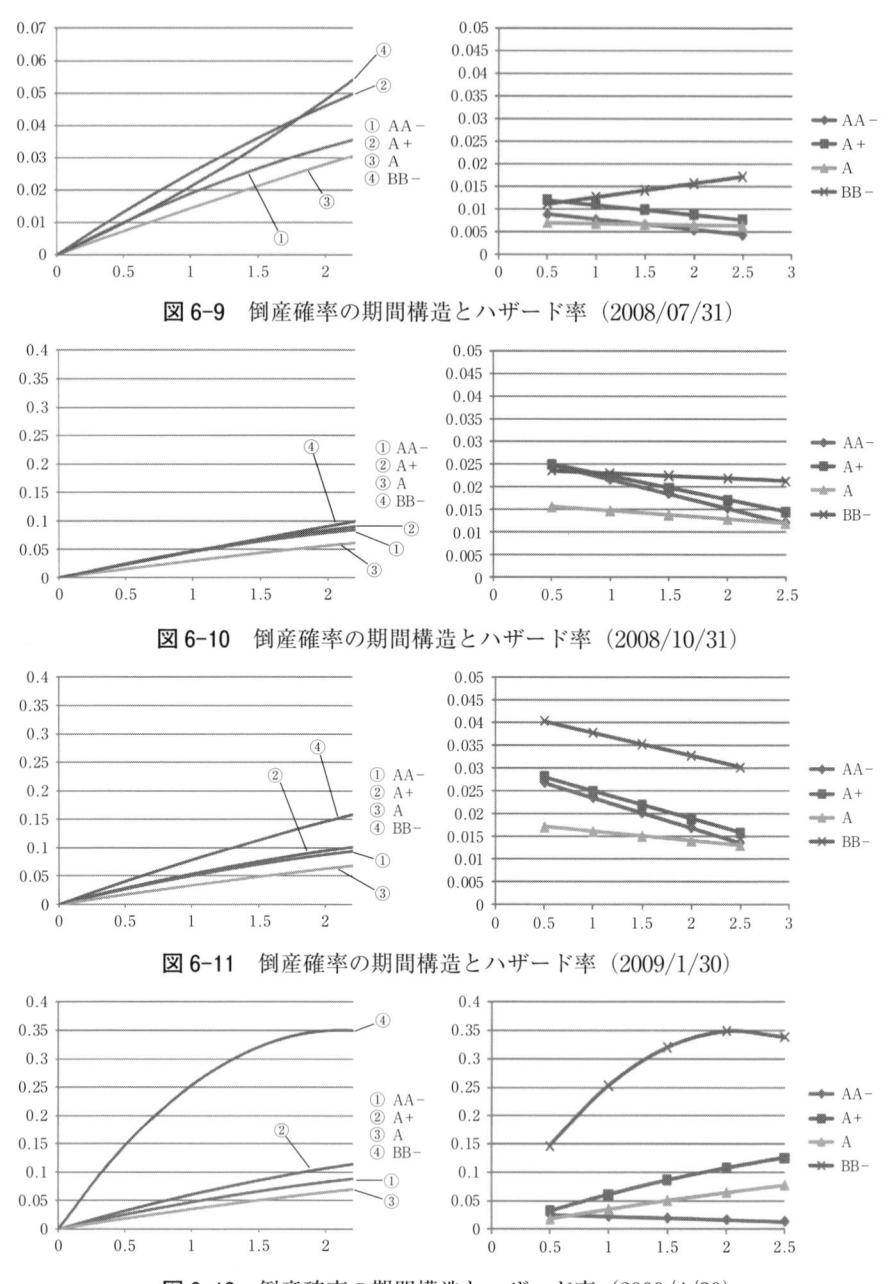

図 6-12　倒産確率の期間構造とハザード率（2009/4/30）

表 6-6　価格推定残差の標準偏差

	AA−	A+	A	BB−
2007/04/27	2.895	4.559	3.186	7.517
2007/07/31	2.811	4.617	2.827	7.790
2007/10/31	2.481	4.159	2.211	10.440
2008/01/31	2.325	5.237	2.243	10.514
2008/04/30	2.121	4.795	2.039	11.433
2008/07/31	2.446	5.215	2.380	11.230
2008/10/31	2.141	4.558	1.003	12.122
2009/01/30	3.168	4.443	0.788	12.520
2009/04/30	2.813	4.219	1.056	12.955

格付けごとの銘柄に対して 2007 年 1 月から 2009 年 4 月までの推定時点で調べたものが表 6-6 である．格付けが最も低い BB − の標準偏差が大きいものの，格付けの高い債券は小さい．

6　お わ り に

投資法人債の価格推定に Kariya and Tsuda（2004），津田（2006）より提案された社債価格評価モデルを用い，格付けの違いによって倒産確率などの期間構造が異なることが実証分析で示された．一般に，不動産は流動性が低く，取引価格が一般に公表されることがないため，物件の時価評価は困難であるが，債券を発行する投資法人は，担保資産である保有物件に関する情報（物件の取得価格，NOI 等）を開示していることから，これらの情報をもとに回収率の推定が行えた．そして，投資法人債の市場価格データから，格付けごとの倒産確率の期間構造，および価格モデルの有効性について，新しい知見が得られた．

〔参考文献〕
森島義博・小林　亨（2004），『J-REIT 投資のすべて』，きんざい．
津田博史（2006），「社債価格モデルによる信用リスク情報の推定―倒産確率の期間

構造と回収率の推定」,『金融工学と証券市場の計量分析 2006（ジャフィー・ジャーナル）』, p.33-63, 東洋経済新報社.

Kariya, T., and H. Tsuda (1994), "New Bond pring Models with Applications to Japanese Data", *Financial Engineering and the Japanese Market*, Vol.1, No.1, 1-20.

Merton, R. C. (1974), "On the Pricing of Corporate Debt：The Risk Structure of Interest Rates", *Journal of Finance*, **29**, 449-470.

Tsuda, H (2003), "Prediction of Individual Bond Prices via a Dynamic Bond Pricing Model：Application to Japanese Government Bond Price Data", *Asia-Pacific Financial markets*, **10** (1), 59-85.

Vasicek, O. A., and H. G. Fong (1982), "Term Structure Modeling Using Exponential Splines", *Journal of Finance*, **37**, 339-348.

（安藤雅和：千葉工業大学社会システム科学部）
（津田博史：同志社大学理工学部）
（田野倉葉子：統計数理研究所）
（佐藤整尚：統計数理研究所）
（北川源四郎：情報・システム研究機構）

『ジャフィー・ジャーナル』投稿規定

1. 『ジャフィー・ジャーナル』への投稿原稿は，金融工学，金融証券計量分析，金融経済学，行動ファイナンス，企業経営分析，コーポレートファイナンスなど資本市場と企業行動に関連した内容で，理論・実証・応用に関する内容を持ち，未発表の和文の原稿に限ります．

2. 投稿原稿は，以下の種とします．
   (1) 論文（Paper）
       金融工学，金融証券計量分析，金融経済学，行動ファイナンス，企業経営分析，コーポレートファイナンス等の領域，および，その関連領域に貢献するオリジナルな研究成果
   (2) 展望論文（Review Article）
       特定のテーマに関する一連の研究，その周辺領域の発展と未解決問題を，総括的，かつ，体系的に著者独自の視点から報告したもの
   (3) 研究ノート（Short Communication）
       研究速報，事例報告や既発表の論文に対するコメントなどで金融工学，金融証券計量分析，金融経済学，行動ファイナンス，企業経営分析，コーポレートファイナンス等の領域に関して記録する価値があると認められるもの

3. 投稿された原稿は，『ジャフィー・ジャーナル』編集委員会が選定・依頼した査読者の審査を経て，掲載の可否を決定し，本編集委員会から著者に連絡する．

4. 原稿は，PDFファイルに変換したものをEメールでJAFEE事務局へ提出する．原則として，原稿は返却しない．なお，投稿原稿には，著者名，所属，連絡先を記載せず，別に，標題，種別，著者名，所属，連絡先（住所，Eメールアドレス，電話番号）を明記したものを添付する．

5. 査読者の審査を経て，採択された原稿は，原則としてLaTex形式で入稿しなければならない．なお，『ジャフィー・ジャーナル』への掲載図表も論文投稿者が作成する．

6. 著作権
   (1) 掲載された論文などの著作権は日本金融・証券計量・工学学会に帰属する（特別な事情がある場合には，著者と本編集委員会との間で協議の上措置する）．
   (2) 投稿原稿の中で引用する文章や図表の著作権に関する問題は，著者の責任において処理する．

[既刊ジャフィー・ジャーナル]

① 1995 年版　**金融・証券投資戦略の新展開**（森棟公夫・刈屋武昭編）
　　　　　　A5 判 176 頁　ISBN4-492-71097-3
② 1998 年版　**リスク管理と金融・証券投資戦略**（森棟公夫・刈屋武昭編）
　　　　　　A5 判 215 頁　ISBN4-492-71109-0
③ 1999 年版　**金融技術とリスク管理の展開**（今野　浩編）
　　　　　　A5 判 185 頁　ISBN4-492-71128-7
④ 2001 年版　**金融工学の新展開**（高橋　一編）
　　　　　　A5 判 166 頁　ISBN4-492-71145-7
⑤ 2003 年版　**金融工学と資本市場の計量分析**（高橋　一・池田昌幸編）
　　　　　　A5 判 192 頁　ISBN4-492-71161-9
⑥ 2006 年版　**金融工学と証券市場の計量分析 2006**（池田昌幸・津田博史編）
　　　　　　A5 判 227 頁　ISBN4-492-71171-6
⑦ 2007 年版　**非流動性資産の価格付けとリアルオプション**
　　　　　　（津田博史・中妻照雄・山田雄二編）
　　　　　　A5 判 276 頁　ISBN978-4-254-29009-7
⑧ 2008 年版　**ベイズ統計学とファイナンス**
　　　　　　（津田博史・中妻照雄・山田雄二編）
　　　　　　A5 判 256 頁　ISBN978-4-254-29011-0
⑨ 2009 年版　**定量的信用リスク評価とその応用**
　　　　　　（津田博史・中妻照雄・山田雄二編）
　　　　　　A5 判 240 頁　ISBN978-4-254-29013-4
⑩ 2010 年版　**バリュエーション**（日本金融・証券計量・工学学会編）
　　　　　　A5 判 240 頁　ISBN978-4-254-29014-1
　　　　　　　　　①～⑥発行元：東洋経済新報社，⑦～⑩発行元：朝倉書店）

役員名簿

会長	：宮原孝夫
副会長，和文誌担当	：津田博史
副会長，庶務担当	：中川秀敏
英文誌担当	：赤堀次郎
会計担当	：大上慎吾　石井昌宏
広報担当	：塚原英敦　伊藤有希
ジャフィー・コロンビア担当	：林　高樹
大会兼フォーラム担当	：山田雄二　中妻照雄　山内浩嗣
	石島　博　新井拓児　室井芳史
法人担当	：池森俊文　吉野貴晶
監事	：木村　哲　中村信弘

（2012年1月1日　現在）

*　　　*　　　*　　　*　　　*

『ジャフィー・ジャーナル』編集委員会

　　編集長：津田博史

　　副編集長：中妻照雄　山田雄二

なお，日本金融・証券計量・工学学会については，以下までお問い合わせ下さい：
〒101-8439　東京都千代田区一ツ橋2-1-2　学術総合センタービル8F
　　一橋大学大学院国際企業戦略研究科　金融戦略共同研究室内
　　ジャフィー事務局
　　　　TEL：03-4212-3112
　　　　FAX：03-4212-3020
　　　　E-mail：office@jafee.gr.jp
詳しいことはジャフィー・ホームページをご覧下さい．
http://www.jafee.gr.jp/

日本金融・証券計量・工学学会（ジャフィー）会則

1. 本学会は，日本金融・証券計量・工学学会と称する．英語名は The Japanese Association of Financial Econometrics & Engineering とする．略称をジャフィー（英語名：JAFEE）とする．本学会の設立趣意は次のとおりである．

    「**設立趣意**」日本金融・証券計量・工学学会（ジャフィー）は，広い意味での金融資産価格や実際の金融的意思決定に関わる実証的領域を研究対象とし，産学官にわたる多くのこの領域の研究・分析者が自由闊達な意見交換，情報交換，研究交流および研究発表するための学術的組織とする．特に，その設立の基本的な狙いは，フィナンシャル・エンジニアリング，インベストメント・テクノロジー，クウォンツ，理財工学，ポートフォリオ計量分析，ALM，アセット・アロケーション，派生証券分析，ファンダメンタルズ分析等の領域に関係する産学官の研究・分析者が，それぞれの立場から個人ベースでリベラルな相互交流できる場を形成し，それを通じてこの領域を学術的領域として一層発展させ，国際的水準に高めることにある．

    組織は個人会員が基本であり，参加資格はこの領域に興味を持ち，設立趣意に賛同する者とする．運営組織は，リベラルかつ民主的なものとする．

2. 本学会は，設立趣意の目的を達成するために，次の事業を行う．
    (1) 研究発表会（通称，ジャフィー大会），その他学術的会合の開催
    (2) 会員の研究成果の公刊
    (3) その他本学会の目的を達成するための適切な事業

3. 本学会は，個人会員と法人会員からなる．参加資格は，本学会の設立趣旨に賛同するものとする．個人会員は，正会員，学生会員および名誉会員からなる．法人会員は口数で加入し，1法人1部局（機関）2口までとする．

4. 1) 会員は以下の特典を与えられる．

    (1) 日本金融・証券計量・工学学会誌（和文会誌）について，個人正会員は1部無料で配付される．また，法人会員は1口あたり1部を無料で配付される．

    (2) 英文会誌 Asia-Pacific Financial Markets について，個人正会員は1部無料で配付される．また，法人会員は1口あたり1部を無料で配付される．

    (3) 本学会が催す，研究発表会等の国内学術的会合への参加については，以

下のように定める．
　　　（ア）個人正会員，学生会員，名誉会員とも原則有料とし，その料金は予め会員に通知されるものとする．
　　　（イ）法人会員は，研究発表会については1口の場合3名まで，2口の場合5名までが無料で参加できるものとし，それを超える参加者については個人正会員と同額の料金で参加できるものとする．また，研究発表会以外の会合への参加は原則有料とし，その料金は予め会員に通知されるものとする．
　　（4）本学会が催す国際的学術的会合への参加については，個人正会員，学生会員，名誉会員，法人会員とも原則有料とし，その料金は予め個人正会員，学生会員，名誉会員，法人会員に通知されるものとする．
　　2) 各種料金については，会計報告によって会員の承認を得るものとする．
5. 学生会員および法人会員は，選挙権および被選挙権をもたない．名誉会員は被選挙権をもたない．
6. 入会にあたっては，入会金およびその年度の会費を納めなければならない．
7. 1) 会員の年会費は以下のように定める．
　　（1）関東地域（東京都，千葉県，茨城県，群馬県，栃木県，埼玉県，山梨県，神奈川県）に連絡先住所がある個人正会員は10,000円とする．
　　（2）上記以外の地域に連絡先住所がある個人正会員は6,000円とする．
　　（3）学生会員は2,500円とする．
　　（4）法人会員の年会費は，1口70,000円，2口は100,000円とする．
　　（5）名誉会員は無料とする．
　　2) 入会金は，個人正会員は2,000円，学生会員は500円，法人会員は1口10,000円とする．
　　3) 会費を3年以上滞納した者は，退会したものとみなすことがある．会費滞納により退会処分となった者の再入会は，未納分の全納をもって許可する．
8. 正会員であって，本学会もしくは本学界に大きな貢献のあったものは，総会の承認を得て名誉会員とすることができる．その細則は別に定める．
9. 本会に次の役員をおく．
　　会長1名，副会長2名以内，評議員20名，理事若干名，監事2名
　　評議員は原則として学界10名，産業界および官界10名とし，1法人（機関）1部局あたり1名までとする．
10. 会長および評議員は，個人正会員の中から互選する．評議員は，評議員会を組織して会務を審議する．

11. 理事は，会長が推薦し，総会が承認する．ただし，会誌編集理事（エディター）は評議員会の承認を得て総会が選出する．理事は会長，副会長とともに第2条に規定する会務を執行する．理事は次の会務の分担をする．
    庶務，会計，渉外，広報，会誌編集，大会開催，研究報告会のプログラム編成，その他評議員会で必要と議決された事務．
12. 会長は選挙によって定める．会長は，本学会を代表し，評議員会の議長となる．会長は第10条の規定にかかわらず評議員となる．会長は（1）評議員会の推薦した候補者，（2）20名以上の個人正会員の推薦を受けた候補者，もしくは（3）その他の個人正会員，の中から選出する．（1）（2）の候補者については，本人の同意を必要とする．（1）（2）の候補者については経歴・業績等の個人情報を公開するものとする．
13. 副会長は，会長が個人正会員より推薦し，総会が承認する．副会長は，評議員会に出席し，会長を補佐する．
14. 監事は，評議員会が会長，副会長，理事以外の個人正会員から選出する．監事は会計監査を行う．
15. 本学会の役員の任期は，原則2年とする．ただし，連続する任期の全期間は会長は4年を超えないものとする．なお，英文会誌編集担当理事（エディター）の任期は附則で定める．
16. 評議員会は，評議員会議長が必要と認めたときに招集する．また，評議員の1/2以上が評議員会の開催を評議員会議長に要求したときは，議長はこれを招集しなければならない．
17. 総会は会長が招集する．通常総会は，年1回開く．評議員会が必要と認めたときは，臨時総会を開くことができる．正会員の1/4以上が，署名によって臨時総会の開催を要求したときは，会長はこれを開催しなければならない．
18. 総会の議決は，出席者の過半数による．
19. 次の事項は，通常総会に提出して承認を受けなければならない．
    (1) 事業計画および収支予算
    (2) 事業報告および収支決算
    (3) 会則に定められた承認事項や決定事項
    (4) その他評議員会で総会提出が議決された事項
20. 本学会は，会務に関する各種の委員会をおくことができる．各種委員会の運営は，別に定める規定による．
21. 本学会の会計年度は，毎年4月1日に始まり，3月31日に終わる．
22. 本学会の運営に関する細則は別に定める．

23. 本会則の変更は，評議員会の議決を経て，総会が決定する．

附則 1. 英文会誌編集担当理事（エディター・イン・チーフ）の任期は 4 年とする．

    改正　1999 年 8 月 29 日
    改正　2000 年 6 月 30 日
    改正　2008 年 8 月 2 日
    改正　2009 年 1 月 29 日
    改正　2009 年 7 月 29 日
    改正　2009 年 12 月 23 日

編集委員略歴

津田博史（つだ　ひろし）
1959 年生まれ
現　在　同志社大学理工学部 数理システム学科 教授，
　　　　学術博士（統計科学）
著　書　『株式の統計学』（シリーズ〈社会現象の計量分析〉2），
　　　　朝倉書店，1994 年

中妻照雄（なかつま　てるお）
1968 年生まれ
現　在　慶應義塾大学 経済学部 教授，Ph. D.（経済学）
著　書　『入門ベイズ統計学』（ファイナンス・ライブラリー 10），
　　　　朝倉書店，2007 年

山田雄二（やまだ　ゆうじ）
1969 年生まれ
現　在　筑波大学大学院 ビジネス科学研究科 准教授，
　　　　博士（工学）
著　書　『チャンスとリスクのマネジメント』（シリーズ〈ビジネ
　　　　スの数理〉2），朝倉書店，2006 年
　　　　『計算で学ぶファイナンス─MATLAB による実装─』
　　　　（シリーズ〈ビジネスの数理〉6），朝倉書店，2008 年

ジャフィー・ジャーナル─金融工学と市場計量分析
市場構造分析と新たな資産運用手法　　定価はカバーに表示

2012 年 3 月 30 日　初版第 1 刷

編　者　日本金融・証券計量・工学学会
発行者　朝　倉　邦　造
発行所　株式会社　朝　倉　書　店
　　　　東京都新宿区新小川町 6-29
　　　　郵便番号　162-8707
　　　　電　話　03（3260）0141
　　　　FAX　03（3260）0180
　　　　http://www.asakura.co.jp

〈検印省略〉

Ⓒ 2012〈無断複写・転載を禁ず〉　　新日本印刷・渡辺製本

ISBN 978-4-254-29018-9　C 3050　　Printed in Japan

JCOPY ＜(社)出版者著作権管理機構 委託出版物＞
本書の無断複写は著作権法上での例外を除き禁じられています．複写される場合は，
そのつど事前に，(社)出版者著作権管理機構（電話 03-3513-6969，FAX 03-3513-
6979，e-mail: info@jcopy.or.jp）の許諾を得てください．